21世纪普通高等院校系列教材

金融企业会计

（第四版）

主　编 ○ 章颖薇　黄静如

西南财经大学出版社
Southwestern University of Finance & Economics Press

中国·成都

图书在版编目(CIP)数据

金融企业会计/章颖薇,黄静如主编. —4版. —成都:西南财经大学出版社,2022.1
ISBN 978-7-5504-5161-2

Ⅰ.①金…　Ⅱ.①章…②黄…　Ⅲ.①金融企业—会计—教材
Ⅳ.①F830.42

中国版本图书馆 CIP 数据核字(2021)第 237712 号

金融企业会计(第四版)

主　编:章颖薇　黄静如

责任编辑:雷静
责任校对:高小田
封面设计:何东琳设计工作室
责任印制:朱曼丽

出版发行	西南财经大学出版社(四川省成都市光华村街55号)
网　　址	http://cbs.swufe.edu.cn
电子邮件	bookcj@swufe.edu.cn
邮政编码	610074
电　　话	028-87353785
照　　排	四川胜翔数码印务设计有限公司
印　　刷	郫县犀浦印刷厂
成品尺寸	185mm×260mm
印　　张	21.5
字　　数	445 千字
版　　次	2022 年 1 月第 4 版
印　　次	2022 年 1 月第 1 次印刷
印　　数	1— 3000 册
书　　号	ISBN 978-7-5504-5161-2
定　　价	49.80 元

Preface 序

　　金融是现代经济的核心，金融业是从事货币经营的、以信用为基础的特殊行业。《金融企业会计》主要介绍金融企业的会计核算和管理，帮助大家了解金融企业常见的业务活动和会计处理方法。

　　编写该书的主要依据是 2006 年财政部颁布的《企业会计准则》及应用指南，吸收了当前会计学界在金融企业会计领域中的最新研究成果，内容比较新颖、全面。鉴于金融企业涉及的业务内容太多，该书以商业银行会计为主，兼顾非银行业金融机构会计。该书的体系和结构安排较为恰当，基本概念的表述也比较清晰、准确。该书尽可能多地介绍了金融企业的各种新技术和新业务，在金融企业会计业务处理的讲解上通俗易懂，便于使用者掌握和应用。

　　我与该教材主编章颖薇老师已认识十多年，她从事高校会计教学工作多年，有丰富的教学经验，她请我为本书作序，我欣然接受。该书汇聚了编者近年来在金融企业会计方面的教学研究成果，既可作为国内高等院校会计、金融专业的教材，也可为金融企业从业人员提供一些理论指导和参考。

常勤

2008 年 12 月

第四版前言

光阴似箭，岁月如梭，不知不觉中《金融企业会计》第三版出版已逾四年，其间，与本书相关的法律、规章、准则又发生了巨大的变化。

首先，我国再次修订了《中华人民共和国公司法》（简称《公司法》）和《中华人民共和国证券法》（简称《证券法》），出台了《商业银行负债质量管理办法》《商业银行互联网贷款管理暂行办法》《商业银行理财业务监督管理办法》《中国人民银行关于改进个人银行账户分类管理有关事项的通知》等规章制度，中华人民共和国财政部（简称财政部）、国家税务总局联合起草了《中华人民共和国增值税法（征求意见稿）》。

其次，财政部从 2017 年开始先后修订了多项会计准则：《企业会计准则第 22号——金融工具确认和计量》《企业会计准则第 23 号——金融资产转移》《企业会计准则第 24 号——套期会计》《企业会计准则第 37 号——金融工具列报》《企业会计准则第 16 号——政府补助》《企业会计准则第 14 号——收入》《企业会计准则第 21号——租赁》《企业会计准则第 12 号——债务重组》，将《企业会计准则第 25 号——原保险合同》和《企业会计准则第 26 号——再保险合同》修订整合为《企业会计准则第 25 号——保险合同》，新增《企业会计准则第 42 号——持有待售的非流动资产、处置组和终止经营》。此外，《企业会计准则解释第 9 号》至《企业会计准则解释第 14 号》等若干会计处理规定，以及《财政部关于修订印发 2019 年度一般企业财务报表格式的通知》（财会〔2019〕6 号）相继发布。

最后，金融领域的改革和创新层出不穷。国际基准利率改革和健全中国基准利率体系已被提上议事日程，数字人民币在国内已有大量应用场景，商业银行建立健全了理财业务管理制度，绿色金融已经成为我国国家战略的重要组成部分。面对大量修订的法律法规和发展变化的外部环境，作为编者的我们予以认真学习和梳理，修订了书中涉及的相关内容，力求能客观准确地反映最新的实务工作。

在篇章结构上，本教材在第四版中做了比较大的调整，从原有的 15 章改为 13 章。由于投资和租赁业务通常在中级和高级财务会计课程中学习过，为避免重复学习，我们删去原有的第八章和第十章，对原有的第十四章金融企业损益核算的内容做了删减，保留部分内容并入本版的第十三章，并且新增一章"期货公司与期货交易所业务的核算"。

第四版由章颖薇、黄静如主编，王竹萍、刘小南参编。其中第一章、第二章、第三章、第四章、第五章、第六章、第七章由章颖薇编写；第九章、第十三章由王竹萍编写；第十章、第十一章、第十二章由黄静如编写；第八章由刘小南编写。第四版更换了每章前面的引导案例，对每一章的内容都做了不同程度的修改、补充和更新，也修正了第三版中出现的一些错误。

西南财经大学出版社的领导及编辑给予了本教材极大的支持与协助，我们深表感激。同时，我们也衷心感谢兴业银行王蕤昱女士帮助我们解决了第四版修订过程中的疑难问题。

第四版在体系上仍以商业银行会计为重点，兼顾其他非银行业金融机构会计。本教材从 2008 年出版第一版至今，我们始终秉承"诚毅"校训，踏踏实实做好每一版的修订工作。本书第三版已被改为繁体字在台湾地区发行，对编者既是压力也是动力。由于理论与实务中依然有层出不穷的新问题尚待解决，同时囿于编者学识，本教材仍然有可能存在疏漏，恳请读者谅解并不吝指正。

编者

2021 年 10 月

Contents 目录

第一章　金融企业会计总论

本章重点

1. 金融业的概念及构成、金融业管理机关。

2. 金融企业会计目标、假设、信息质量特征，金融企业的会计要素、计量属性和财务报表。

3. 金融服务业"营改增"的征税范围、不征收项目及免税项目。

4. 商业银行会计科目、记账方法、会计账簿、账务核算系统。

引导案例

博鳌亚洲论坛和亚洲金融合作协会于 2020 年 7 月 2 日举行在线圆桌会议并发布报告，从普惠金融生态体系的视角梳理了亚洲各国普惠金融发展经验，并首次推出"亚洲普惠金融生态体系指标"。亚洲普惠金融生态建设与数字化发展圆桌会上发布的《亚洲金融发展报告——普惠金融篇》建立了较为全面的"亚洲普惠金融生态体系指标"，尝试对亚洲样本国家普惠金融生态体系的综合情况进行客观评估。根据该综合指标，亚洲普惠金融生态体系得分较高的国家有新加坡、韩国、阿联酋、以色列、日本、马来西亚、中国、泰国、巴林和哈萨克斯坦等。报告从普惠金融生态体系的视角梳理了亚洲各国普惠金融发展经验，如中国在国家战略、货币信贷、财税政策、治理框架和机构能力等方面为普惠金融发展作出的努力，柬埔寨在全国性征信体系建设方面取得的成就，蒙古国与韩国在金融消费者素养、普惠保险服务、消费者保护领域作出的努力和取得的显著效果等。亚洲发展普惠金融，机遇与挑战并存。对此，报告建议亚洲各国在继续推动普惠金融发展时，要制定全局战略，完善普惠金融治理体系，鼓励和动员各部门与社会各界积极合作；共同建设高质量、多元化的金融基础设施，为普惠金融发展搭建更坚实的平台；推行"以消费者需求为中心"的商业导向，关注并满足中小企业和特殊群体的真实需求。

此外，报告还建议亚洲各国构建健康的数字普惠金融生态体系；鼓励监管部门主动利用"监管沙箱"寻求技术创新与风险管理的平衡之道；遵循《G20数字普惠金融高级原则》，关注数字安全、数字鸿沟、消费者保护等问题；加强亚洲地区普惠金融的交流与合作，利用好"一带一路"倡议等区域和全球化动议带来的各国协同发展机会，充分发挥国际机构促进跨国交流、经验共享的作用。

思考：为什么各国越来越重视发展普惠金融？在中国，发展普惠金融的机遇和挑战是什么？

（参考资料：http://fintech.xinhua08.com/a/20200703/1945045.shtml 新华财经 中国金融信息网）

第一节　金融企业概述

一、金融企业

金融企业是指经营金融商品的特殊企业，分为银行业金融机构和非银行业金融机构两类，具体包括银行（含信用社，下同）、保险公司、证券公司、信托公司、期货公司、基金管理公司、租赁公司、财务公司等企业。和其他行业相比，金融企业所处的金融业具有指标性、垄断性、高风险性和高负债经营性等特点。金融业在国民经济中处于牵一发而动全身的地位，关系到经济发展和社会稳定，具有优化资金配置和调节、反映、监督经济的作用。

金融业的独特地位和固有特点，使得各国政府都非常重视本国金融业的发展。从国内看，我国工业化、城镇化、市场化、国际化进程加快，经济结构调整和经济社会发展对金融需求日益增加。从国际看，随着金融全球化趋势的深入发展，各国金融市场联系更加密切，金融创新日新月异，资本跨境流动规模不断扩大，国际金融竞争日趋激烈。在这一新形势下，我国金融业既面临新的发展机遇，也面临严峻的挑战，正处于重要的转折和发展时期。

二、金融业管理机关

我国金融业的管理机关主要由中国人民银行、中国银监会、中国证监会和中国保监会组成（2018年3月13日前）。1983年9月，国务院决定中国人民银行专门行使国家中央银行职能。中国银监会成立于2003年4月28日，根据国务院授权统一监督管理银行、金融资产管理公司、信托投资公司以及其他存款类金融机构，维护银行业的合法、稳健运行。中国证监会成立于 1992 年 10 月，经国务院授权依法对全国证券期货市场进行集中统一监管。中国保监会成立于 1998 年 11 月 18 日，根据国务院授权统一监督管理全国保险市场，维护保险业的合法、稳健运行。

2018 年 3 月 13 日，第十三届全国人民代表大会第一次会议召开第四次全体会议，将中国银监会和中国保监会的职责进行整合，组建中国银行保险监督管理委员会（简称中国银保监会或银保监会），作为国务院直属事业单位，不再保留中国银监会、中国保监会。

三、银行业金融机构

《中华人民共和国银行业监督管理法》（2006 年 10 月 31 日修正）规定：银行业金融机构，是指在中华人民共和国境内设立的商业银行、城市信用合作社、农村信用合作社等吸收公众存款的金融机构以及政策性银行。下面主要介绍商业银行和政策性银行。

（一）商业银行

商业银行是指依照《中华人民共和国商业银行法》（简称《商业银行法》）（2015 年 8 月 29 日修订）和《中华人民共和国公司法》（简称《公司法》）（2018 年 10 月 26 日修订）设立的吸收公众存款、发放贷款、办理结算等业务的企业法人。我国的商业银行主要包括国有商业银行和股份制商业银行、城市商业银行、农村商业银行和外资银行。

设立商业银行，应当经银保监会审查批准。未经银保监会批准，任何单位和个人不得从事吸收公众存款等商业银行业务，任何单位不得在名称中使用"银行"字样。设立全国性商业银行的注册资本最低限额为 10 亿元人民币。设立城市商业银行的注册资本最低限额为 1 亿元人民币，设立农村商业银行的注册资本最低限额为 5 000 万元人民币。注册资本应当是实缴资本。

商业银行以安全性、流动性、效益性为经营原则，实行自主经营、自担风险、自负盈亏、自我约束。商业银行根据业务需要可以在中华人民共和国境内外设立分支机构。商业银行对其分支机构实行全行统一核算，统一调度资金，分级管理的财务制度。商业银行分支机构不具有法人资格，在总行授权范围内依法开展业务，其民事责任由总行承担。

（二）政策性银行

政策性银行，是指由政府设立，以贯彻国家产业政策、区域发展政策为目的，不以营利为目标的金融机构。1994 年，我国组建了三家政策性银行：国家开发银行（1994 年 3 月 17 日成立）、中国进出口银行（1994 年 7 月 1 日成立）、中国农业发展银行（1994 年 11 月 8 日成立）。

我国政策性银行以国家信用为基础，执行国家产业政策和区域政策，在特定领域从事资金融通，支持、保护相关生产与经营，促进国民经济协调发展。其特殊性在于政策性银行具有政策性和金融性双重特征，且着重于政策性。《中华人民共和国国民经济和社会发展第十四个五年规划纲要》提出：构建金融有效支持实体经济的体制机制，提升金融科技水平，增强金融普惠性。深化国有商业银行改革，支持中小银行和农村信用社持续健康发展，改革优化政策性金融。

四、非银行业金融机构

（一）信托公司

信托公司，是指依照《中华人民共和国公司法》（2018 年 10 月 26 日修订）和《信托公司管理办法》（2007 年 3 月 1 日起施行）设立的主要经营信托业务的金融机构。信托公司注册资本最低限额为 3 亿元人民币或等值的可自由兑换货币，注册资本为实缴货币资本。信托公司从事信托活动，应当遵守法律法规的规定和信托文件的约定，不得损害国家利益、社会公共利益和受益人的合法权益。信托财产不属于信托公司的固有财产，也不属于信托公司对受益人的负债。信托公司终止时，信托财产不属于其清算财产。

（二）金融租赁公司

《金融租赁公司管理办法》（2014 年 3 月 13 日起施行）规定：金融租赁公司，是指经中国银监会（现为中国银保监会）批准，以经营融资租赁业务为主的非银行金融机构。金融租赁公司名称中应当标明"金融租赁"字样。未经银监会批准，任何单位不得在其名称中使用"金融租赁"字样。金融租赁公司应当合法取得租赁物的所有权。金融租赁公司的发起人包括在中国境内外注册的具有独立法人资格的商业银行，在中国境内注册的、主营业务为制造适合融资租赁交易产品的大型企业，在中国境外注册的融资租赁公司及银监会认可的其他发起人。金融租赁公司至少应当有一名符合规定的发起人，且其出资比例不低于拟设金融租赁公司全部股本的30%。金融租赁公司的最低注册资本为 1 亿元人民币或等值的自由兑换货币，注册资本为实缴货币资本。

（三）财务公司

《企业集团财务公司管理办法》（2006 年 12 月 28 修订）规定：财务公司是指以加强企业集团[①]资金集中管理和提高企业集团资金使用效率为目的，为企业集团成

[①] 企业集团是指在中华人民共和国境内依法登记，以资本为联结纽带、以母子公司为主体、以集团章程为共同行为规范，由母公司、子公司、参股公司及其他成员企业或机构共同组成的企业法人联合体。

员单位提供财务管理服务的非银行金融机构。申请设立财务公司，母公司董事会应当做出书面承诺，在财务公司出现支付困难的紧急情况时，按照解决支付困难的实际需要，增加相应资本金，并在财务公司章程中载明。设立财务公司的注册资本金最低为 1 亿元人民币。财务公司的注册资本金应当是实缴的人民币或者等值的可自由兑换货币。

（四）保险公司

《中华人民共和国保险法》（2015 年 4 月 24 日修订）规定：经营商业保险业务，必须是依照本法设立的保险公司，其他单位和个人不得经营商业保险业务。设立保险公司应当经中国保监会批准。保监会审查保险公司的设立申请时，应当考虑保险业的发展和公平竞争的需要。保险公司在中华人民共和国境内设立分支机构，应当经保监会批准。保险公司分支机构不具有法人资格，其民事责任由保险公司承担。设立保险公司，注册资本的最低限额为人民币 2 亿元。保险公司注册资本最低限额必须为实缴货币资本。保险公司应当在保监会依法批准的业务范围内从事保险经营活动。保险公司应当按照合同约定和《保险法》规定，及时履行赔偿或者给付保险金义务。

（五）证券公司

《中华人民共和国证券法》（2019 年 12 月 28 日修订）规定，设立证券公司，应当具备下列条件，并经国务院证券监督管理机构批准：①有符合法律、行政法规规定的公司章程；②主要股东及公司的实际控制人具有良好的财务状况和诚信记录，最近三年无重大违法违规记录；③有符合本法规定的公司注册资本；④董事、监事、高级管理人员、从业人员符合本法规定的条件；⑤有完善的风险管理与内部控制制度；⑥有合格的经营场所、业务设施和信息技术系统；⑦法律、行政法规和经国务院批准的国务院证券监督管理机构规定的其他条件。未经国务院证券监督管理机构批准，任何单位和个人不得以证券公司名义开展证券业务活动。经国务院证券监督管理机构核准，取得经营证券业务许可证，证券公司可以经营下列部分或者全部证券业务：①证券经纪；②证券投资咨询；③与证券交易、证券投资活动有关的财务顾问；④证券承销与保荐；⑤证券融资融券；⑥证券做市交易；⑦证券自营；⑧其他证券业务。证券公司经营第①项至第③项业务的，注册资本最低限额为人民币五千万元；经营第④项至第⑧项业务之一的，注册资本最低限额为人民币一亿元；经营第④项至第⑧项业务中两项以上的，注册资本最低限额为人民币五亿元。证券公司的注册资本应当是实缴资本。证券公司变更证券业务范围，变更主要股东或者公司的实际控制人，合并、分立、停业、解散、破产，应当经国务院证券监督管理机构核准。

（六）基金管理公司

《中华人民共和国证券投资基金法》（2015 年 4 月 24 日修订）规定：在中华人民共和国境内，公开或者非公开募集资金设立证券投资基金（以下简称基金），是由基金管理人管理，基金托管人托管，为基金份额持有人的利益，以资产组合方式进行证券投资活动。通过公开募集方式设立基金的基金份额持有人按其所持基金份额享受收益和承担风险，通过非公开募集方式设立基金的收益分配和风险承担由基金合同约定。公开募集基金的基金管理人，由基金管理公司或者经国务院证券监督管理机构按照规定核准的其他机构担任。其注册资本不低于 1 亿元人民币，且必须为实缴货币资本。基金托管人由依法设立的商业银行或者其他金融机构担任。基金托管人与基金管理人不得为同一机构，不得相互出资或者持有股份。基金合同应当约定基金运作方式，可以采用封闭式、开放式或者其他方式。

（七）期货公司

期货公司是依照《中华人民共和国公司法》（2018 年 10 月 26 日修订）和《期货交易管理条例》（2012 年 10 月 24 日修订）规定设立的经营期货业务的金融机构。设立期货公司，应当经国务院期货监督管理机构批准，并在公司登记机关登记注册。未经国务院期货监督管理机构批准，任何单位或者个人不得设立或者变相设立期货公司，经营期货业务。期货公司业务实行许可制度，由国务院期货监督管理机构按照其商品期货、金融期货业务种类颁发许可证。期货公司不得从事或者变相从事期货自营业务。期货公司从事经纪业务，接受客户委托，以自己的名义为客户进行期货交易，交易结果由客户承担。设立期货公司注册资本最低限额为人民币 3 000 万元，注册资本应当是实缴资本。国务院期货监督管理机构根据审慎监管原则和各项业务的风险程度，可以提高注册资本最低限额。

除上述机构以外，我国还有汽车金融公司、货币经纪公司、贷款公司和小额贷款公司等非银行业金融机构。为加强对汽车金融公司的监督管理，促进我国汽车金融业的健康发展，原中国银监会修订了《汽车金融公司管理办法》（2008 年 1 月 24 日起实施）。汽车金融公司是指经原中国银行业监督管理委员会批准设立的，为中国境内的汽车购买者及销售者提供金融服务的非银行金融机构。汽车金融公司注册资本的最低限额为 5 亿元人民币或等值的可自由兑换货币。注册资本为一次性实缴货币资本。

2005 年，原中国银监会相继颁布《货币经纪公司试点管理办法》（2005 年 8 月）及实施细则（2005 年 11 月）。货币经纪公司是指经批准在中国境内设立的，通过电子技术或其他手段，专门从事促进金融机构间资金融通和外汇交易等经纪服务，并从中收取佣金的非银行金融机构。货币经纪公司在提高银行间市场价格透明度和流动性、降低价差和交易成本等方面，特别是在利率互换、货币互换等新兴产品领域引导市场发行价格、促进交易达成方面发挥重要作用。货币经纪公司注册资本的最低限额为 2 000 万元人民币或者等值的自由兑换货币，注册资本为实缴货币资本。

当前，互联网金融的迅速崛起，进一步推动了金融业的科学决策、精细服务和成本节约。同时，以互联网支付为代表的第三方支付和以互联网贷款和众筹为代表的网络融资模式，已对银行业的支付业务和融资业务形成挑战。此外，部分机构打着互联网金融的幌子，违规开展业务甚至大肆非法集资，给整个金融市场秩序带来冲击。因此，《中华人民共和国国民经济和社会发展第十四个五年规划纲要》提出：完善现代金融监管体系，提高金融监管透明度和法治化水平，完善存款保险制度，健全金融风险预防、预警、处置、问责制度体系，对违法违规行为零容忍。

第二节　金融企业会计目标、假设、信息质量要求及核算基础

一、金融企业会计目标

金融企业会计目标是通过对金融企业经营的业务进行确认、计量和报告，并对经营的结果加以披露，从而向财务会计报告使用者提供与企业财务状况、经营成果和现金流量等有关的会计信息，反映企业管理层受托责任履行情况，有助于财务会计报告使用者做出正确的经济决策。

二、金融企业会计核算的基本假设

（一）会计主体

企业应当对其本身发生的交易或者事项进行会计确认、计量和报告。会计主体，是指会计工作为其服务的特定单位或组织。会计主体是企业进行会计确认、计量和报告的空间范围。在会计主体假设下，企业应当对其本身发生的交易或者事项进行会计确认、计量和报告，反映企业本身所从事的各项生产经营活动。明确界定会计主体是开展会计确认、计量和报告工作的重要前提。

（二）持续经营

企业会计确认、计量和报告应当以持续经营为前提。持续经营，是指企业或会计主体的生产经营活动将无限期地延续下去，也就是说，在可预见的未来不会进行清算。在持续经营的前提下，企业在会计信息的收集和处理上所使用的会计处理方法才能保持稳定。明确了这一基本假设，就意味着会计主体将按照既定用途使用资产，按照既定的合约条件清偿债务，会计人员就可以在此基础上选择会计政策和估计方法。

（三）会计分期

企业应当划分会计期间，分期结算账目和编制财务会计报告。会计分期，是指将企业持续不断的生产经营活动划分为若干连续的、长短相同的会计期间，据以结算账目，编制会计报表，从而保证及时提供有关的财务信息。会计期间的划分对于确定会计核算程序和方法具有极为重要的作用。会计期间分为年度和中期。年度和中期均按公历起讫日期确定。中期是指短于一个完整的会计年度的报告期间，包括半年度、季度和月度。

（四）货币计量

货币计量，是指会计主体在财务会计确认、计量和报告时以货币为计量单位，反映会计主体的财务状况、经营成果和现金流量。以货币计量为假设，可以全面反映企业的各项生产经营活动和有关交易事项。但是，统一采用货币计量也存在缺陷，例如某些影响企业财务状况和经营成果的因素，如企业经营战略、研发能力、市场竞争力等往往难以用货币来计量，但这些信息对于使用者进行决策也很重要。为此，企业可以在财务报告中补充披露有关非财务信息来弥补上述缺陷。

三、金融企业会计核算的信息质量要求

（一）可靠性

金融企业应当以实际发生的交易或者事项为依据进行会计确认、计量和报告。如实反映符合确认和计量要求的各项会计要素及其他相关信息，将符合会计要素定义及其确认条件的资产、负债、所有者权益、收入、费用和利润等如实反映在财务报表中。在符合重要性和成本效益原则的前提下，保证会计信息真实可靠、内容完整。

（二）相关性

金融企业提供的会计信息应当与财务会计报告使用者的经济决策需要相关，有助于财务会计报告使用者对企业过去、现在或者未来的情况做出评价或者预测。相关的会计信息还应当具有预测价值，有助于使用者根据财务报告所提供的会计信息预测企业未来的财务状况、经营成果和现金流量。

（三）可理解性

金融企业提供的会计信息应当清晰明了，便于财务会计报告使用者理解和使用。要让使用者有效使用会计信息，应当能使其了解会计信息的内涵，弄懂会计信息的内容，这就要求财务报告所提供的会计信息应当清晰明了，易于理解。

（四）可比性

金融企业提供的会计信息应当具有可比性，具体分为纵向可比和横向可比。纵向可比是指同一企业对于不同时期发生的相同或者相似的交易或者事项，应当采用一致的会计政策，不得随意变更。企业确需变更的，其相关情况应当在附注中说明。横向可比是指不同企业发生的相同或者相似的交易或者事项，应当采用一致的会计政策，确保会计信息口径一致、相互可比。

（五）实质重于形式

金融企业应当按照交易或者事项的经济实质进行会计确认、计量和报告，不应仅以交易或者事项的法律形式为依据。如果企业仅仅以交易或者事项的法律形式为依据进行会计确认、计量和报告，那么就容易导致会计信息失真，无法如实反映经济现实和实际情况。

（六）重要性

金融企业提供的会计信息应当反映与企业财务状况、经营成果和现金流量等有关的所有重要交易或者事项。企业会计信息的省略或者错报会影响使用者据此做出经济决策的，该信息就具有重要性。重要性的应用需要依赖职业判断，企业应当根据其所处环境和实际情况，从项目的性质和金额大小两方面来判断其重要性。

（七）谨慎性

金融企业对交易或者事项进行会计确认、计量和报告应当保持应有的谨慎，不应高估资产或者收益，低估负债或者费用。但是，谨慎性的应用并不允许企业故意低估资产或者收益，或者故意高估负债或者费用，损害会计信息质量，扭曲企业实际的财务状况和经营成果，从而对使用者的决策产生误导。

（八）及时性

金融企业对于已经发生的交易或者事项，应当及时进行会计确认、计量和报告，不得提前或者延后。在会计确认、计量和报告过程中贯彻及时性，就是要求及时收集会计信息，及时对经济交易或者事项进行确认或者计量，及时将编制的财务报告传递给财务报告使用者，便于其及时使用和决策。

四、金融企业会计核算的基础

金融企业应当以权责发生制为基础进行会计确认、计量和报告。权责发生制的原则是指，凡是当期已经实现的收入和已经发生或应当负担的费用，不论款项是否收付，都应作为当期的收入和费用处理；凡是不属于当期的收入和费用，即使款项已经在当期收付，都不应作为当期的收入和费用处理。权责发生制的核心是根据权责关系的实际发生和影响期间来确认企业的收支和损益。

第三节　金融企业的会计要素、计量和报告

一、会计要素

金融企业应当按照交易或者事项的经济特征确定会计要素。会计要素包括资产、负债、所有者权益、收入、费用和利润。

（一）资产

资产是指企业过去的交易或者事项形成的、由企业拥有或者控制的、预期会给企业带来经济利益的资源。

符合资产定义的资源，在同时满足以下条件时，确认为资产：

（1）与该资源有关的经济利益很可能流入企业；

（2）该资源的成本或者价值能够可靠地计量。

符合资产定义和资产确认条件的项目，应当列入资产负债表；符合资产定义、但不符合资产确认条件的项目，不应当列入资产负债表。

金融企业的资产按其流动性可以分为流动资产和非流动资产。金融企业的流动资产是指可以在 1 年内（含 1 年）变现或耗用的资产，主要包括：货币资金、拆出资金、交易性金融资产、衍生金融资产、买入返售金融资产、应收利息、具有本行业特点的各类应收款项；非流动资产主要包括债权投资、其他债权投资、长期股权投资、投资性房地产、固定资产、无形资产、递延所得税资产、其他资产等。

（二）负债

负债是指企业过去的交易或者事项形成的、预期会导致经济利益流出企业的现时义务。现时义务是指企业在现行条件下已承担的义务。未来发生的交易或者事项形成的义务，不属于现时义务，不应当确认为负债。

符合负债定义的义务，在同时满足以下条件时应确认为负债：

（1）与该义务有关的经济利益很可能流出企业；

（2）未来流出的经济利益的金额能够可靠地计量。

符合负债定义和负债确认条件的项目，应当列入资产负债表；符合负债定义、但不符合负债确认条件的项目，不应当列入资产负债表。

金融企业的负债按其流动性可以分为流动负债和非流动负债。流动负债是指可

以在 1 年内（含 1 年）偿还的负债，包括短期借款、拆入资金、交易性金融负债、衍生金融负债、卖出回购金融资产款、具有本行业特点的各类应付及预收款项、应付职工薪酬、应交税费、应付利息等；非流动负债包括预计负债、长期借款、应付债券、长期准备金、递延所得税负债、其他负债等。

（三）所有者权益

所有者权益是指企业资产扣除负债后由所有者享有的剩余权益。公司的所有者权益又称为股东权益。所有者权益的来源包括所有者投入的资本、直接计入所有者权益的利得和损失、留存收益等。直接计入所有者权益的利得和损失，是指不应计入当期损益、会导致所有者权益发生增减变动的、与所有者投入资本或者向所有者分配利润无关的利得或损失。

所有者权益金额取决于资产和负债的计量。所有者权益项目应当列入资产负债表。金融企业的所有者权益具体包括实收资本、资本公积、其他综合收益、一般风险准备、盈余公积、未分配利润等。

（四）收入

收入是指企业在日常活动中形成的、会导致所有者权益增加的、与所有者投入资本无关的经济利益的总流入。收入只有在经济利益很可能流入从而导致企业资产增加或者负债减少，且经济利益的流入额能够可靠计量时才能予以确认。符合收入定义和收入确认条件的项目，应当列入利润表。

金融企业的收入主要是指金融企业提供金融商品服务所取得的收入，主要包括利息收入、金融企业往来收入、手续费收入、贴现利息收入、保费收入、证券发行差价收入、证券自营差价收入、买入返售证券收入、汇兑收益和其他业务收入等。

（五）费用

费用是指企业在日常活动中发生的、会导致所有者权益减少的、与所有者分配利润无关的经济利益的总流出。费用只有在经济利益很可能流出从而导致企业资产减少或者负债增加，且经济利益的流出额能够可靠计量时才能予以确认。符合费用定义和费用确认条件的项目，应当列入利润表。

金融企业的费用包括营业成本和营业费用两大类。金融企业的营业成本，是指在业务经营过程中发生的与业务经营有关的支出，包括利息支出、金融企业往来支出、手续费支出、卖出回购证券支出、汇兑损失、赔款支出等。营业费用，是指金融企业在业务经营及管理工作中发生的各项费用，包括：固定资产折旧、业务宣传费、业务招待费、电子设备运转费、安全防卫费、企业财产保险费、职工工资、差旅费、水电费、修理费、职工福利费、职工教育经费、房产税、车船使用税、土地使用税、印花税、会议费、诉讼费、广告费等。

（六）利润

利润是指企业在一定会计期间的经营成果。利润包括收入减去费用后的净额、直接计入当期利润的利得和损失等。直接计入当期利润的利得和损失，是指应当计入当期损益、会导致所有者权益发生增减变动的、与所有者投入资本或者向所有者分配利润无关的利得或者损失。利润金额取决于收入和费用、直接计入当期利润的利得和损失金额的计量。利润项目应当列入利润表。

金融企业的利润是指金融企业在一定会计期间的经营成果，包括营业利润、利润总额和净利润。

二、会计计量

金融企业在将符合确认条件的会计要素登记入账并列报于会计报表及其附注时，应当按照下列规定的会计计量属性进行计量，确定其金额。

（一）历史成本

在历史成本计量下，资产按照购置时支付的现金或者现金等价物的金额，或者按照购置资产时所付出的对价的公允价值计量。负债按照因承担现时义务而实际收到的款项或者资产的金额，或者承担现时义务的合同金额，或者按照日常活动中为偿还负债预期需要支付的现金或者现金等价物的金额计量。

（二）重置成本

在重置成本计量下，资产按照现在购买相同或者相似资产所需支付的现金或者现金等价物的金额计量。负债按照现在偿付该项债务所需支付的现金或者现金等价物的金额计量。

（三）可变现净值

在可变现净值计量下，资产按照其正常对外销售所能收到现金或者现金等价物的金额扣减该资产至完工时估计将要发生的成本、估计的销售费用以及相关税费后的金额计量。

（四）现值

在现值计量下，资产按照预计从其持续使用和最终处置中所产生的未来净现金流入量的折现金额计量。负债按照预计期限内需要偿还的未来净现金流出量的折现金额计量。

（五）公允价值

在公允价值计量下，市场参与者在计量日发生的有序交易中，使用出售一项资产所能收到或者转移一项负债所需支付的价格计量。

金融企业在对会计要素进行计量时，一般应当采用历史成本。采用重置成本、可变现净值、现值、公允价值计量的，应当保证所确定的会计要素金额能够取得并可靠计量。如果这些金额无法取得或者可靠计量，则不允许采用其他计量属性。

三、财务会计报告

金融企业应当编制财务会计报告，是指企业对外提供的反映企业某一特定日期的财务状况和某一会计期间的经营成果、现金流量等会计信息的文件。财务会计报告包括会计报表及其附注和其他应当在财务会计报告中披露的相关信息和资料。金融企业的会计报表至少应当包括资产负债表、利润表、现金流量表、所有者权益变动表等报表。

资产负债表是指反映企业在某一特定日期的财务状况的会计报表。

利润表是指反映企业在一定会计期间的经营成果的会计报表。

现金流量表是指反映企业在一定会计期间的现金和现金等价物流入和流出的会计报表。

所有者权益变动表是反映构成所有者权益的各组成部分当期的增减变动情况的报表。

附注是指对在会计报表中列示项目所做的进一步说明以及对未能在这些报表中列示项目的说明等。附注补充说明财务报表本身无法表达的情况，可以弥补财务报表本身表达方式的不足。

第四节　金融企业"营改增"的相关政策及规定

一、金融服务业"营改增"征税范围

2016 年 3 月 24 日，财政部和国家税务总局公布了《关于全面推开营业税改征增值税试点的通知》（财税〔2016〕36 号）（以下简称财税 36 号文）。经国务院批准，自 2016 年 5 月 1 日起，在全国范围内全面推开营业税改征增值税（以下称"营改增"）试点，建筑业、房地产业、金融业、生活服务业等全部营业税纳税人纳入试点范围，由缴纳营业税改为缴纳增值税。

财税 36 号文附件 1《营业税改征增值税试点实施办法》将金融服务纳入"营改增"范围。一般纳税人提供金融服务适用税率为 6%；小规模纳税人提供金融服务，以及特定金融机构中的一般纳税人提供的可选择简易计税方法的金融服务，征收率为3%。金融服务，是指经营金融保险的业务活动，包括贷款服务、直接收费金融服务、保险服务和金融商品转让。

（一）贷款服务

贷款，是指将资金贷与他人使用而取得利息收入的业务活动。

各种占用、拆借资金取得的收入，包括金融商品持有期间（含到期）利息（保本收益、报酬、资金占用费、补偿金等）收入、信用卡透支利息收入、买入返售金融商品利息收入、融资融券收取的利息收入，以及融资性售后回租、押汇、罚息、票据贴现、转贷等业务取得的利息及利息性质的收入，按照贷款服务缴纳增值税。

融资性售后回租，是指承租方以融资为目的，将资产出售给从事融资性售后回租业务的企业后，从事融资性售后回租业务的企业将该资产出租给承租方的业务活动。

以货币资金投资收取的固定利润或者保底利润，按照贷款服务缴纳增值税。

（二）直接收费金融服务

直接收费金融服务，是指为货币资金融通及其他金融业务提供相关服务并且收取费用的业务活动。包括提供货币兑换、账户管理、电子银行、信用卡、信用证、财务担保、资产管理、信托管理、基金管理、金融交易场所（平台）管理、资金结算、资金清算、金融支付等服务。

（三）保险服务

保险服务，是指投保人根据合同约定，向保险人支付保险费，保险人对于合同约定的可能发生的事故因其发生所造成的财产损失承担赔偿保险金责任，或者当被保险人死亡、伤残、疾病或者达到合同约定的年龄、期限等条件时承担给付保险金责任的商业保险行为。包括人身保险服务和财产保险服务。

人身保险服务，是指以人的寿命和身体为保险标的的保险业务活动。

财产保险服务，是指以财产及其有关利益为保险标的的保险业务活动。

（四）金融商品转让

金融商品转让，是指转让外汇、有价证券、非货物期货和其他金融商品所有权的业务活动。

其他金融商品转让包括基金、信托、理财产品等各类资产管理产品和各种金融衍生品的转让。

二、金融服务业"营改增"不征收项目

下列与金融服务有关的收入作为不征收增值税的项目：

存款利息收入；

被保险人获得的保险赔付；

金融商品持有期间（含到期）取得的非保本收益；

取得与销售货物、劳务、服务、无形资产、不动产的收入或者数量无直接挂钩关系的财政补贴收入；

国务院财政、税务主管部门规定的其他情形。

三、金融服务业"营改增"免税项目

金融服务中的部分收入项目可进行免税处理，这些项目主要包括：

（1）金融同业往来利息收入；

（2）国债、地方政府债利息收入；

（3）对金融机构向小型企业、微型企业和个体工商户发放1年期以上（不含1年）至5年期以下（不含5年）小额贷款取得的利息收入，以及符合规定的金融机构农户小额贷款取得的利息收入；

（4）国家助学贷款利息收入；

（5）对符合条件的纳税人销售的熊猫普制金币；

（6）保险公司开办的一年期以上人身保险产品取得的保费收入；

（7）被撤销金融机构以货物、不动产、无形资产、有价证券、票据等财产清偿债务；

（8）下列金融商品转让收入：

①合格境外机构投资者（QFII）委托境内公司在我国从事证券买卖业务；

②香港市场投资者（包括单位和个人）通过沪港通买卖上海证券交易所上市A股；

③对香港市场投资者（包括单位和个人）通过基金互认买卖内地基金份额；

④证券投资基金（封闭式证券投资基金，开放式证券投资基金）管理人运用基金买卖股票、债券；

⑤个人从事金融商品转让业务。

（9）其他符合条件的免税收入。

四、金融服务业"营改增"纳税期限

增值税纳税人的具体纳税期限，由主管税务机关根据纳税人应纳税额的大小分别核定。以1个季度为纳税期限的规定适用于小规模纳税人、银行、财务公司、信托投资公司、信用社，以及财政部和国家税务总局规定的其他纳税人。其他金融机构，如保险公司、基金公司和证券公司等，除非财政部、国家税务总局有其他规定，一般按照月度申报缴纳增值税。不能按照固定期限纳税的，可以按次纳税。

纳税人以 1 个月或者 1 个季度为 1 个纳税期的，自期满之日起 15 日内申报纳税。

五、金融服务业"营改增"纳税地点

固定业户应当向其机构所在地或者居住地主管税务机关申报纳税。总机构和分支机构不在同一县（市）的，应当分别向各自所在地的主管税务机关申报纳税；经财政部和国家税务总局或者其授权的财政和税务机关批准，可以由总机构汇总向总机构所在地的主管税务机关申报纳税。

非固定业户应当向应税行为发生地主管税务机关申报纳税；未申报纳税的，由其机构所在地或者居住地主管税务机关补征税款。

六、其他重要政策及征管规定

（一）贷款利息支出的进项税额处理

财税 36 号文规定，纳税人购进贷款服务的进项税额不得抵扣；同时，纳税人接受贷款服务向贷款方支付的与该笔贷款直接相关的投融资顾问费、手续费、咨询费等费用，其进项税额亦不得从销项税额中抵扣。

（二）不良贷款处理

金融企业发放贷款后，自结息日起 90 天内发生的应收未收利息按现行规定缴纳增值税，自结息日起 90 天后发生的应收未收利息暂不缴纳增值税，待实际收到利息时按规定缴纳增值税。

（三）跨境金融服务

为出口货物提供的保险服务（含出口货物保险和出口信用保险）免征增值税。

为境外单位之间的货币资金融通及其他金融业务提供的直接收费金融服务（且该服务与境内的货物、无形资产和不动产无关）免征增值税。

从境外单位或者个人购进金融服务的，由购买方代扣代缴增值税，境内购买方取得税务机关开具的完税凭证后凭票抵扣进项税额。

（四）资管产品运营业务缴纳增值税的规定

资管产品管理人（以下称管理人）运营资管产品过程中发生的增值税应税行为（以下称资管产品运营业务），暂适用简易计税方法，按照 3% 的征收率缴纳增值税。资管产品管理人，包括银行、信托公司、公募基金管理公司及其子公司、证券公司及其子公司、期货公司及其子公司、私募基金管理人、保险资产管理公司、专业保

险资产管理机构、养老保险公司。资管产品，包括银行理财产品、资金信托（包括集合资金信托、单一资金信托）、财产权信托、公开募集证券投资基金、特定客户资产管理计划、集合资产管理计划、定向资产管理计划、私募投资基金、债权投资计划、股权投资计划、股债结合型投资计划、资产支持计划、组合类保险资产管理产品、养老保障管理产品。

第五节 商业银行会计基本核算方法

一、会计科目

会计科目是对会计要素的具体内容进行分类核算的项目，即根据会计核算的需要，对资产、负债、所有者权益、收入、费用、利润六个会计要素的具体内容进行科学的分类。正确使用会计科目，是合理组织会计核算，真实反映业务活动和财务活动的重要保证。

（一）会计科目的分类

1. 按与会计报表的关系分为表内科目和表外科目

表内科目是指列入资产负债表和损益表内的，用来控制和反映资产、负债、资产负债共同类、所有者权益和损益类数字资料的会计科目。表内科目核算采用借贷复式记账法。

表外科目是指不列入资产负债表内和损益表内的，只用来核算和反映或有事项和负责财产登记、重要凭证和有价单证的控制等辅助事项的会计科目。表外科目核算采用收付单式记账法。

2. 按反映的经济内容分为资产类、负债类、资产负债共同类、所有者权益类、成本类和损益类

资产类用来反映企业资产的增减变动及其结存情况。负债类反映企业负债的增减变动及其结存情况。资产负债共同类既能反映资产业务，又能反映负债业务，编制报表时应根据余额方向，分别纳入资产类或负债类科目反映。所有者权益类反映企业所有者权益的增减变动及其结存情况。成本类核算成本的发生和归集情况。损益类反映企业收入和费用的发生或归集。

（二）会计科目表

会计科目表依据企业会计准则中确认和计量的规定制定，涵盖了各类企业的交易或者事项。商业银行在不违反会计准则中确认、计量和报告规定的前提下，可以根据本单位的实际情况自行增设、分拆、合并会计科目。商业银行不存在的交易或

者事项，可不设置相关会计科目。会计科目编号供企业填制会计凭证、登记会计账簿、查阅会计账目、采用会计软件系统参考，商业银行可结合实际情况自行确定会计科目编号（见表1-1）。

表1-1　商业银行会计科目表

顺序号	编号	会计科目名称	顺序号	编号	会计科目名称
		一、资产类	30	1554	其他债权投资
1	1001	库存现金	31	1555	债权投资
2	1002	银行存款	32	1601	固定资产
3	1003	存放中央银行款项	33	1602	累计折旧
4	1011	存放同业	34	1603	固定资产减值准备
5	1012	其他货币资金	35	1604	在建工程
6	1021	结算备付金	36	1605	工程物资
7	1031	存出保证金	37	1606	固定资产清理
8	1111	买入返售金融资产	38	1701	无形资产
9	1131	应收股利	39	1702	累计摊销
10	1132	应收利息	40	1703	无形资产减值准备
11	1221	其他应收款	41	1711	商誉
12	1231	坏账准备	42	1801	长期待摊费用
13	1301	贴现资产	43	1811	递延所得税资产
14	1302	拆出资金	44	1901	待处理财产损溢
15	1303	贷款			二、负债类
16	1304	贷款损失准备	45	2002	存入保证金
17	1311	代理兑付证券	46	2003	拆入资金
18	1321	代理业务资产	47	2004	向中央银行借款
19	1431	贵金属	48	2011	吸收存款
20	1441	抵债资产	49	2012	同业存放
21	1461	融资租赁资产	50	2021	贴现负债
22	1511	长期股权投资	51	2101	交易性金融负债
23	1512	长期股权投资减值准备	52	2111	卖出回购金融资产款
24	1521	投资性房地产	53	2211	应付职工薪酬
25	1531	长期应收款	54	2221	应交税费
26	1532	未实现融资收益	55	2231	应付利息
27	1511	长期股权投资	56	2232	应付股利
28	1541	存出资本保证金	57	2241	其他应付款
29	1551	交易性金融资产	58	2311	代理买卖证券款

表1-1(续)

顺序号	编号	会计科目名称	顺序号	编号	会计科目名称
59	2312	代理承销证券款			五、成本类
60	2313	代理兑付证券款	78	5301	研发支出
61	2502	应付债券			六、损益类
62	2702	未确认融资费用	79	6011	利息收入
63	2801	预计负债	80	6021	手续费及佣金收入
64	2901	递延所得税负债	81	6041	租赁收入
		三、共同类	82	6051	其他业务收入
65	3001	清算资金往来	83	6061	汇兑损益
66	3002	货币兑换	84	6101	公允价值变动损益
67	3101	衍生工具	85	6111	投资收益
68	3201	套期工具	86	6301	营业外收入
69	3202	被套期项目	87	6402	其他业务成本
		四、所有者权益类	88	6403	税金及附加
70	4001	实收资本	89	6411	利息支出
71	4002	资本公积	90	6421	手续费及佣金支出
72	4003	其他综合收益	91	6602	业务及管理费
73	4101	盈余公积	92	6701	资产减值损失
74	4102	一般风险准备	93	6711	营业外支出
75	4103	本年利润	94	6801	所得税费用
76	4104	利润分配	95	6901	以前年度损益调整
77	4201	库存股			

二、记账方法

记账方法就是对发生的经济业务，按会计科目进行整理、分类和登记账簿的方法。一般包括记账方法的原理、记录方式、记账符号、记账规则和试算平衡等几个要素。商业银行会计记账方法按记账方式的不同，可分为复式记账法和单式记账法两种。

（一）复式记账法

复式记账法是指对每一项经济业务以相等的金额，通过两个或两个以上的账户进行对照登记的一种记账方法。借贷记账法是复式记账法的一种，通常又称为借贷复式记账法。借贷记账法是以"借"和"贷"为记账符号，对每一笔经济业务在两个或两个以上相互联系的账户中，做出方向相反、金额相等的记录的一种复式记账法。我国银行系统的会计记账自1994年起统一采用借贷记账法。

运用借贷记账法对各类业务的处理如下：

（1）资金流入企业的业务。即资产与负债、所有者权益同时增加。资产增加记入有关账户的"借方"，负债和所有者权益增加记入有关账户的"贷方"。

（2）资金在企业内部流动的业务。即资产、收入和费用之间或资产要素内部的增减。资产和费用的增加以及收入减少记入相关账户的"借方"，收入增加以及资产和费用的减少记入相关账户的"贷方"。

（3）权益转化的业务。即负债、所有者权益和利润三者之间或一个要素内部有增有减。负债、所有者权益和利润增加记入相关账户的"贷方"，减少则记入相关账户的"借方"。

（4）资金退出企业的业务。即资产和负债、所有者权益同时减少。资产减少记入有关账户的"贷方"，负债及所有者权益减少则记入有关账户的"借方"。

［例1-1］某储户以现金50 000元存入建设银行厦门××支行的活期储蓄存款账户。

借：库存现金   50 000

 贷：吸收存款   50 000

［例1-2］工商银行厦门××支行发放给某企业流动资金贷款1笔，金额为2 000 000元，该贷款现已逾期。

借：逾期贷款   2 000 000

 贷：贷款   2 000 000

［例1-3］经股东大会决议通过，某商业银行2021年分配给股东的利润为30 000 000元，利润尚未支付。

借：利润分配   30 000 000

 贷：应付股利   30 000 000

［例1-4］光大银行××分行归还向同业拆借的资金，其中本金1 000 000元，利息3 000元。

借：拆入资金   1 000 000

  利息支出   3 000

 贷：存放中央银行款项   1 003 000

在借贷记账法中，试算平衡的基本公式是：

（1）全部账户的借方期初余额合计数＝全部账户的贷方期初余额合计数；

（2）全部账户的借方发生额合计＝全部账户的贷方发生额合计；

（3）全部账户的借方期末余额合计＝全部账户的贷方期末余额合计。

如果上述三个方面都能保持平衡，说明记账工作基本上是正确的，否则就说明记账工作发生了差错。在实际工作中，这种试算平衡通常是通过编制试算平衡表来进行的。

（二）单式记账法

单式记账法是指对每项经济业务只通过一个账户进行登记，是一种比较简单的不完整的记账方法。采用单式记账法，手续比较简单，但不能全面地、系统地反映经济业务的全貌，不便于检查账户记录的准确性，单式记账法仅适用于表外科目所涉及的会计事项。目前各商业银行对表外科目的记录，一般采用单式收付记账方法。在业务发生时记收入，销账或减少时记付出，余额表示结存或剩余。

［例1-5］某商业银行收到重要的空白支票50本，单式记账法记账如下：

收入：重要空白凭证——支票　　50本

［例1-6］某开户单位来商业银行购买空白支票1本，单式记账法记账如下：

付出：重要空白凭证——支票　　1本

三、会计凭证

会计凭证是记录经济业务事项的发生和完成情况，明确经济责任，并作为记账依据的书面证明。填制、取得和审核会计凭证，既是会计核算工作的开始，也是对经济业务事项进行监督的重要环节。商业银行会计凭证俗称"传票"，因为会计凭证往往需要在银行的几个部门中传递。

（一）会计凭证的种类

1. 按凭证填制的程序和用途分为原始凭证和记账凭证

原始凭证是在经济业务事项发生时取得或填制的，用以记录和证明经济业务的发生或完成情况，明确经济责任，并作为记账原始依据的一种会计凭证。记账凭证是对经济业务事项按其性质加以归类，确定会计分录，并据以登记会计账簿的凭证。记账凭证根据原始凭证另行编制，也可以用具备记账凭证要素的原始凭证代替。

2. 按凭证表面形式分为单式凭证和复式凭证

复式记账凭证是指一项经济业务所涉及的会计科目都集中填列在一张记账凭证上的记账凭证。复式记账凭证能全面反映某项经济业务的全貌和所涉及的会计科目之间的对应关系，便于检查会计分录的正确性，但是不便于分工记账。

单式记账凭证，是指把一项经济业务所涉及的每个会计科目，分别填制记账凭证，每张记账凭证只填列一个会计科目的记账凭证。其中，填列借方科目的称为借项凭证，填列贷方科目的称为贷项凭证。单式记账凭证便于分工记账，但是不能反映某项经济业务的全貌和所涉及的会计科目之间的对应关系。

3. 按凭证的格式和用途分为基本凭证和特定凭证

基本凭证是会计部门根据合法的原始凭证及业务事项自行编制的具有统一格式的凭证。按其性质规定分为：现金收入凭证、现金付出凭证、转账借方凭证、转账贷方凭证、特种转账借方凭证、特种转账贷方凭证、外汇买卖借方凭证、外汇买卖贷方凭证、表外科目收入凭证、表外科目付出凭证十种。

特定凭证是根据各项业务的特殊需要而设置的各种专用凭证，一般由银行印制，用以代替记账凭证凭以记账，如银行汇票、商业汇票、支票、进账单、电信汇凭证、委托收款凭证、托收承付凭证、计息凭证等。

此外，凭证还可以分为一般凭证、有价单证和重要空白凭证。重要空白凭证根据是否进行控号管理又分为控号重要空白凭证、非控号重要空白凭证。对有价单证、控号重要空白凭证，其出入库、领用、签发（发行）、出售、付款（兑付）实行严格的控、销号管理。

（二）会计凭证的基本要素

会计凭证应符合以下要素要求：

（1）原始凭证的要素根据业务需要规定，中国人民银行另有规定的除外。

（2）记账凭证基本要素主要包括：填制凭证的日期；收、付款人的户名、账号和开户行；货币、金额及借贷方向；经济业务摘要及附件张数；银行办理业务的印章及经办、复核人员的签名或盖章；会计分录和凭证编号等。

银行电子网络传输的记账信息，应具备规定的要素，并采取相应的安全防范措施，必要时需经会计主管或其授权人员确认，事后应根据监督和管理的需要按规定的格式打印纸质凭证。记账过程中，纸质凭证转为电子信息，或电子信息转为纸质凭证，均不得改变凭证的基本要素和内容。凭证上由银行填写和由客户填写的内容应有明显区分。规定由客户填写的，未经客户授权，银行工作人员不得代办。

（三）一般会计凭证的管理

1. 凭证的填制

凭证填制的基本要求是：要素齐全、内容真实、数字准确、字迹清楚、书写规范、手续完备、不得任意涂改。具体要求如下：

（1）单联式现金支票应用墨汁或碳素墨水填写，单联式凭证应用墨水笔书写；多联式套写凭证可用圆珠笔、双面复写纸套写，不准分张单写。

（2）现金收、付业务不编制现金科目凭证，即发生一笔现金业务，只编制一张相应科目的现金收入凭证或现金付出凭证。

（3）票据的金额、日期、收款人的名称不得更改，更改后票据无效。对票据上的其他记载事项，原记载人可以更改，更改时应当由原记载人签章证明。

（4）转账业务，应编制转账借方和转账贷方凭证，以借方科目和贷方科目对转，金额必须相等。

2. 凭证的审核

审核的内容除了是否符合凭证的基本要素外，还包括凭证的真实性、合法性以及完整性。具体审核要点是：

（1）是否为本行受理的凭证；

（2）使用的凭证种类是否正确，凭证的基本要素、联数以及附件是否齐全，凭证是否超过有效期限；

（3）账号、户名是否正确、相符；

（4）大、小写金额是否一致，字迹有无涂改；

（5）款项来源、用途是否符合信贷、结算管理等原则的规定；

（6）印鉴、密押和支付密码是否真实齐全；

（7）计息、收费、罚金等的计算是否正确；

（8）支取金额是否透支或超过拨款限额等。

所有的会计凭证，必须按规定加盖有关人员（如记账、复核、事后监督、装订等人员）名章，并分别加盖"现金收讫"章、"现金付讫"章或"转讫"章等，传票附件应加盖"作附件"的戳记。

3. 凭证的传递

会计凭证的传递是指从受理外来凭证或编制凭证起，经过审核、记账，直到进行整理装订保管的全过程。银行的凭证传递分为内部传递和外部传递。

（1）凭证的内部传递，是指从受理或自行编制开始，经审核、记账、复核等业务处理，直至装订保管为止的整个过程。在传递中必须按照综合核算程序和收、付款程序办理。

（2）凭证的外部传递，是指通过业务处理后应由本行发给其他银行、单位的各种凭证的传递。

银行的凭证传递过程，体现了银行有关业务处理过程和会计核算过程的高度统一。会计凭证的传递必须做到手续严密、准确、及时；还应当做到"先外后内，先急后缓"，以方便客户。另外，会计凭证的传递，除有关业务另有规定外（如银行汇票等），一律在银行内部传递，不得交客户代为传递。

4. 凭证的整理、装订和保管

会计凭证应是按日装订，装订前应先检查科目日结单张数、凭证及附件张数及有关戳记是否完整齐全，发现不符或不全的，必须由有关人员更正补齐。装订的顺序为：先表内科目，后表外科目。科目按科目编号顺序，科目内凭证先借方后贷方，先现金后转账；表外科目先收入后付出，原始凭证附于记账凭证后面，并加盖"附件"戳记。已装订的凭证要编列凭证顺序号，并应与科目日结单的凭证总张数相符。已装订成册的凭证，应在凭证封面上按日期顺序编写号码。分册装订的编一总号，再编若干个分号，并及时登记"会计凭证、账簿、报表保管登记簿"，入库妥善保管。

（四）有价单证及重要空白凭证的管理

1. 有价单证

（1）有价单证是指印有固定面额的特定凭证，包括：金融债券、代理发行的各类债券，定额存单、定额汇票、定额本票以及印有固定面值金额的其他有价单证等。

（2）银行自行印制的有价单证由总行统一设计和印刷，未经总行批准，各分支行不得擅自印刷或改制。

（3）有价单证调运视同现金调运办理。

（4）有价单证的样本和暗记，比照人民币票样管理办法妥善保管。

（5）有价单证一律纳入表外科目核算。以原面值金额列账，会计部门按种类、期限、面额分别建立"有价单证登记簿"。专管人员变动必须办好交接。

（6）已经兑付的有价单证，应加盖付讫章并于付款的当时切角或打洞，由分行组织统一销毁。

（7）凡因残缺不全、签发错误，号码重、错、漏和过期未发行等原因而注销作废的有价单证，应加盖"作废""注销"戳记，切角打洞，入库保管，由分行组织统一销毁。

（8）各分支行会计主管人员每月应至少检查一次有价单证库存，将库存数量、金额与有关登记簿余额核对相符，填写查库记录，以备查考。

2. 重要空白凭证

（1）重要空白凭证是银行印制无面额经银行或单位填写金额并签章后，即具有支取款项效力的空白凭证，包括本票、支票、汇票、信用证、限额结算凭证、债券收款凭证、存单、存折、银行卡、存款证明等重要空白凭证。

（2）重要空白凭证的印制、包装、调运、领拨必须加强管理，明确责任，确保安全，严防散失。重要空白凭证由总行统一进行管理。

（3）重要空白凭证实行"专人管理，入库保管"的办法，属于银行签发的重要空白凭证，必须贯彻"证印分管，证押分管"原则。

（4）重要空白凭证一律纳入表外科目进行核算。

（5）对柜员使用重要空白凭证中发生填错作废时，应加盖"作废"戳记，作为当日表外付出凭证的附件装订。

（6）对外出售和内部领用的重要空白凭证，应建立领用签收登记制度。

（7）严禁将重要空白凭证移作他用，不准在重要空白凭证上预先盖好印章备用。凡应银行签发的重要空白凭证，严禁由客户签发使用。

（8）各分支行会计主管人员每月至少检查一次重要空白凭证的保管情况和领用手续，核对账实，填写查库记录以备查考。

四、会计账簿及账务组织

（一）会计账簿

商业银行的会计账簿，大体上可以分为分户账、总账、登记簿、序时账簿四种。

1. 分户账

分户账是商业银行会计账簿中详细、具体地反映经济业务的明细分类账簿。它按货币种类、单位或资金性质开立账户，应根据传票逐笔连续记载，并结计余额。其通用格式一般有四种：甲种账、乙种账、丙种账、丁种账。

（1）甲种账：设有借、贷发生额和余额三栏，适用于不计息或用余额表计息的账户。

（2）乙种账：设有借、贷发生额、余额、积数四栏，适用于在账页上计息的账户。

（3）丙种账：设有借、贷发生额和借、贷余额四栏，适用于借、贷双方反映余额的账户。

（4）丁种账：设有借、贷发生额、余额、销账四栏，适用于逐笔记账、逐笔销账的一次性业务的账户。

2. 总账

总账是会计账簿中综合、总括核算和监督经济业务的分类账簿，对分户账起到控制和统驭作用，是定期编制各种会计报表的依据。总账按会计科目设置，设有借、贷发生额和借、贷余额四栏。每日营业终了，根据各科目日结单的借方、贷方合计数分别记入总账各科目的发生额栏中，并计算出余额。

3. 登记簿

登记簿是明细核算中的辅助性账簿，凡是分户账上未能记载而又需要考查的业务事项，都可以设置登记簿进行登记。登记簿是一种辅助账簿，属备查簿性质，是分户账的补充。一些不需要分户账进行明细核算又需要登记考查的业务，可以用登记簿进行登记控制。登记簿主要是反映表外科目的明细情况，可用来控制重要空白凭证、有价单证和实物。登记簿账页格式无统一规定，视业务需要而定。

4. 序时账簿

序时账簿是记载和控制现金收入、付出笔数和金额的账簿，是现金收入、付出的明细记录。每天营业终了，结计出现金收入、付出合计数，再计算出现金结存数，并与实际现金库存数核对相符。现金收入、付出日记簿是分别逐笔、序时地记录银行现金收入、付出情况的账簿。

（二）账务组织

银行的账务组织包括明细核算和综合核算两个系统。明细核算系统详细反映各会计科目的核算情况，综合核算系统综合反映各会计科目的增减变化情况，对明细核算起控制作用。两者根据同一凭证同时或分别进行，相互联系、相互制约，坚持总分核对，数字相符。

1. 明细核算系统

首先，根据会计凭证登记分户账（如果是现金收付业务则登记序时账簿）；其次，对不能入账而又需要记载的重要业务事项，在登记簿中进行记载；最后，每日营业终了，根据分户账编制余额表。所以，明细核算系统由分户账、序时账簿、登记簿和余额表共同组成。

余额表是用来填制分户账余额的表格，其作用是据以核对总账和分户账余额，并计算利息。余额表有两种：

（1）计息余额表。适用于计息的各科目，按有关存、贷款科目分别设立。每日营业终了，根据各账户当天的最后余额抄入表内。当天无发生额的账户或遇假日，将上一日的最后余额填入表内。一定时期内各账户每天余额合计数即为各账户在该时期内的计息积数，是计算利息的依据。

（2）一般余额表。适用于不计息的各科目，根据各分户账最后余额抄列，使各账户余额集中反映，便于各科目总账与分户账余额进行核对。一般余额表可根据业务需要随时编制。

2. 综合核算系统

首先，根据会计凭证编制科目日结单；其次，根据科目日结单的发生额合计数登记总账；最后，根据总账各科目当日发生额和余额编制日计表，该表中的各科目借、贷方发生额和余额必须自动平衡。所以，综合核算系统由科目日结单、总账、日计表三项内容组成。

（1）科目日结单

科目日结单是每一会计科目当天借贷方发生额和传票张数的汇总记录，又称总传票。它是轧平当日账务和登记总账的依据。科目日结单依据各科目当日的传票来编制，每个科目编制一张科目日结单，当天无发生额的科目不需编制科目日结单。科目日结单的编制方法如下：

①一般科目日结单编制方法。每日营业终了，将同一科目的所有传票分别现金、转账、借方和贷方，加计笔数和金额填入科目日结单有关栏内。将传票按顺序排列附在科目日结单之后。

②现金科目日结单的编制方法。现金科目日结单是根据一般科目日结单中现金部分编制。将当天一般科目日结单现金部分分别借方和贷方计算合计数，然后反方向填入现金科目日结单中。现金科目日结单后不附传票。

③全部科目日结单的借方发生额合计数与贷方发生额合计数必须加总平衡。

（2）总账

总账的登记方法是：启用账页时，账首各栏包括（科目代号、科目名称、年月时间、上年底余额、本年累计发生额、上月底余额等）都应填写，并核对正确。

每日营业终了，根据各科目日结单的借方、贷方合计数登记入总账各科目同一行的借方、贷方发生额栏中，并计算出余额。对于单方向反映余额的科目，余额是将上日余额加减当日发生额求得；对于借、贷双方反映余额的科目总账则须分别计算出借方余额合计和贷方余额合计，分别登入总账余额的借、贷方，不得轧差登记总账余额。

（3）日计表

日计表是反映当天全部银行业务活动的会计报表，也是轧平当天全部账务的重要工具。每日营业终了，根据总账各科目的借贷方发生额和余额填列。日计表内全部科目的借贷方发生额和余额的合计数必须各自平衡。日计表由借方、贷方发生额和借方、贷方余额四栏组成。

日计表的编制方法是：

①每日营业终了，分货币编制，当日某种货币无发生额，可以不编。

②根据总账各科目当日发生额和余额按科目代号顺序抄入日计表中；当日没有发生额的科目，按上日余额填入日计表，不得遗漏。

③最后，计算出所有科目借方、贷方发生额合计数，两者应平衡。

（三）账务核对

账务核对是对综合核算与明细核算两个系统中的账簿、账表、单证的数字记录进行检查核对的工作。分为每日核对、定期核对。

1. 每日核对

每日核对是指每日会计核算结束后，对账务的有关内容进行核对，主要核对以下内容：

（1）总账各科目余额与同科目的分户账或余额表的余额核对相符；

（2）总账余额与日计表余额核对相符；

（3）现金总账借方、贷方发生额与序时账簿的借方、贷方发生额核对相符，现金总账余额和序时账簿结存数以及实际库存现金核对相符；

（4）表外科目余额应与有关登记簿核对相符，其中重要空白凭证、有价单证，经营人员必须核对当天领入、使用、出售及库存实物数。

2. 定期核对

定期核对是对未能纳入每日核对的账务按规定的时间进行的核对。凡未能每日核对的账务，均属于定期核对的内容。主要内容包括：

（1）各种卡片账每月与该科目总账或有关登记簿核对相符；

（2）各单位的存款、贷款、未收贷款利息（含复息）账户，都应按月或季填发"余额对账单"与企业单位对账；

（3）贷款借据必须按月与该科目分户账核对相符；

（4）中央银行往来、同业及系统内往来的账户余额按月应核对相符；

（5）表外科目核算的凭证应每月与登记簿结余相核对，与所控制的实物（或账卡）、单证、债券等核对相符；

对账相符的应由银行核对人员和会计主管人员签章确认，核对不符的应查明原因并纠正。账务核对包括账账、账实、账表、账据、账卡和内外账务核对。经办人员和会计主管人员在账务核对全部相符后，应在有关账、簿、卡上签章。

计算机账务核算系统应具有不同级别的保密设置、监督功能和故障应急处理及数据恢复措施。计算机系统账务信息应备份保存；系统所提供的联机历史账务数据时间应不短于1年。未经业务部门同意，电脑人员不得更改账务数据和信息。

 复习思考题

1. 金融业的管理机关有哪些？它们的主要职责是什么？

2. 金融企业的会计要素包括什么？

3. 金融企业的会计计量属性有哪些选择？

4. "营改增"对金融业产生了哪些方面的影响？

5. 复式记账法和单式记账法的区别是什么？

6. 如何对重要空白凭证进行管理？

7. 商业银行的会计账簿大体上可以分为哪几类？

8. 账务核对程序中每日核对和定期核对的不同是什么？

第一章习题　　　　　第一章答案

第二章　存款业务的核算

本章重点

1. 银行结算账户的种类与管理。
2. 银行的负债质量管理。
3. 银行存款业务的核算程序及处理手续。
4. 银行存款利息的计算方法。

引导案例

近年来，互联网平台存款凭借门槛低、利率高等特点，成为部分银行揽储的重要手段。最早引发市场关注的互联网平台存款，可以追溯到诞生于 2018 年的智能存款。彼时，凭借低起存点、保本保息、随存随取、提前支取靠档计息、年化利率高等特点，智能存款成为揽储利器，一些中小银行在第三方互联网平台上发行类似产品。随着定期存款提前支取、靠档计息等不规范做法被叫停，多家银行宣布清盘智能存款。当前，智能存款在市场上已难觅踪影，但银行与互联网平台的合作却没有止步。综合业内人士观点，存款"触网"背后有三大动因。一是适应用户习惯变迁。现在许多金融行为逐渐转向线上，在互联网上买理财和存款产品是个趋势。二是竞争存款。这对网点和名气都不及大行的中小银行来说尤为重要。三是补充被压缩的其他资金来源。比如，在保本理财受限后，结构性存款便迅速攀升。从利率来看，互联网平台存款利率已接近或达到全国自律定价机制的上限。此外，多家银行在互联网平台上还通过领券加息、缩短计息周期等方式争夺客户。

2021年1月15日，银保监会办公厅、人民银行办公厅印发的《关于规范商业银行通过互联网开展个人存款业务有关事项的通知》指出，商业银行通过互联网开展存款业务，应当严格遵守《中华人民共和国商业银行法》《中华人民共和国银行业监督管理法》《储蓄管理条例》等法律法规和金融监管部门的相关规定，不得借助网络技术等手段违反监管规定、规避监管要求。商业银行不得通过非自营网络平台开展定期存款和定活两便存款业务，包括但不限于由非自营网络平台提供营销宣传、产品展示、信息传输、购买入口、利息补贴等服务。本通知印发前，商业银行已经开展的存量业务到期自然结清。相关商业银行要落实主体责任，做好客户沟通解释工作，稳妥有序处理存量业务。

思考：监管部门为什么要叫停非自营渠道互联网存款？中小银行应该如何发展存款业务？

（参考资料：http://www.xinhuanet.com/2020-11/27/c_1126791576.htm 新华网）

第一节 存款业务概述

一、存款业务的种类

存款是商业银行以信用方式吸收社会闲散资金的筹资活动，是银行吸收信贷资金的主要渠道和开展信贷活动的重要前提。存款的种类很多，按存款对象可分为单位存款、个人存款；按存款资金性质及计息范围分为财政性存款、一般性存款、居民个人储蓄存款；按存款期限分为活期存款、定期存款；按存款币种分为人民币存款、外币存款，等等。

二、银行结算账户的种类与管理

（一）银行结算账户的种类

银行结算账户，是指银行为存款人开立的用于办理现金存取、转账结算等资金收付活动的人民币活期存款账户。按照存款人的不同，可分为单位银行结算账户和个人银行结算账户。存款人以单位名称开立的银行结算账户为单位银行结算账户，存款人凭个人身份证件以自然人名称开立的银行结算账户为个人银行结算账户，个体工商户凭营业执照以字号或经营者姓名开立的银行结算账户纳入单位结算账户管理。

1. 单位银行结算账户

根据《人民币银行结算账户管理办法实施细则》（2005年1月31日起施行），中国人民银行对下列单位银行结算账户实行核准制度：

（1）基本存款账户；

（2）临时存款账户（因注册验资和增资验资开立的除外）；

（3）预算单位专用存款账户；

（4）合格境外机构投资者在境内从事证券投资开立的人民币特殊账户和人民币结算资金账户（简称"QFII 专用存款账户"）。

上述银行结算账户统称核准类银行结算账户。

一般存款账户是因借款或其他结算需要，在基本存款账户开户银行以外银行机构开立的银行结算账户。一般存款账户是存款人的辅助结算账户，借款转存、借款归还和其他结算的资金收付可通过该账户办理。开立一般存款账户，实行备案制，无须中国人民银行核准，该账户开立数量没有限制。

2. 个人银行结算账户

按《人民币银行结算账户管理办法》（中国人民银行令［2003］第 5 号）规定，个人银行结算账户是指个人客户凭个人有效身份证件以自然人名称开立的，用于办理资金收付结算的人民币活期存款账户。个人银行结算账户用于办理个人转账收付和现金存取，下列款项可以转入个人银行结算账户：

（1）工资、奖金收入；

（2）稿费、演出费等劳务收入；

（3）债券、期货、信托等投资的本金和收益；

（4）个人债权或产权转让收益；

（5）个人贷款转存；

（6）证券交易结算资金和期货交易保证金；

（7）继承、赠予款项；

（8）保险理赔、保费退还等款项；

（9）纳税退还；

（10）农、副、矿产品销售收入；

（11）其他合法款项。

（二）银行结算账户的开立、变更与撤销

1. 单位银行结算账户的开立

银行与存款人签订银行结算账户管理协议，存款人应填制开户申请书，经审查后符合开立银行结算账户条件的，银行应办理开户手续，并于开户之日起 5 个工作日内向中国人民银行当地分支行备案。需要核准的，应及时报送人民银行核准。

2. 单位银行结算账户的变更

存款人银行结算账户有变更的，如果变更名称但不改变开户银行及账号的，应于 5 日内向开户银行申请，开户银行 2 日内向人民银行报告。单位法人、住址及其他开户资料变更的，应于 5 日内书面通知开户银行并提供有关证明。银行接到存款

人的变更通知后，应及时办理变更手续，并于 2 个工作日内向中国人民银行报告。

3. 单位银行结算账户的撤销

存款人有以下情形之一的，应向开户银行提出撤销①银行结算账户的申请：

（1）撤并、解散、宣告破产或关闭的；

（2）注销、被吊销营业执照的；

（3）因迁址需要变更开户银行的；

（4）其他原因需要撤销银行结算账户的。

存款人尚未清偿其开户银行债务的，不得申请撤销银行结算账户。存款人撤销银行结算账户，必须与开户银行核对银行结算账户存款余额，交回各种重要空白凭证及结算凭证和开户登记证，银行核对无误后方可办理销户手续。

银行撤销单位银行结算账户时应在其基本存款账户开户登记证上注明销户日期并签章，同时于撤销银行结算账户之日起 2 个工作日内，向中国人民银行报告。银行对一年未发生收付活动且未欠开户银行债务的单位银行结算账户，应通知单位自发出通知之日起 30 日内办理销户手续，逾期视同自愿销户，未划转款项列入久悬未取专户管理。

4. 个人银行结算账户的开立与变更

2015 年以来，中国人民银行立足我国国情，顺应银行账户业务创新发展需求，启动个人银行账户制度改革，以落实银行账户实名制和保护存款人合法权益为核心，以兼顾安全和效率为原则，以建立银行账户资金和信息保护机制为目标，按照鼓励创新与防范风险相协调的管理思路，构建全新的个人银行账户体系，建立并全面推行个人银行账户分类管理制度，陆续印发《中国人民银行关于改进个人银行账户服务 加强账户管理的通知》（银发〔2015〕392 号）、《中国人民银行关于落实个人银行账户分类管理制度的通知》（银发〔2016〕302 号）、《中国人民银行关于改进个人银行账户分类管理有关事项的通知》（银发〔2018〕16 号）等。

如表 2-1 所示，个人银行账户分类管理制度将个人银行结算账户分为Ⅰ、Ⅱ、Ⅲ类银行结算账户（以下简称Ⅰ、Ⅱ、Ⅲ类户），赋予不同类别账户不同功能，个人根据支付需要和资金风险大小使用不同类别账户，从而实现在支付时隔离资金风险、保护账户信息安全的目的。

表 2-1　个人银行账户分类管理

账户类别	开户方式	服务内容	限制
Ⅰ类户	柜面开户、自助机具（现场核验身份）	提供存款、购买投资理财产品等金融产品、转账、消费和缴费支付、支取现金等服务	基本无限制

---

① 撤销是指存款人因开户资格或其他原因终止银行结算账户使用的行为。

表2-1(续)

账户类别	开户方式	服务内容	限制
Ⅱ类户	柜面开户、自助机具（未现场核验）、电子渠道	提供存款、购买投资理财产品等金融产品、限定金额的消费和缴费支付等服务	不得为存款人提供存取现金服务 不得发放实体介质 消费和缴费支付的单日累计支付限额最高不得超过10 000元
Ⅲ类户（"快捷支付"）	柜面开户、自助机具（未现场核验）、电子渠道	小额消费和缴费支付服务	不得为存款人提供存取现金服务 不得发放实体介质 账户余额不得超过2 000元

Ⅰ类户属于全功能的个人银行结算账户，Ⅱ类户可以满足直销银行、网上理财产品等支付需求，Ⅲ类户则主要用于小额的消费及支付。Ⅱ类户与Ⅰ类户最大的区别是不能存取现金、不能向非绑定账户转账。Ⅲ类户与Ⅱ类户最大的区别是仅能办理小额消费及缴费支付，不得办理其他业务。

总体来说，Ⅰ类户的特点是安全性要求高，资金量大，适用于大额支付；Ⅱ、Ⅲ类户的特点是便捷性突出，资金量相对小，适用于小额支付，Ⅲ类户尤其适用于移动支付等新兴的支付方式。社会公众可以根据需要，主动管理自己的账户，把资金量较大的账户设定为Ⅰ类户，把经常用于网络支付、移动支付的账户降级，或者新增开设Ⅱ、Ⅲ类户用于这些支付，这样既能有效保障账户资金安全，又能体验各种便捷、创新的支付方式，达到支付安全性和便捷性的统一。

三种开户方式具体如下：

（1）柜面开户：通过柜面受理银行账户开户申请。

（2）自助机具开户：通过远程视频柜员机和智能柜员机等自助机具受理银行账户开户申请。

（3）电子渠道开户：通过网上银行和手机银行等电子渠道受理银行账户开户申请。

（三）银行结算账户的管理

中国人民银行负责监督、检查银行结算账户的开立和使用，对存款人、商业银行违反银行结算账户管理规定的行为予以处罚。中国人民银行当地分支行通过账户管理系统与支付系统、同城票据交换系统等系统的连接，实现相关银行结算账户信息的比对，依法监测和查处未经中国人民银行核准或未向中国人民银行备案的银行结算账户。账户管理系统中的银行机构代码是按照中国人民银行规定的编码规则为银行编制的，用于识别银行身份的唯一标识，是账户管理系统的基础数据。

商业银行对单位银行结算账户的管理主要包括：

（1）负责所属营业机构银行结算账户开立和使用的管理，监督和检查其执行银行结算办法的情况，纠正违规开立和使用银行结算账户的行为。

（2）明确专人负责银行结算账户的开立、使用和撤销的审查和管理，负责对存款人开户申请资料的审查，建立健全开销户登记制度，建立银行结算账户管理档案，保管期限为银行结算账户撤销后 10 年。

（3）对已开立的单位银行结算账户实行年检制度。

商业银行对个人银行账户的管理主要包括：

银行应于 2016 年 4 月 1 日在系统中实现对个人银行账户Ⅰ类户、Ⅱ类户和Ⅲ类户的有效区分、标识，并按规定向人民币银行结算账户管理系统报备。同时，将银行账户区分方法和标识方法向人民银行备案。对于 2016 年 4 月 1 号之前按照《人民币银行结算账户管理办法》相关规定开立的个人银行账户，均纳入Ⅰ类户管理。2016 年 4 月 1 号之后开设个人银行账户，银行将明确让客户选择开设哪类账户。

2016 年 9 月 30 日，中国人民银行发布《中国人民银行关于加强支付结算管理，防范电信网络新型违法犯罪有关事项的通知》，规定自 2016 年 12 月 1 日起，同一个人在同一家银行只能开立一个Ⅰ类户。《中国人民银行关于改进个人银行账户分类管理有关事项的通知》规定，同一家银行通过线上为同一个人只能开立一个允许非绑定账户入金的Ⅲ类户，防止不法分子通过开立多个此类账户变相扩大Ⅲ类户的转账限额。同时，规定同一银行法人为同一人开立Ⅱ、Ⅲ类户的数量原则上分别不超过 5 个，这样规定既有原则，易于风险控制，又便于银行根据实际情况灵活掌握。

三、负债质量管理

负债质量管理是指商业银行以确保经营的安全性、流动性和效益性为目的，按照与其经营战略、风险偏好和总体业务特征相适应的原则，就负债来源、结构、成本等方面所开展的管理活动。

商业银行应当重点从以下六个方面加强负债质量管理：

（1）负债来源的稳定性；

（2）负债结构的多样性；

（3）负债与资产匹配的合理性；

（4）负债获取的主动性；

（5）负债成本的适当性；

（6）负债项目的真实性。

商业银行应当提高负债来源的稳定性，密切关注影响本行负债来源稳定性的内外部因素，加强对负债规模和结构变动的监测和分析，增强对负债规模和结构变动的管理，防范因负债大幅异常变动而引发的风险。商业银行应当增强负债与资产匹配的合理性，通过多种方式提升负债与资产在期限、币种、利率、汇率等方面的匹配程度，防止过度错配引发风险。

各项负债业务应当基于真实的债权债务关系，并符合会计准则的相关要求。禁止通过虚构交易、对做交易及乱用、错用会计科目或业务不入账等方式调增或调减负债。

四、会计科目设置

(一)"吸收存款"科目

"吸收存款"科目核算银行吸收的除同业存放款项以外的其他各种存款，包括单位存款（企业、事业单位、机关、社会团体等）、个人存款、信用卡存款、特种存款、转贷款资金和财政性存款等。

银行收到客户存入的款项，应按实际收到的金额，借记"库存现金""存放中央银行款项"等科目，贷记本科目（本金），如存在差额，借记或贷记本科目（利息调整）。支付的存入资金利息，借记"应付利息"科目，贷记本科目。支付的存款本金，借记本科目（本金），贷记"存放中央银行款项""库存现金"等科目，按应转销的利息调整金额，贷记本科目（利息调整），按其差额，借记"利息支出"科目。本科目期末贷方余额，反映企业吸收的除同业存放款项以外的其他各项存款。

(二)"应付利息"科目

"应付利息"科目核算银行按照合同约定应支付的利息，包括吸收存款、拆入资金、企业债券等应支付的利息。本科目可按存款人或债权人进行明细核算。

资产负债表日，应按摊余成本和实际利率计算确定的利息费用，借记"利息支出""在建工程""研发支出"等科目，按合同利率计算确定的应付未付利息，贷记本科目，按其差额，借记或贷记"吸收存款——利息调整""应付债券——利息调整"等科目。实际利率与合同利率差异较小的，也可以采用合同利率计算确定利息费用。实际支付利息时，借记本科目，贷记"吸收存款"等科目。本科目期末贷方余额，反映银行应付未付的利息。

(三)"利息支出"科目

"利息支出"科目核算银行发生的各项利息支出，包括吸收的各种存款（单位存款、个人存款、信用卡存款、特种存款、转贷款资金等）、与其他金融机构（中央银行、同业等）之间发生资金往来业务、卖出回购金融资产等产生的利息支出。本科目可按利息支出项目进行明细核算。

资产负债表日，企业应按摊余成本和实际利率计算确定的利息费用金额，借记本科目，按合同利率计算确定的应付未付利息，贷记"应付利息"科目，按其差额，借记或贷记"吸收存款——利息调整"等科目。实际利率与合同利率差异较小的，也可以采用合同利率计算确定利息费用。期末，应将本科目余额转入"本年利润"科目，结转后本科目无余额。

第二节 单位存款业务的核算

单位存款业务是指企业、事业、机关、部队和社会团体等单位在金融机构办理的人民币存款，包括活期存款、定期存款、通知存款、协定存款及经中国人民银行批准的其他存款。

一、单位活期存款业务的核算

单位活期存款是一种随时可以存取、按结息期计算利息的存款。该存款的特点是不固定期限，客户存取方便，随时可以支取。单位活期存款按业务处理与核算手续不同，分为支票户与存折户两种；按存取款的方式又分为现金存取和转账存取两种。有关转账存取的业务主要通过运用各种结算方式和支付工具来实现，具体内容将在第五章讲述，本节只叙述现金存取的会计处理。

（一）存入现金的核算

存入现金时，单位应填写一式两联现金缴款单，连同现金交银行出纳部门，经审核点收现金无误后提交系统处理，系统自动在现金存款凭证上打印有关要素，并交缴款人签字确认，在各联上加盖现讫章及记账员私章。将第一联作为回单退交存款人，第二联凭以代现金收入传票登记单位存款分户账。

［例2-1］工商银行××支行收到客户A公司存入的款项10 000元。

借：库存现金 10 000

　　贷：吸收存款——活期存款（A公司）——本金 10 000

（二）支取现金的核算

柜员收到客户提交的现金支票，审核现金支票的各项要素是否真实完整、是否符合有关规定，现金用途是否符合现金管理的有关规定。审核无误后柜员提交系统处理，现金支票代现金付出传票登记分户账，按规定配款完毕核对现金与现金支票的金额一致后交付现金。

［例2-2］客户A公司从工商银行××支行支取现金5 000元。

借：吸收存款——活期存款（A公司）——本金 5 000

　　贷：库存现金 5 000

（三）　支付利息的核算

单位活期存款按季结息，结息日为每季末月的 20 日，利率按结息日挂牌活期利率执行。

［例 2-3］工商银行××支行在客户 A 公司的活期存款账户上存入利息 18 元。

借：利息支出　　　　　　　　　　　　　　　　　　　　　　　　18

　贷：吸收存款——活期存款（A 公司）——本金　　　　　　　　　　18

如果单位是用存折户存取现金，其相关会计核算与支票户存取现金相同。

二、单位定期存款业务的核算

单位定期存款是单位在存入存款时约定期限、利率，到期支取本息的一种存款业务。单位定期存款的起存金额为 1 万元，多存不限，存期分 3 个月、6 个月、1 年、2 年、3 年、5 年六个档次，一般不能提前支取，存款人支取定期存款只能以转账方式将存款转入基本存款账户。存款人办理定期存款时需提交开户申请书、营业执照正本，并预留印鉴。财政拨款、预算内资金及银行贷款不得作为单位定期存款存入银行。

（一）　单位存入定期存款

单位存入定期存款时，应按存款金额签发活期存款账户转账支票交银行会计部门。银行按规定审核无误后，以支票作转账借方传票并凭以填制一式三联单位定期存款证实书。经复核后，第一联银行存根联代定期存款转账贷方传票，第二联加盖业务公章和经办人员名章后交存款人作存款凭据，第三联作定期存款卡片账。

［例 2-4］2021 年 7 月 1 日，工商银行××支行收到客户 B 公司存入的 2 年期定期存款 100 000 元，到期一次支付本息。

借：吸收存款——活期存款（B 公司）——本金　　　　　　　100 000

　贷：吸收存款——定期存款（B 公司）——本金　　　　　　　　100 000

付出：重要空白凭证——单位定期存款证实书

（二）　资产负债表日计算确定利息费用

实际利率与合同利率差异较小的，可以采用合同利率计算确定利息费用。

［例 2-5］2021 年 12 月 31 日，设工商银行××支行按合同利率计算的应付利息为 1 125 元。

借：利息支出　　　　　　　　　　　　　　　　　　　　　　1 125

　贷：应付利息　　　　　　　　　　　　　　　　　　　　　　　1 125

（三）　支取款项的核算

单位定期存款的支取包括提前支取、到期支取、逾期支取等情况。单位持存单支取定期存款时，银行会计人员抽出该户卡片进行核对。核对无误后，计算出利息，填制利息清单，并在存单上加盖"结清"戳记。以存单代定期存款转账借方传票，卡片账作附件，另编制三联特种转账传票，一联代利息支出科目转账借方传票，一联代活期存款账户转账贷方传票，另一联代收账通知交存款人。

[例2-6] 2023年7月1日，工商银行××支行支付B公司本息合计为104 500元，其中应付利息合计4 500元，本息计入B公司活期存款账户。

借：吸收存款——定期存款（B公司）——本金　　　　　　100 000

　　　　应付利息　　　　　　　　　　　　　　　　　　　　4 500

　　贷：吸收存款——活期存款（B公司）——本金　　　　　104 500

（四）单位定期存款账户的自动续存和销户

1. 自动续存

若单位在开户时约定自动续存，可在单位定期存款开户证实书上注明。单位定期存款到期时，系统自动结息并转存。自动续存不产生新定期账号，自动续存时单位定期存款登记簿上对应的原账户信息会被续存后账户信息所覆盖。

会计分录为：

借：吸收存款——定期存款（单位存款户）——本金

　　　应付利息

　　贷：吸收存款——定期存款（单位存款户）——本金

2. 销户

柜员接到客户提交的单位定期存款开户证实书第二联，抽出第一联银行存根联，审核凭证的真实性，如是否本机构签发的证实书，证实书上签章是否完整，两联证实书是否相符等。审核无误后，作会计分录同支取款项。

三、单位其他存款业务的核算

（一）单位通知存款

单位通知存款是指存款人在存入款时不约定存期，支取时需提前通知金融机构，约定支取日期和金额方能支取的存款。

1. 开户

开户时单位需提交开户申请书、营业执照正本、副本影印件等，并预留印鉴。银行为客户开出记名式"单位通知存款开户证实书"（以下简称证实书），证实书仅对存款单位开户证实，不得作为质押权利凭证。证实书如果遗失，银行不予办理挂失，不再补发新的证实书。支取存款时，客户应向银行出具证实书，银行按约定的支取方式办理取款手续。

2. 存入

通知存款不管实际存期的长短，统一按存款人取款提前通知的期限长短划分为一天通知存款和七天通知存款两个品种。一天通知存款必须至少提前一天通知约定支取存款，七天通知存款必须至少提前七天通知约定支取存款。单位选择通知存款品种后不得变更。通知存款为记名式存款，起存金额 50 万元，需一次全额存入，可以选择现金存入或转账存入。

［例 2-7］工商银行××支行收到客户 C 公司活期存款转入的 7 天通知存款 500 000 元。

借：吸收存款——活期存款（C 公司）——本金　　　　　　　　500 000
　　贷：吸收存款——通知存款（C 公司）（7 天）——本金　　　500 000

3. 通知

存款人进行通知时应向开户银行提交"单位通知存款取款通知书"。提交方式有客户本人到银行或者传真通知，但支取时需向银行递交正式通知书。

4. 支取

单位通知存款可一次或分次支取，每次最低支取额为 10 万元以上，支取存款利随本清，支取的存款本息只能转入存款单位的其他存款户，不得支取现金。支取时，以支取日挂牌通知存款利率计息，如部分支取留存部分仍从原开户日起计算存期。具体支取方式包括：

（1）单笔全额支取，存款单位需出具单位通知存款证实书。

（2）部分支取。部分支取需到开户行办理。部分支取时账户留存金额不得低于 50 万元，低于 50 万元起存金额的，做一次性清户处理，并按清户日挂牌活期利率计息办理支取手续并销户。留存部分金额大于 50 万元的，银行按留存金额、原起存日期、原约定通知存款品种出具新的通知存款证实书。

［例 2-8］C 公司部分支取七天通知存款 100 000 元，工商银行××支行计算的利息为 200 元。

借：吸收存款——通知存款（C 公司）（7 天）——本金　　　　100 000
　　利息支出　　　　　　　　　　　　　　　　　　　　　　　　200
　　贷：吸收存款——活期存款（C 公司）——本金　　　　　　　100 200

（二）单位协定存款

协定存款是指客户通过与银行签订《协定存款合同》，约定期限、商定结算账户需要保留的基本存款额度，由银行对基本存款额度内的存款按结息日或支取日活期存款利率计息，超过基本存款额度的部分按结息日或支取日人行公布的高于活期存款利率、低于六个月定期存款利率的协定存款利率给付利息的一种存款。

1. 开户

单位应与开户行签订《协定存款合同》，合同期限最长为一年（含一年），到期任何一方如未提出终止或修改，则自动延期。凡申请在银行开立协定存款账户的单位，需同时开立基本存款账户或一般存款账户（以下简称"结算户"），用于正常经济活动的会计核算，该账户称为 A 户，同时电脑自动生成协定存款账户（以下简称 B 户）。B 户作为 A 户的后备存款账户，不直接发生经济活动，资金不得对外支付。

2. 存入

每日营业终了，由银行计算机系统自动根据 A 户的存款余额超过基本存款额度部分转存 B 户，并以协定存款利率对 B 户计息。会计分录为：

　　借：吸收存款——协定存款（A 户）

　　　贷：吸收存款——协定存款（B 户）

3. 支取

协定存款账户的 A 户视同一般结算账户管理使用，可用于现金转账业务支出，A 户、B 户均不得透支。会计分录为：

　　借：吸收存款——协定存款（A 户）

　　　贷：清算资金往来

在合同执行期间，当 A 户账户余额低于协定金额时，由 B 户自动补足，不属于透支。会计分录为：

　　借：吸收存款——协定存款（B 户）

　　　贷：吸收存款——协定存款（A 户）

4. 结息

每季末月 20 日应计算协定存款利息。季度计息统一于季度计息日的次日入账。会计分录为：

　　借：利息支出

　　　贷：吸收存款——协定存款（B 户）

如属协定存款合同期满终止续存，其销户前的未计利息于季度结息时一并计入结算户（A 户）。

5. 销户

协定存款合同期满，若单位提出终止合同，应办理协定存款户销户，将 B 户的存款本息结清后，全部转入基本存款账户或一般存款账户中。结清 A 户时，B 户也必须同时结清。在合同期内原则上客户不得要求清户，如有特殊情况，必须提出书面声明，经银行审核无误后办理清户手续。

第三节 个人存款业务的核算

商业银行办理储蓄业务，必须遵循"存款自愿、取款自由、存款有息和为储户保密"的原则。商业银行各营业网点在开立个人存款账户时，必须按照《个人存款账户实名制规定》的要求开立个人存款账户。所谓实名是指符合国家法律、行政法规和国家有关规定的身份证件上使用的姓名。

个人存款业务主要包括活期储蓄和定期储蓄两大类。其中定期储蓄可以分为整存整取、零存整取、整存零取、存本取息等。此外，个人存款还有定活两便、通知存款、教育储蓄等业务。

2014年10月29日国务院公布《存款保险条例》，并于2015年5月1日起正式实施。中国人民银行负责存款保险制度的实施，存款保险实行限额偿付，最高偿付限额为人民币50万元。同一存款人在同一家投保机构（商业银行、农村合作银行、农村信用合作社等吸收存款的银行业金融机构）所有被保险存款账户的存款本金和利息合并计算的资金数额在最高偿付限额以内的，实行全额偿付；超出最高偿付限额的部分，依法从投保机构清算财产中受偿。

一、活期储蓄存款业务

活期储蓄存款是一种不受存取款时间约束，可随时存、取，没有存取金额限制的一种存款。人民币活期储蓄存款基本规定：一元起存，多存不限，由开户机构发给存折或借记卡，凭折或卡办理存取款及其相关业务。开户时可以预留密码或印鉴，凭密码支取活期存款账户可以在总行辖内任一营业网点办理通存通兑。大额存取款业务必须执行中国人民银行或外汇管理局有关大额现金管理的规定。

（一）开户

（1）客户开立活期储蓄存折（含本、外币）时，柜员接收客户递交的身份证件、"个人客户开户申请书"（以下简称开户申请书）、现金，审核开户申请书要素填写是否正确、齐全，根据开户申请书上所填写的金额清点现金。

（2）审核无误后，柜员输入证件种类、证件号码，随后柜员输入其他要素，当取款方式为凭密码支取时，柜员提示客户输入密码，无误后提交，系统对存折进行写磁，依次打印开户申请书、个人客户存款凭证（以下简称存款凭证）、存折封面与存折内容。

（3）柜员审核系统打印的存款凭证及存折上的要素是否正确，存款凭证经客户签字确认后加盖现讫章或转讫章作为该笔交易流水传票，开户申请书加盖"附件"章后作为传票附件，并在存折上加盖业务公章及方章后将存折、存款回单等交与客户。

[例2-9] 建设银行××支行收到储户李云存入的活期储蓄存款 8 000 元。

借：库存现金　　　　　　　　　　　　　　　　　　　　　　　　　　8 000

　　贷：吸收存款——活期储蓄存款（李云）——本金　　　　　　　　　　8 000

（二）续存

（1）客户办理活期存折续存业务时，柜员需审核客户递交的存折，并清点现金。

（2）柜员按系统提示进行刷折操作，待系统读出账户代号与凭证代号，核对无误后，输入现转标志、钞汇标志与交易金额。无误后提交，系统依次打印存款凭证、存折，并返回证件种类和证件号码供柜员核对。

（3）柜员审核存款凭证与存折上打印的内容正确无误后，将存款凭证交客户签字确认，在存款凭证上加盖现讫章或转讫章作为该笔交易流水传票，将存折与回单联交与客户。

[例2-10] 建设银行××支行收到储户李云续存的活期储蓄存款 3 000 元。

借：库存现金　　　　　　　　　　　　　　　　　　　　　　　　　　3 000

　　贷：吸收存款——活期储蓄存款（李云）——本金　　　　　　　　　　3 000

（三）取款

（1）柜员接收客户递交的活期存折，问清客户的取款金额。

（2）柜员按系统的提示进行刷折操作，待系统读出账户代号与凭证代号核对无误，逐一输入各项内容，包括取款方式、现转标志与交易金额。输入正确后提交，系统依次打印"个人客户取款凭证"（以下简称取款凭证）、存折。系统返回证件种类和证件号码供柜员核对。

（3）柜员审核取款凭证及存折上打印的要素正确无误后，将取款凭条交由客户签字确认后加盖现讫章或转讫章作为该笔交易流水传票。根据取款金额配好现金，将存折、取款回单、现金一并交与客户。

[例2-11] 储户李云在建设银行××支行柜台上取款 5 000 元。

借：吸收存款——活期储蓄存款（李云）——本金　　　　　　　　　　5 000

　　贷：库存现金　　　　　　　　　　　　　　　　　　　　　　　　　5 000

（四）销户

（1）柜员接收客户递交的活期存折，审核存单的相关要素，并问清客户是否销户。

（2）柜员按系统的提示进行刷折操作，具体程序同取款。输入正确后确认提交，依次打印取款凭证、存折与利息清单。

（3）柜员审核取款凭证和利息清单上打印的要素正确无误后，在取款凭证和利息清单上加盖现讫章或转讫章，将取款凭证及利息清单交客户签字确认；同时，审核存折余额是否结为零，在末栏是否有打印"结清"字样，并在存折上逐页加盖"结清"戳及"附件"章。取款凭证作为该笔交易流水传票，利息清单第一联、存折作为传票附件。

（4）柜员按利息清单实付本息合计金额配好现金，确认后将取款回单、利息清单第二联、现金一并交与客户。

[例2-12]储户李云要求建设银行××支行将其在该行的活期储蓄账户销户，银行结清本利，支付现金，其中本金6 000元，利息26元。

借：吸收存款——活期储蓄存款（李云）——本金　　　　　　　　6 000
　　利息支出　　　　　　　　　　　　　　　　　　　　　　　　　26
　　贷：库存现金　　　　　　　　　　　　　　　　　　　　　　6 026

个人持银行借记卡办理上述业务时，柜员操作内容略有不同，但会计核算一致，此处略。

二、整存整取定期储蓄

整存整取定期储蓄，特点是本金一次性存入，约定存期，到期支取本息。本金50元起存，多存不限，存期分为3个月、6个月、1年、3年和5年。可办理一次部分提前支取。客户可开立整存整取定期存单、定期一本通存折或借记卡办理人民币整存整取储蓄存款业务，还可根据需要约定到期自动转存期限。凭密码支取的定期储蓄存款可在商业银行分行辖内任一营业网点办理通兑。

（一）开户

整存整取定期储蓄的开户程序与前述活期储蓄存款的开户程序基本一致，不同之处主要在于开户申请书、存款凭证和存单上打印的要素。

[例2-13]2021年7月1日，建设银行××支行收到储户张勤存入的1年期整存整取定期储蓄两笔，单笔金额为10 000元。

借：库存现金　　　　　　　　　　　　　　　　　　　　　　　20 000
　　贷：吸收存款——定期储蓄存款（整存整取户）——本金　　　20 000
付出：重要空白凭证——定期储蓄存款证实书

（二）提前支取

（1）柜员审核客户递交的存单和身份证件。

（2）柜员逐一输入各项要素后提交，系统打印取款凭条、存单、利息清单（一式二联），并返回证件种类和证件号码供柜员核对。

（3）柜员审核打印内容无误后，将利息清单交客户签字确认后加盖现讫章，按利息清单上实付本息合计金额配好现金，确认后将存单、利息清单第二联和现金交客户。

（4）将取款凭条加盖现讫章后作为该笔交易流水传票，第一联利息清单加盖"附件"章后作为传票附件。

[例 2-14] 2021 年 10 月 1 日，张勤向建设银行××支行提前支取存入的 1 年期整存整取定期储蓄，金额为 10 000 元，活期存款利率为 0.3%。

借：吸收存款——定期储蓄存款（整存整取户）——本金　　　10 000
　　利息支出　　　　　　　　　　　　　　　　　　　　　　　　　7.5
　　贷：库存现金　　　　　　　　　　　　　　　　　　　　　　10 007.5

（三）销户

柜员接收客户递交的存单，着重审核是否到期，倘若尚未到期，应提示客户是否确定要提前支取。销户程序与前述活期储蓄存款的销户程序基本一致。

[例 2-15] 2022 年 7 月 1 日，张勤向建设银行××支行支取存入的 1 年期整存整取定期储蓄，金额为 10 000 元，1 年期整存整取定期存款利率为 1.75%。假设利息每半年计提一次。

借：吸收存款——定期储蓄存款（整存整取户）——本金　　　10 000
　　利息支出　　　　　　　　　　　　　　　　　　　　　　　　87.5
　　应付利息　　　　　　　　　　　　　　　　　　　　　　　　87.5
　　贷：库存现金　　　　　　　　　　　　　　　　　　　　　　10 175

三、零存整取定期储蓄

人民币零存整取定期储蓄，适用于生活中的小额节余款存储，积零为整。每月存入固定金额，5 元起存，多存不限，到期一次支取本息，存期分为 1 年、3 年和 5 年。可补、预存各一次，不办理部分提前支取。客户可开立零存整取存折或借记卡办理零存整取存款业务。

（一）开户

开户程序与整存整取账户开户基本相同，只是"吸收存款"明细科目改为零存整取户。

（二）续存

（1）柜员接收客户递交的存折和现金，审核存折无误后清点现金。

（2）柜员逐一输入各项内容，包括账号、交易金额、补预存标志（补存上月、续存本月、预存下月）等。输入正确后提交，依次打印存款凭证、存折。

（3）柜员审核存款凭证及存折上打印的各要素正确无误后，在经客户签字确认的存款凭证上加盖现讫章作为该笔交易流水传票，将存款回单、存折交与客户。

会计分录为：

借：库存现金

　　贷：吸收存款——定期储蓄存款（零存整取户）——本金

（三）销户

销户程序与整存整取账户销户基本相同，只是"吸收存款"明细科目改为零存整取户。

四、存本取息定期储蓄

人民币存本取息定期储蓄，其特点是一次存入本金，到期一次支取本金，利息分期支取。本金 5 000 元起存。存期分为 1 年、3 年和 5 年。银行与客户协商确定取息日期，可以一个月或几个月取息一次，不办理部分提前支取。客户可开立存本取息存折或借记卡办理存本取息存款业务。

（一）开户

开户程序与整存整取账户开户基本相同，只是"吸收存款"明细科目改为"存本取息户"。

（二）取息

（1）柜员接收客户递交的存折，审核存折是否由本分行开出。

（2）柜员逐一输入各项要素并提交后，系统打印取款凭证、存折、利息清单（一式二联），并返回证件种类和证件号码供柜员核对。

（3）柜员审核上述的打印内容无误后，将取款凭条及利息清单交由客户签字确认后加盖现讫章，取款凭条作为该笔交易流水传票，第一联利息清单加盖"附件"章后作为传票附件。按利息清单上实付本息合计金额配置好现金，确认后将取款回单、存折、利息清单客户联和现金交与客户。处理取息交易时，不扣收利息税，待销户时一并扣收。会计分录为：

借：利息支出

　　贷：库存现金

（三）销户

销户程序与整存整取账户销户基本相同，只是"吸收存款"明细科目改为存本取息户。

五、教育储蓄

教育储蓄是为了鼓励城乡居民以储蓄存款方式，为其子女接受非义务教育〔指九年义务教育之外的全日制高中（中专）、大学本科（大专）、硕士和博士研究生〕积蓄资金，用于教育事业。教育储蓄具有客户特定、存期灵活、总额控制、利率优惠、利息免税的特点。该优惠对象为在校小学四年级（含四年级）以上学生，教育储蓄为零存整取定期储蓄存款，存期分为 1 年、3 年和 6 年。最低起存金额为 50 元，本金合计最高限额为 2 万元。

教育储蓄办理开户时，必须凭客户本人身份证明以本人的姓名开立存款账户。开户时约定每月固定存入的金额，分月存入可补存、预存各一次。到期支取时客户凭存折、户口簿和学校提供的正在接受非义务教育的学生身份证明（以下简称"证明"）一次支取本金和利息。客户凭"证明"可以享受利率优惠，并免征储蓄存款利息所得税。

教育储蓄提前支取时必须全额支取。提前或到期支取时，客户能提供"证明"的，按实际存期和开户日同期同档次整存整取定期储蓄存款利率计付利息，并免征储蓄存款利息所得税；客户未能提供"证明"的，按实际存期和支取日活期储蓄存款利率计付利息，并按有关规定征收储蓄存款利息所得税。教育储蓄逾期支取，其超过原定存期的部分，按支取日活期储蓄存款利率计付利息，并按有关规定征收储蓄存款利息所得税。

（一）开户

开户程序与整存整取账户开户基本相同。会计分录为：

借：库存现金
　　贷：吸收存款——教育储蓄存款——本金
付出：重要空白凭证——教育储蓄存款证实书

（二）续存

续存程序与零存整取基本相同。会计分录为：

借：库存现金
　　贷：吸收存款——教育储蓄存款——本金

（三）销户

柜员审核客户递交的在校学生证明、户口簿与存折，若尚未到期，应提示客户确认是否提前支取。销户的其他程序与整存整取账户销户基本相同。会计分录为：

借：吸收存款——教育储蓄存款——本金
　　利息支出
　　贷：库存现金

六、互联网开展个人存款业务的规定

商业银行应当强化互联网渠道存款销售管理，在相关页面的醒目位置向公众充分披露产品相关信息、揭示产品风险，切实保护消费者的知情权、自主选择权等权利。商业银行应当采用有效技术手段，按照行业网络安全、数据安全相关标准规范，加强网络安全防护，确保商业银行与存款人之间传输信息、签署协议、记录交易等各个环节数据的保密性、完整性和真实性，保障存款人信息安全。

商业银行通过互联网开展存款业务，应当严格执行存款计结息规则和市场利率定价自律机制的相关规定，自觉维护存款市场竞争秩序。商业银行应当在个人存款项目下单独设置互联网渠道存款统计科目，加强监测分析。

第四节　存款利息的计算

一、利息计算的规定

（一）基本规定

利息是银行财务收支的重要内容，关系到客户和银行的经济利益，银行应根据规定的利率、结息日期和计息方法正确结计利息。银行于结息日结计利息，所计利息应入结息日次日账。计息时间通常从上季末 21 日至本季末 20 日。

利率分为年利率、月利率、日利率三种，它们之间的关系如下：

年利率÷12＝月利率

月利率÷30＝日利率

年利率÷360（365）＝日利率（英镑、港元使用 365 天换算）

2015 年 10 月 24 日，中国人民银行决定，对商业银行和农村合作金融机构等不再设置存款利率浮动上限。这是中国经济改革的历史性突破，标志着历时多年的利率市场化改革迈出了最为关键的一步。取消对利率的行政管制后，中国的利率市场化改革进入新阶段。

（二）计息规则

单位活期存款、单位定期存款、活期储蓄存款、定期储蓄存款、同业存款、保证金存款、单位协定存款等按以下规则计息：

（1）单位活期存款、同业存款在每季末月 20 日按结息日挂牌利率结息，次日列账；

（2）储蓄活期存款在每季末月 20 日按结息日挂牌利率结息，次日列账；

（3）单位定期存款、定期储蓄存款在每季末月 20 日按存入日挂牌利率计提利息，利随本清，遇利率调整不分段计息，提前或逾期支取，按支取日挂牌公告的活

期存款利率计息；

（4）单位通知存款、储蓄通知存款按支取日挂牌利率和实际存期计息，利随本清；

（5）保证金存款按单位存款计息、结息；

（6）单位协定存款按结息日或清户日挂牌公告的利率计息；

（7）定期存款到期日为节假日，在节假日前最后一个营业日支取，应扣除到期日与支取日之间天数（算头不算尾，下同）按合同利率计算的利息；节假日后支取存款，按过期支取存款计算利息。

二、存款利息的核算

存款利息属于增值税不征税项目，不征增值税。同时，企业取得的存款利息收入不需要开具发票，银行对于存款利息支出也不需要发票进行入账扣除。

计息基本方法通常有积数计息法和逐笔计息法两种。

（一）积数计息法

积数计息法是按实际天数每日累计账户余额，以累计积数乘以日利率计算利息的方法。由于活期存款存取频繁，存款余额经常发生变动，因此银行通常采用积数计息法。采用积数计息法，计算天数时，应"算头不算尾"，即从存入的当日算起，至取出日的上一日止。如在结息日计算时，应包括结息日。计算公式为：

利息＝累计计息积数×日利率

累计计息积数＝账户每日余额合计数

1. 余额表积数计息

每日营业终了，根据分户账余额抄写余额表（当日余额未变动的，照抄上日余额），每旬末、月末，加计累计未计息积数，如遇错账冲正应在余额表内调整积数。结息日，逐户将全季的累计积数乘以日利率，得出应付利息数。

［例2-16］某公司6月21日至9月20日活期存款账户累计积数为2 600 000元，活期储蓄存款年利率为0.3%。

要求：计算该公司活期存款账户利息并做出账务处理。

利息＝2 600 000×（0.3%÷360）＝21.67（元）

借：利息支出 21.67

　　贷：吸收存款——活期存款——本金 21.67

2. 分户账积数计息

采用分户账（乙种账）计算积数，在登记分户账每次变动存款余额后，计算一次积数，按前一次最后余额乘以该余额的实存天数计算出积数。待结息日营业终了，加计本结息期内的累计天数和累计积数，以积数乘以日利率，即可得出应付利息数。会计核算办法同前。

［例2-17］某储户活期储蓄存款账户变动情况如表2-2所示，活期储蓄存款利率为0.3%。

要求：计算该储户活期存款账户利息。

表2-2　活期储蓄存款账户　　　　　　　　　　　　　单位：元

2021年		摘要	借方	贷方	余额	日数	积数
月	日						
9	1	开户		1 000	1 000	2	2 000
9	3	存入		1 000	2 000	1	2 000
9	4	支取	1 000		1 000	1	1 000
9	5	补记9月3日账		1 000	2 000	2	4 000
9	7	冲正9月4日账		1 000	3 000	13	39 000
9	20	结息			3 000	1	3 000

按实际天数累计计息积数，按适用的活期储蓄存款利率计付利息。

累计计息积数＝2 000+2 000+1 000+4 000+39 000+3 000＝51 000（元）

调整应加积数＝1 000×2+1 000×3＝5 000（元）

调整后累计计息积数＝51 000+5 000＝56 000（元）

应计利息＝56 000×0.3%/360＝0.47（元）

（二）逐笔计息法

逐笔计息法是按预先确定的计息公式逐笔计算利息的方法。逐笔计息法便于对计息期间账户余额不变的储蓄存款计算利息，因此，银行主要对定期储蓄账户采取逐笔计息法计算利息。采用逐笔计息法时，银行在不同情况下可选择不同的计息公式。

计息期为整年（月）时，计息公式一为：

利息＝本金×年（月）数×年（月）利率

计息公式二为：

利息＝本金×实际天数×日利率

式中实际天数按照"算头不算尾"原则确定。

在存款到期日支取本金的同时一并计付利息，但在资产负债表日需计提应付利息。其会计分录为：

借：利息支出

　　贷：应付利息

［例2-18］某客户2021年5月1日存款10 000元，定期6个月，6个月定期储蓄存款的年利率为1.55%，客户在到期日（即11月1日）支取。

要求：计算该客户定期存款的利息。

（1）这笔存款计息为6个月，属于计息期为整年（月）的情况，银行可选择"利息＝本金×年（月）数×年（月）利率"的计息公式。

利息 = 10 000×6×（1.55%÷12）= 77.5（元）

（2）银行也可选择"利息 = 本金×实际天数×日利率"的计息公式，这笔存款的计息期间为 2021 年 5 月 1 日至 11 月 1 日，计息的实际天数为 184 天。

利息 = 10 000×184×（1.55%÷360）= 79.2（元）

由于不同计息公式计算利息存在差异，储户在存款时可向银行咨询计息方法的相关情况。

三、利息税的核算

利息税全称为"储蓄存款利息所得个人所得税"，主要指对个人在中国境内存储人民币、外币的利息所得征收的个人所得税。我国自 1999 年 11 月 1 日起，对储蓄存款利息所得恢复征收个人所得税，即从 1999 年 11 月 1 日起在银行的储蓄存款产生的利息要交纳 20%的利息个人所得税。自 2007 年 8 月 15 日起，国务院决定将储蓄存款利息所得个人所得税的适用税率由 20%调减为 5%。银行作为代扣代缴义务人，设专户暂挂，次月 7 日内上缴国库。其会计分录为：

借：利息支出或应付利息
　　贷：其他应付款——代收利息所得税
借：其他应付款——代收利息所得税
　　贷：待结算财政款项

国务院决定自 2008 年 10 月 9 日起，对储蓄存款利息所得暂免征收个人所得税。

 复习思考题

1. 银行结算账户的种类有哪些？
2. 对个人银行结算账户如何进行管理？
3. 商业银行负债质量管理的重点是什么？
4. 教育储蓄与其他个人储蓄相比有何不同？
5. 存款的计息规则有哪些？
6. 积数计息法和逐笔计息法分别适用于什么存款的计息？为什么？

第二章习题

第二章答案

第三章 贷款业务的核算

本章重点

1. 各种贷款业务核算的基本要求及账务处理。
2. 银行贷款利息的计算方法及核算手续。
3. 贷款损失准备的核算。

引导案例

包商银行成立于 1998 年 12 月，是内蒙古自治区最早成立的股份制商业银行，总部设在包头市，前身为包头市商业银行，2007 年 9 月经中国银监会批准更名为包商银行。据相关数据，包商银行在 2016 年年末总资产达 4 316 亿元，全国排名 39 位。自 2017 年始，包商银行的业绩迅速下滑。2017 年 3 月末、6 月末及 9 月末，包商银行净利润同比分别下降 10.5%、10.7% 和 14%，财富创造能力呈现出加速下降趋势。2019 年 5 月 24 日，鉴于包商银行出现严重的信用风险，央行、银保监会对包商银行实施接管。2020 年 4 月 30 日，蒙商银行正式成立并开业。同日，包商银行接管组发布《关于包商银行股份有限公司转让相关业务、资产及负债的公告》，包商银行将相关业务、资产及负债，分别转让至蒙商银行和徽商银行。存款保险基金根据《存款保险条例》第十八条，向蒙商银行、徽商银行提供资金支持，并分担原包商银行的资产减值损失，促成蒙商银行、徽商银行顺利收购承接相关业务并平稳运行。2020 年 11 月 13 日，包商银行在中国货币网上披露，该行对已发行的 65 亿元二级资本债券本金实施全额减记，并对任何尚未支付的累计应付利息（总计5.86亿元）不再支付。这开创了国内银行触发二级债减记条款的"历史先河"。2020年11月23日，银保监会官网公布《关于包商银行股份有限公司破产的批复》称，原则同意包商银行进入破产程序。同日，北京市第一中级人民法院发布民事裁定书显示，法院受理包商银行股份有限公司的破产清算申请。

据天职国际会计师事务所出具的审计报告，截至2020年10月31日，包商银行资产总额约4.465亿元，负债总额约2 059.62亿元，股东权益约为-2 055.16亿元。明天集团作为包商银行的第一大股东，持股比例高达89.27%，十几年来，明天系以借款的方式占用资金高达1 560亿元，并且全部是不良贷款。

思考：导致包商银行破产清算的原因是什么？商业银行应该如何管理信用风险？

（参考资料：https://www.360kuai.com/pc/94fc8befd6b3dbc00？cota=3&kuai_so=1&tj_url=so_vip&sign=360_57c3bbd1&refer_scene=so_1 中国财富网）

第一节　贷款业务概述

一、贷款业务的意义

贷款又称放款，是金融企业对借款人提供的按约定的利率和期限还本付息的货币资金。商业银行贷款，应当对借款人的借款用途、偿还能力、还款方式等情况进行严格审查，实行审贷分离、分级审批的制度。

贷款业务的意义在于：①支持生产发展和商品流通；②调节产业结构和产品结构；③增加银行的收入，提高银行的经济效益。

二、贷款业务的种类

（一）按偿还期限不同划分为短期贷款、中期贷款和长期贷款

短期贷款指贷款期限在1年以内（含1年）的贷款，中期贷款指贷款期限在1年以上（不含1年）5年以下（含5年）的贷款，长期贷款，指贷款期限在5年（不含5年）以上的贷款。

（二）按保障程度不同划分为信用贷款、担保贷款和票据贴现

（1）信用贷款指银行完全凭借客户的信誉而无须提供抵押物或第三者保证而发放的贷款。

（2）担保贷款是指银行依据借款人提供的经银行认可的某种担保方式，向借款人发放的贷款。根据还款保证的不同又可以分为保证贷款、抵押贷款、质押贷款。

（3）票据贴现是指贷款人以购买借款人未到期商业票据的方式发放的贷款。

（三）按贷款对象不同可划分为企业贷款和个人贷款

企业贷款可以具体分为流动资金贷款、固定资产贷款、房地产开发贷款、国内贸易融资、项目贷款、综合授信等信贷品种。个人贷款业务包含的种类很多，常见的有个人住房贷款、个人汽车消费贷款、助学贷款、个人定期存单质押贷款、个人旅游贷款、个人授信业务等。

（四）按银行承担责任不同可划分为自营贷款和委托贷款

（1）自营贷款是指贷款人以合法方式筹集的资金自主发放的贷款，其风险由贷款人承担，并由贷款人收回本金和利息。自营贷款通常自主发放，自主收回。

（2）委托贷款是指由政府部门、企事业单位及个人等委托人提供资金，由贷款人（即受托人）根据委托人确定的贷款对象、用途、金额、期限、利率等代为发放、监督使用并协助收回的贷款。贷款人（受托人）只收取手续费，不承担贷款风险。委托贷款通常代理发放，监督使用，协助收回。

（五）按贷款的质量和风险程度划分为正常贷款、关注贷款、次级贷款、可疑贷款、损失贷款

（1）正常贷款是指借款人能够履行合同，没有足够理由怀疑贷款本息不能按时足额偿还。

（2）关注贷款是指尽管借款人目前有能力偿还贷款本息，但存在一些可能对偿还产生不利影响的因素。

（3）次级贷款是指借款人的还款能力出现明显问题，完全依靠其正常经营收入无法足额偿还贷款本息，即使执行担保，也可能会造成一定损失。

（4）可疑贷款是指借款人无法足额偿还贷款本息，即使执行担保，也肯定要造成较大损失。

（5）损失贷款是指在采取所有可能的措施或一切必需的法律程序之后，本息仍然无法收回，或只能收回极少部分。

（3）（4）（5）类合称为不良贷款。

（六）按其本息是否逾期一定天数可划分为应计贷款和非应计贷款

非应计贷款是指贷款本金或利息逾期 90 天没有收回的贷款。应计贷款是指非应计贷款以外的贷款。

三、贷款的申请、审查与发放

（一）贷款申请

借款人需要贷款，应当向主办银行或者其他银行的经办机构直接申请。借款人应当填写包括借款金额、借款用途、偿还能力及还款方式等主要内容的《借款申请书》，并提供银行所需各项资料。

（二）贷款审查

贷款人受理借款人申请后，应当对借款人的信用等级以及借款的合法性、安全性、营利性等情况进行调查，核实抵押物、质物、保证人情况，测定贷款的风险度。对借款人的信用进行审查通常包括 5 个方面，也就是所谓的 "5C" 原则，即品质（character）、能力（capacity）、资本（capital）、担保（collateral）和条件（condition）。

（三）贷款发放

所有贷款应当由贷款人与借款人签订借款合同。借款合同应当约定借款种类，借款用途、金额、利率、借款期限，还款方式，借、贷双方的权利、义务，违约责任和双方认为需要约定的其他事项。贷款人要按借款合同规定按期发放贷款。贷款人不按合同约定按期发放贷款的，应偿付违约金。借款人不按合同约定用款的，应偿付违约金。

四、推动信贷服务高质量发展

银行业金融机构要继续发挥好小微企业间接融资的主渠道作用，实现信贷供给总量稳步增长。要进一步创新完善针对小型微型企业法人的信用评价模型、风险管控技术和批量授信审批机制，扩大信贷服务覆盖面，并着力优化开立对公账户、支付结算等基础金融服务。要结合小微企业所在行业资金需求特点，合理设置贷款期限，推广 "随借随还" 模式。鼓励银行业金融机构围绕产业链供应链核心企业，"一企一策" 制定覆盖上下游小微企业的综合金融服务方案。在依法合规、风险可控基础上，充分运用大数据、区块链、人工智能等金融科技，在农业、制造业、批发零售业、物流业等重点领域搭建供应链产业链金融平台，提供方便快捷的线上融资服务。银行业金融机构要认真执行 "普惠型小微企业贷款不良率不高于各项贷款不良率 3 个百分点以内" 的容忍度标准。

银行业金融机构要建立健全环境与社会风险管理体系，将环境、社会、治理要求纳入授信全流程，强化环境、社会、治理信息披露和与利益相关者的交流互动。

积极发展能效信贷、绿色债券和绿色信贷资产证券化，稳妥开展环境权益、生态补偿抵质押融资，探索碳金融、气候债券、蓝色债券等创新型绿色金融产品，支持绿色、低碳、循环经济发展，坚决打好污染防治攻坚战。加大有利于生态环境保护，特别是有利于应对气候变化的投融资支持力度。

五、会计科目设置

（一）"贷款"科目

"贷款"属于资产类科目，核算银行按规定发放的各种客户贷款，包括质押贷款、抵押贷款、保证贷款、信用贷款等。商业银行按规定发放的具有贷款性质的银团贷款、贸易融资、协议透支、信用卡透支、转贷款以及垫款等，均在本科目核算；也可以单独设置"银团贷款""贸易融资""协议透支""信用卡透支""转贷款""垫款"等科目。本科目可按贷款类别、客户，分别按"本金""利息调整""已减值"等进行明细核算。

银行发放的贷款，应按贷款的合同本金，借记本科目（本金），按实际支付的金额，贷记"吸收存款""存放中央银行款项"等科目，有差额的，借记或贷记本科目（利息调整）。

资产负债表日，应按贷款的合同本金和合同利率计算确定的应收未收利息，借记"应收利息"科目，按贷款的摊余成本和实际利率计算确定的利息收入，贷记"利息收入"科目，按其差额，借记或贷记本科目（利息调整）。合同利率与实际利率差异较小的，也可以采用合同利率计算确定利息收入。

收回贷款时，应按客户归还的金额，借记"吸收存款""存放中央银行款项"等科目，按收回的应收利息金额，贷记"应收利息"科目，按归还的贷款本金，贷记本科目（本金），按其差额，贷记"利息收入"科目。存在利息调整余额的，还应同时结转。本科目期末借方余额，反映企业按规定发放尚未收回贷款的摊余成本。

（二）"贷款损失准备"科目

"贷款损失准备"核算银行贷款的减值准备。计提贷款损失准备的资产包括贴现资产、拆出资金、客户贷款、银团贷款、贸易融资、协议透支、信用卡透支、转贷款和垫款等。本科目可按计提贷款损失准备的资产类别进行明细核算。

资产负债表日，贷款发生减值的，按应减记的金额，借记"资产减值损失"科目，贷记本科目。对于确实无法收回的各项贷款，按管理权限报经批准后转销各项贷款，借记本科目，贷记"贷款""贴现资产""拆出资金"等科目。已计提贷款损失准备的贷款价值以后又得以恢复，应在原已计提的贷款损失准备金额内，按恢复增加的金额，借记本科目，贷记"资产减值损失"科目。本科目期末贷方余额，反映企业已计提但尚未转销的贷款损失准备。

(三)"应收利息"科目

"应收利息"属于资产类科目,核算银行对交易性金融资产、持有至到期投资、可供出售金融资产、发放贷款、存放中央银行款项、拆出资金、买入返售金融资产等应收取的利息。本科目可按借款人进行明细核算。

银行发放的贷款,应于资产负债表日按贷款的合同本金和合同利率计算确定的应收未收利息,借记本科目,按贷款的摊余成本和实际利率计算确定的利息收入,贷记"利息收入"科目,按其差额,借记或贷记"贷款——利息调整"科目。应收利息实际收到时,借记"吸收存款""存放中央银行款项"等科目,贷记本科目。本科目期末借方余额,反映银行尚未收回的利息。

(四)"利息收入"科目

本科目核算银行确认的利息收入,包括发放的各类贷款(银团贷款、贸易融资、贴现和转贴现融出资金、协议透支、信用卡透支、转贷款、垫款等)、与其他金融机构(中央银行、同业等)之间发生资金往来业务、买入返售金融资产等实现的利息收入等。本科目可按业务类别进行明细核算。

资产负债表日,银行应按合同利率计算确定的应收未收利息,借记"应收利息"等科目,按摊余成本和实际利率计算确定的利息收入,贷记本科目,按其差额,借记或贷记"贷款——利息调整"等科目。实际利率与合同利率差异较小的,也可以采用合同利率计算确定利息收入。期末,应将本科目余额转入"本年利润"科目,结转后本科目无余额。

(五)"逾期贷款"科目

"逾期贷款"是资产类科目,用以核算银行发放的因借款人原因不能按期归还的贷款。发生逾期贷款时,记入借方;收回逾期贷款及符合从贷款损失准备账户中转销时,记入贷方;余额在借方,表示尚未收回逾期贷款的数额。本科目可按贷款单位进行明细分类核算。

(六)"非应计贷款"科目

"非应计贷款"是资产类科目,用以核算银行发放的本金或利息逾期90天没有归还的贷款。发生非应计贷款时,记入借方;收回非应计贷款及从贷款损失准备账户中转销时,记入贷方;余额在借方,表示尚未收回非应计贷款的数额。本科目可按贷款单位进行明细分类核算。

(七)"应交税费——应交增值税"科目

"应交税费——应交增值税"是负债类科目,核算金融企业按照税法规定计算应交纳的增值税。增值税一般纳税人在"应交税费——应交增值税"明细账内设置"进项税额""销项税额""减免税款""进项税额转出""已交税金""转出未交增值税""转出多交增值税"等专栏，小规模纳税人不需要设置上述专栏。

"进项税额"专栏，记录金融企业购入货物或接受劳务而支付的、按规定准予抵扣的进项税额。金融企业购入货物或接受劳务支付的进项税额，用蓝字登记；退回时应冲销进项税额，用红字登记。"销项税额"专栏，记录金融企业销售货物或提供劳务应收取的增值税。"减免税款"专栏，记录金融企业按规定享受直接减免的增值税款。"进项税额转出"专栏，核算金融企业购进的货物发生非正常损失，以及将购进的货物改变用途（如用于非应税项目、集体福利或个人消费等），其进项税额不应从销项税额中抵扣，按规定转出的进项税额。"已交税金"专栏，记录金融企业已交纳的当月应交增值税额。"转出未交增值税"专栏，记录金融企业月终转出应交未交的增值税。"转出多交增值税"专栏，记录金融企业月终转出多交的增值税。

第二节　企业贷款业务的核算

一、信用贷款的核算

信用贷款是凭借借款人的信誉发放的贷款。其特征就是债务人无须提供抵押品或第三方担保仅凭自己的信誉就能取得贷款，并以借款人信用程度作为还款保证。信用贷款通常逐笔申请立据，逐笔审核，确定期限，到期归还。

借款人申请信用贷款时，应向开户银行提交借款申请书，申请书上必须填写借款金额、借款用途、偿还能力和还款方式等内容，并向银行提供相关资料。银行信贷部门应按照审贷分离、分级审批的贷款管理制度进行贷款的审批。经审批同意贷款后，银行（贷款人）应与借款人签订借款合同。

（一）发放贷款的核算

借款合同签订后，借款人需要用款时，应填写一式五联借款借据，送信贷部门审批。其中第一联为借方凭证，加盖借款人预留银行印鉴，送交信贷部门审核同意后，核定借款金额；第二联为贷方凭证，作为银行会计部门入账的依据；第三联为回单，加盖转讫章后退给借款人，作为其入账的依据；第四联为放款记录，加盖转讫章后送信贷部门留存；第五联为到期卡，由会计部门留存，按到期日排列保管，据以到期收回贷款。

会计部门收到借款凭证后，应认真审查信贷部门的审批意见，审核凭证各内容填写是否正确、完整，大小写金额是否一致，印鉴是否相符等。审核无误后，以第一、第二联借款凭证分别代替借方凭证和贷方凭证，办理转账。会计分录为：

借：贷款——短期贷款（单位贷款户）——本金

　　贷：吸收存款——活期存款（单位存款户）——本金

借或贷：贷款——利息调整

会计部门对保管的借据定期检查，并与各科目分户账核对，以保证账据相符。

［例3-1］工商银行××支行收到信贷部门转来厦禾商场借款凭证一份，准予贷款，金额为100 000元，期限6个月，年利率为4.35%。经审核无误后，予以转账。

借：贷款——短期贷款（厦禾商场）——本金　　　　　　　　　100 000

　　贷：吸收存款——活期存款（厦禾商场）——本金　　　　　　100 000

资产负债表日，确认应收未收利息和利息收入。会计分录为：

借：应收利息　　　　　　（贷款的合同本金×合同利率）

　　贷：利息收入　　　　（贷款的摊余成本×实际利率）

借或贷：贷款——利息调整　　　（差额）

实际利率与合同利率差异较小的，也可以采用合同利率计算确定利息收入。

（二）贷款收回的核算

1. 贷款到期收回

贷款到期，借款单位主动归还贷款，应签发转账支票并填制一式四联的还款凭证办理还款手续。银行会计部门收到借款人提交的还款凭证和转账支票后，抽出留存的到期卡进行核对，审核无误后于贷款到期日办理收回贷款的转账手续。以转账支票代替转账借方传票，以第一联还款凭证作为其附件；以第二联还款凭证代替转账贷方传票入账；第三联还款凭证代转交信贷部门核销原放款记录；第四联还款凭证加盖转讫章后作为回单还给借款人作为归还贷款的依据。会计分录为：

借：吸收存款——活期存款（单位存款户）——本金

　　贷：贷款——短期贷款（单位贷款户）——本金

　　　　利息收入或应收利息

［例3-2］工商银行××支行2021年6月30日收到厦禾商场提交的还款凭证和转账支票一张，金额为102 175元，其中100 000元为归还6个月期限的贷款，2 175元为支付的贷款利息（利随本清）。经审核无误后，予以转账。

借：吸收存款——活期存款（厦禾商场）——本金　　　　　　　102 175

　　贷：贷款——短期贷款（厦禾商场）——本金　　　　　　　　100 000

　　　　利息收入　　　　　　　　　　　　　　　　　　　　　　2 175

"营改增"后银行以提供贷款服务取得的全部利息及利息性质的收入为销售额。通常情况下利息收入是含税收入，需要将含税收入还原并计算增值税销项税额。

增值税销项税额＝含税收入金额-不含税收入金额

＝收到的收入-收到的收入/（1+税率）

纳税人购进贷款服务的进项税额不得抵扣；同时，纳税人接受贷款服务向贷款方支付的与该笔贷款直接相关的投融资顾问费、手续费、咨询费等费用，其进项税额亦不得从销项税额中抵扣。

承前例，假设其余条件不变，金融服务适用增值税税率为6%，会计分录为：

借：吸收存款——活期存款（厦禾商场）——本金　　　　　102 175

　　贷：贷款——短期贷款（厦禾商场）——本金　　　　　　　100 000

　　　　利息收入　　　　　　　　　　　　　　　　　　　　　　2 052

　　　　应交税费——应交增值税（销项税额）　　　　　　　　　123

实务中，银行对于每日大量生成的业务，如贷款利息收入、手续费及佣金收入等业务，可于每日日终在总账层面按税收政策进行批处理价税分离，即由系统对每日未价税分离收入的发生额汇总进行价税分离会计处理。需要注意的是，系统每日账户发生额中若既包含未价税分离的也包含已价税分离的金额，为避免批处理重复价税分离，需将已价税分离的发生额予以剔除。

每日收到贷款利息收入时：

借：吸收存款——活期存款——本金

　　贷：利息收入

每日日终系统批处理价税分离时：

借：利息收入

　　贷：应交税费——应交增值税（销项税额）

假设本章例题中利息收入的增值税会计处理均采用批处理价税分离，后文不再赘述。

2. 贷款展期

贷款展期是指借款人因特殊原因不能按期归还贷款申请延期。借款人因故不能归还贷款时，可向信贷部门提交一式三联的"贷款展期申请书"，写明展期原因，银行信贷部门视具体情况决定是否展期。根据规定展期只限一次，一般不办理转账手续。短期贷款不得超过原贷款期限；中长期贷款不得超过原贷款期限的一半；长期贷款不得超过3年。贷款展期的具体内容如下：

（1）银行会计部门接到信贷部门移送的展期合同后，应审核贷款是否将到期，展期合同上有无按信贷管理要求逐级审批，签章是否完整等。

（2）审查无误后使用"办理贷款展期"交易，系统自动更改贷款到期日、借据号和展期金额，不改变原先的贷款账号，不产生会计分录，贷款继续在原贷款账户按新利率计息。

（3）抽出原专类保管的借款借据第四联，加注展期日期及展期金额，同时将展期合同附在借款借据后面一并保管。

（4）登记展期登记簿，按事先设定的展期金额进行顺延，改变贷款户到期日等相关信息，并进行相关计息处理。展期部分按展期利率计息，逾期部分按罚息比率计息。

3. 逾期贷款

逾期贷款是指借款人因到期（含展期后到期）不能归还的贷款，银行应将其转入该单位的逾期贷款账户。银行会计部门在贷款到期日营业终了前，根据原借据，分别编制特种转账借方、贷方传票办理转账。对该贷款账户前一计息日至到期日止的利息区分以下两种情况分别处理（利率按原贷款利率）：扣息账户有余额，则直接扣收；如原扣息账户余额不够扣息，则系统会自动开设相应的欠息账户。到期贷款转入逾期贷款账户后，借据上批注"某年某月某日转入逾期贷款"另行保管，加强催收。除按规定利率计息外，还应按实际逾期天数和人民银行规定的罚息率计收罚息。会计分录为：

借：逾期贷款——单位逾期贷款户

　　贷：贷款——短期贷款（单位贷款户）——本金

借：吸收存款——活期存款（原贷款户的扣息户）——本金

　　应收利息

　　贷：利息收入

每日日终系统批处理价税分离：

借：利息收入

　　贷：应交税费——应交增值税（销项税额）

[例 3-3] 工商银行××支行发放厦禾商场的 6 个月贷款已到期，本息合计为 102 175 元，厦禾商场无款归还，原扣息账户余额不够扣息，经审核后予以转账。

借：逾期贷款——厦禾商场 　　　　　　　　　　　　　　　　100 000

　　贷：贷款——短期贷款（厦禾商场）——本金 　　　　　　　100 000

借：应收利息 　　　　　　　　　　　　　　　　　　　　　　　2 175

　　贷：利息收入 　　　　　　　　　　　　　　　　　　　　　2 175

（三）应计贷款转非应计贷款

1. 基本规定

当应计贷款转为非应计贷款时，应将已入账的利息收入和应收利息予以冲销。"已入账的利息收入和应收利息"是指应收未收但已入账的利息，而不是指已经实际收回的利息予以冲销。从应计贷款转为非应计贷款后，在收到该笔贷款的还款时，首先应冲减本金；本金全部收回后，再收到的还款则确认为当期利息收入。非应计贷款只包括以下六种：

（1）本金未逾期，应收利息已超过 90 天未收回的贷款；

（2）本金逾期但未超过 90 天，应收利息已超过 90 天未收回的贷款；

（3）本金逾期 90 天，利息正常的贷款；

（4）本金逾期 90 天，应收利息未超过 90 天的贷款；

（5）本金逾期 90 天，应收利息超过 90 天的贷款；

（6）贷款虽然未到期或逾期不满 90 天但生产经营已停止、项目已停建的贷款。这种贷款系统不能自动转为非应计贷款，需要使用人工交易操作。

2. 非应计贷款的结转

非应计贷款的判断标准主要是贷款本金或表内利息逾期 90 天没有收回，此外，还可以该贷款能否为银行带来实际可能收回的利息作为判断标准之一，而不仅是贷款逾期与否。

（1）系统自动结转。当贷款本金或利息逾期 90 天尚未收回，系统会自动将逾期贷款本金转入非应计贷款，非应计贷款产生的利息直接记入"未收贷款利息收入"并将已入账的利息收入和应收利息予以冲销，原贷款积数清空。

（2）手工结转。若遇特殊情况如贷款逾期未满 90 天或虽未逾期但生产已停止、项目已停建的贷款等应计贷款需要转为非应计贷款时，柜员应在接到信贷部门的有关书面资料经审核无误后，将贷款转为非应计贷款，结转为非应计贷款后贷款账号不变。会计分录为：

借：非应计贷款
　　贷：逾期贷款
借：利息收入
　　贷：应收利息
收入：未收贷款利息

银行发放贷款后，自结息日起 90 天内发生的应收未收利息按现行规定缴纳增值税，但自结息日起 90 天后发生的应收未收利息暂不缴纳增值税，待实际收到利息时按规定缴纳增值税。

［例 3-4］前述工商银行××支行向厦禾商场发放的六个月贷款，本息逾期已 90 天，但厦禾商场仍无款归还，银行系统自动结转为非应计贷款。

借：非应计贷款　　　　　　　　　　　　　　　　100 000
　　贷：逾期贷款　　　　　　　　　　　　　　　　　　100 000
借：利息收入　　　　　　　　　　　　　　　　　2 175
　　贷：应收利息　　　　　　　　　　　　　　　　　　　2 175
收入：未收贷款利息

二、担保贷款的核算

担保贷款根据还款保证的不同可以分为保证贷款、抵押贷款和质押贷款。商业银行应当对保证人的偿还能力，抵押物、质物的权属和价值以及实现抵押权、质权的可行性进行严格审查。借款人应当按期归还担保贷款的本金和利息。借款人到期不归还担保贷款的，商业银行依法享有要求保证人归还贷款本金和利息或者就该担保物优先受偿的权利。

（一）保证贷款的核算

保证贷款是指按《中华人民共和国担保法》（以下简称《担保法》）规定的保证方式以第三人承诺在借款人不能偿还贷款时，按约定承担一般保证责任或者连带责任而发放的贷款。《担保法》规定具有代为清偿债务能力的法人、其他组织或者公民，可以作为保证人。保证人和债权人约定，当债务人不能履行债务时，保证人按照约定履行或者承担债务。国家机关、以公益为目的事业单位和社会团体，以及企业法人的分支机构和职能部门，不得担当保证人，或只能在一定条件下担当保证人。

法律规定保证人与贷款银行要以书面形式订立保证合同。保证合同包括以下内容：被保证的主债权种类、数额；债务人履行债务的期限；保证的方式；保证担保的范围；保证的期间；双方认为需要约定的其他事项。在实际执行中，若发现保证合同不完全具备规定内容的可以补正。

1. 贷款发放的处理

借：贷款——保证贷款（单位贷款户）——本金

  贷：吸收存款——活期存款（单位存款户）——本金

收入：代保管有价值品——××单位户

2. 贷款收回的处理

借：吸收存款——活期存款（单位存款户）——本金

  贷：贷款——保证贷款（单位贷款户）——本金

    利息收入或应收利息

付出：代保管有价值品——××单位户

每日日终系统批处理价税分离：

借：利息收入

  贷：应交税费——应交增值税（销项税额）

3. 贷款到期不能收回的处理

贷款到期如借款人无力偿还，直接向保证人收取，保证人承担保证责任的期间为借款合同履行期届满，贷款本息未受清偿之时起两年。

借：吸收存款——活期存款（保证人户）——本金

  贷：贷款——保证贷款（单位贷款户）——本金

    利息收入或应收利息

（二）抵押贷款的核算

抵押贷款是指按《担保法》规定的抵押方式以借款人或第三人的财产作为抵押物发放的贷款。《担保法》规定下列财产可以抵押：抵押人所有的房屋和其他地上定着物；抵押人所有的机器、交通运输工具和其他财产；抵押人依法有权处分的国有的土地使用权、房屋和其他地上定着物；抵押人依法有权处分的国有的机器、交通运输工具和其他财产；抵押人依法承包并经发包方同意抵押的荒山、荒沟、荒丘、荒滩等荒地的土地使用权；依法可以抵押的其他财产。

商业银行办理抵押贷款，首先应确认抵押物的所有权或经营权，借款人只有拥有对财产的所有权，才可以作为抵押人向银行申请抵押贷款。抵押物一般为具有变卖价值和可以转让的物品。抵押贷款的额度，以抵押物的现值为基数，乘以双方确定的抵押率，抵押率通常掌握在 50%~70% 的幅度。抵押贷款中，流动资金贷款最长不超过 1 年，固定资产贷款一般为 1~3 年，最长不超过 5 年。抵押贷款到期归还，一般不能展期。

1. 贷款发放

借款人申请抵押贷款时，应向银行提交"抵押贷款申请书"，写明借款金额、借款用途、还款日期、抵押品名称、数量、价值、所有权权属或者使用权权属、存放地点等有关事项，经信贷部门审批同意后，签订抵押贷款合同，并将有关抵押品或抵押品产权证明移交银行，经审核无误后，签发"抵押品保管证"一式两联，一联交借款人，另一联留存银行。

借款人使用贷款时，由信贷部门根据确定的贷款额度，填写一式五联的借款凭证，签字后加盖借款人的预留印鉴，送信贷部门审批。会计部门接到信贷部门转来的有关单证，经审核无误后办理转账。会计分录为：

借：贷款——抵押贷款（单位贷款户）——本金

　贷：吸收存款——活期存款（单位存款户）——本金

收入：代保管有价值品——××单位户

［例 3-5］工商银行××支行 2021 年 7 月 1 日收到信贷部门转来南方建材公司借款凭证一份及抵押贷款的有关单证，南方建材公司用一套房产作为抵押品，评估价值 500 000 元。银行准予贷款，贷款金额为 300 000 元，期限 1 年，年利率为 6.09%。经审查无误后，予以转账。

借：贷款——抵押贷款（南方建材）——本金　　　　　　　300 000

　贷：吸收存款——活期存款（南方建材）——本金　　　　　　300 000

收入：代保管有价值品——南方建材　　500 000

2. 贷款归还

抵押贷款到期，借款人应主动向银行提交还款凭证，连同签发的转账支票和银行出具的"抵押品保管证"办理还款手续。会计分录为：

借：吸收存款——活期存款（单位存款户）——本金

　贷：贷款——抵押贷款（单位贷款户）——本金

　　　利息收入——抵押贷款利息户

付出：代保管有价值品——××单位户

每日日终系统批处理价税分离：

借：利息收入

　　贷：应交税费——应交增值税（销项税额）

[例3-6] 2022年7月1日，工商银行××支行收到南方建材公司提交的还款凭证和转账支票一张，金额为318 270元，其中300 000元为归还1年期限的贷款，18 270元为支付贷款利息（利随本清）。经审核无误后，予以转账。假设利息每半年计提一次。

借：吸收存款——活期存款（南方建材）——本金　　　　　318 270

　　贷：贷款——抵押贷款（南方建材）——本金　　　　　　300 000

　　　　利息收入　　　　　　　　　　　　　　　　　　　　9 135

　　　　应收利息　　　　　　　　　　　　　　　　　　　　9 135

付出：代保管有价值品——南方建材　　　500 000

3. 贷款到期不能收回的处理

抵押贷款到期不能收回时，商业银行因行使抵押权而取得的不动产或者股权，应当自取得之日起二年内予以处分。银行设置"抵债资产"科目，核算依法取得并准备按有关规定进行处置的实物抵债资产的成本。抵债资产不计提折旧或摊销，发生减值时，单独设置"抵债资产跌价准备与资产减值损失"科目进行核算。"抵债资产"可按抵债资产类别及借款人进行明细核算。该科目期末借方余额，反映企业取得的尚未处置的实物抵债资产的成本。

（1）企业取得抵债资产，应按其公允价值入账。

借：抵债资产

　　贷款损失准备

　　贷：贷款——抵押贷款（单位户）——本金

　　　　应收利息

　　　　利息收入

　　　　其他应收款

　　　　应交税费

如为借方差额，借记"营业外支出"科目。如为贷方差额，贷记"资产减值损失"科目。

[例3-7] 假设南方建材公司未能按时归还上述银行贷款，银行将其抵押的房产作为抵债资产入账，该房产的公允价值为480 000元。抵押贷款金额300 000元，利息18 270元，已计提的贷款损失准备75 000元。暂不考虑税费因素。

借：抵债资产　　　　　　　　　　　　　　　　　　　480 000

　　贷款损失准备　　　　　　　　　　　　　　　　　　75 000

　　贷：贷款——抵押贷款（南方建材）　　　　　　　　300 000

　　　　应收利息　　　　　　　　　　　　　　　　　　　9 135

　　　　利息收入　　　　　　　　　　　　　　　　　　　9 135

　　　　资产减值损失　　　　　　　　　　　　　　　　236 730

（2）抵债资产保管期间取得收入。

借：库存现金、银行存款或存放中央银行款项

　　贷：其他业务收入

　　　　保管期间发生的费用

借：其他业务成本

　　贷：库存现金、银行存款或存放中央银行款项

（3）出售抵押物。

借：库存现金、银行存款或存放中央银行款项

　　抵债资产跌价准备

　　贷：抵债资产

　　　　应交税费

处置抵债资产时若有差额计入营业外收支。

（三）质押贷款的核算

质押贷款是指按《担保法》规定的质押方式以借款人或第三人的动产或权利作为质物发放的贷款。动产质押，是指债务人或者第三人将其动产移交债权人占有，将该动产作为债权的担保。《担保法》规定下列权利可以质押：汇票、支票、本票、债券、存款单、仓单、提单；依法可以转让的股份、股票；依法可以转让的商标专用权、专利权、著作权中的财产权；依法可以质押的其他权利。

法律规定出质人和贷款银行要以书面形式订立质押合同。质押合同自质物移交于质权人占有时生效。质押合同应当包括以下内容：被担保的主债权种类、数额；债务人履行债务的期限；质物的名称、数量、质量、状况；质押担保的范围；质物移交的时间；当事人认为需要约定的其他事项。在实际执行中若发现质押合同不完备，可以补正。

质押与抵押相比，最大的特点是质物必须移交给银行占有。抵押的基本特征是转移抵押物的所有权而不转移其占有权，质押则要将质押品或权利凭证转移给质权人，在质押期内，出质人不能占有、使用质物。质押贷款的发放和收回与抵押贷款基本相同，质押贷款的核算与抵押贷款也基本相同。

第三节　个人贷款业务的核算

个人贷款，是指贷款人向符合条件的自然人发放的用于个人消费、生产经营等用途的本外币贷款。贷款人应建立有效的个人贷款全流程管理机制，制定贷款管理制度及每一贷款品种的操作规程，明确相应贷款对象和范围，实施差别风险管理，

建立贷款各操作环节的考核和问责机制。随着社会的进步和个人征信体系的不断完善，个人贷款业务蓬勃发展。目前商业银行的个人贷款业务主要包括：个人住房贷款、个人商用房贷款、个人住房装修贷款、个人汽车消费贷款、助学贷款、个人保单权利质押贷款、个人定期存单质押贷款、个人旅游贷款、个人授信业务、住房公积金委托贷款等。

一、个人贷款业务

（一）个人住房贷款

个人住房贷款是指向借款人发放的用于购买自用普通住房的贷款。借款人年龄与借款期限之和最长不超过 70 周岁；贷款期限最长 30 年；贷款利率执行中国人民银行颁布的住房贷款利率；担保方式有：抵押（抵押率不超过 80%）、质押、保证。

（二）个人商用房贷款

个人商用房贷款是指向借款人发放的用于购买商业用房的贷款。借款人年龄与借款期限之和最长不超过 65 周岁；贷款期限最长 10 年；贷款利率执行中国人民银行颁布的期限贷款利率，可在规定范围内上下浮动；担保方式有：抵押（抵押率不超过 60%）、质押、第三人连带责任保证。

（三）个人住房装修贷款

个人住房装修贷款是指向借款人发放的用于装修个人住房的贷款。借款人年龄与借款期限之和最长不超过 60 周岁；贷款金额不超过装修预算的 70%，且最高金额不超过 50 万元；贷款期限最长 5 年；借款利率执行中国人民银行颁布的期限贷款利率，可在规定范围内上下浮动；担保方式有：抵押、质押、第三人连带责任保证。

（四）个人汽车消费贷款

个人汽车消费贷款是指向借款人发放的用于购买汽车的贷款。借款人年龄与借款期限之和最长不超过 55 周岁；贷款期限最长 5 年，其中法人借款期限最长 3 年，营运车贷款期限最长 2 年；借款利率执行中国人民银行颁布的期限贷款利率，可在规定范围内上下浮动；担保方式有：抵押、质押、保证。

（五）助学贷款

助学贷款是指以帮助高等学校中经济确实有困难的全日制本科、专科和研究生支付在校期间的学费和日常生活费为目的而发放的贷款，分为国家助学贷款（国家助学贷款借款人在校期间只还息）和商业性助学贷款。国家助学贷款利息收入免征增值税。借款利率执行中国人民银行颁布的期限贷款利率，不上浮；贷款期限最长不超过学生毕业后 4 年；贷款方式：信用或保证。

（六）个人保单权利质押贷款

个人保单权利质押贷款是指借款人以保险公司签发的保单作质押，而向银行申请的一定金额的贷款。贷款金额起点为 1 000 元；贷款期限最长 5 年，但不超过保单保险期限；贷款利率执行中国人民银行颁布的期限贷款利率，可在规定范围内上下浮动；担保方式：质押（质押率不超过 90%）。

（七）个人定期存单质押贷款

个人定期存单质押贷款是指借款人以银行签发的未到期的个人本外币定期储蓄存单设置质押，从银行取得一定金额的贷款。贷款金额起点为 1 000 元；贷款期最长 1 年且不得超过存单到期日；担保方式：质押。

（八）旅游贷款

旅游贷款是指本行向借款人发放的专门用于旅游消费的贷款。贷款期限一般为一年，贷款金额不超过旅游公司规定费用的 70%，且最高 2 万元。贷款方式：质押或保证。

二、个人贷款业务的核算

（一）分期还本付息贷款的核算

分期还本付息贷款包括个人住房贷款、个人住房装修贷款、个人汽车消费贷款、个人旅游贷款等品种。

1. 贷款账户的开立

业务部门受理借款人按揭贷款申请，经审核同意后，向会计部门提交经批准的借款合同（副本）、借款借据和指标单时，柜员认真审查贷款资料的完整性、合规性、一致性。柜员将借款借据第一、二联加盖转讫章及经办员名章后作为该笔交易流水传票，第三联作为借款人回单，第四联交业务部门作为贷款统计卡，第五联借据与借款合同（副本）及"分期付款本息偿还明细表"一并由会计部门专夹保管。指标单加盖公章后，其中第一联由会计部门专夹保管，第二联汇总作为印花税计税依据或传票附件，第三联作为借款人回单，第四联交计划部门，第五联交业务部门。如需划转贷款资金，柜员应补制一借两贷特种转账传票，其中一借一贷作为传票，另外一张贷方传票作为开发商或委托收款单位回单。会计分录为：

借：贷款——个人住房贷款、个人住房装修贷款、个人汽车消费贷款

　　　或个人旅游贷款——本金

　　贷：清算资金往来

　　收入：代保管有价值品——个人户

[例3-8] 工商银行××支行收到信贷部门转来张玲的借款凭证一份，准予对其发放个人汽车消费贷款，金额为 100 000 元，期限 3 年，采用等额本金还款方式，年利率为 4.75%。经审核无误后，予以转账。

借：贷款——个人汽车消费贷款（张玲）——本金　　　　　　　100 000

　贷：清算资金往来　　　　　　　　　　　　　　　　　　　　　　100 000

收入：代保管有价值品——张玲

2. 贷款每月批处理

（1）正常贷款扣收本息的会计分录

借：吸收存款——活期储蓄存款——本金

　贷：贷款——个人住房贷款、个人住房装修贷款、个人汽车消费贷款

　　　　或个人旅游贷款——本金

借：吸收存款——活期储蓄存款——本金

　贷：利息收入

（2）信用贷款转逾期、表内欠息的会计分录

借：逾期贷款

　贷：贷款——个人住房贷款、个人住房装修贷款、个人汽车消费贷款

　　　　或个人旅游贷款——本金

借：应收利息

　贷：利息收入

（3）每日日终系统批处理价税分离：

借：利息收入

　贷：应交税费——应交增值税（销项税额）

（4）逾期贷款转非应计、表外欠息的会计分录

借：非应计贷款

　贷：逾期贷款

借：利息收入

　贷：应收利息

收入：未收贷款利息

（5）抵押、质押、保证贷款的会计分录：

抵押、质押、保证等方式的个人贷款业务与前述抵押、质押、保证的企业贷款业务基本相同，会计处理亦基本相似，此处略。

[例3-9] 沿用前例，张玲按期偿还个人汽车消费贷款，采用等额本金还款方式，第一个月偿还 3 173.58 元，其中应还本金 2 777.78 元，利息 395.8 元。

借：吸收存款——活期储蓄存款（张玲）——本金　　　　　　3 173.58

　贷：贷款——个人汽车消费贷款（张玲）——本金　　　　　　2 777.78

　　　利息收入　　　　　　　　　　　　　　　　　　　　　　　　395.8

3. 贷款全部提前归还的核算

借款人提前归还全部贷款，应经业务部门审批并出具"提前还贷通知书"，柜员应确认借款人已还清所有贷款和利息后，打印计息单，柜员将还款凭证和计息单第一、二联加盖转讫章作为该笔交易流水传票，提前还款通知书、借款合同及指标单作为附件，还款凭证及计息单回单联交给客户。有抵（质）押物的，按有关规定办理抵（质）押物的出库手续，柜员进行抵（质）押物的出库核算和凭证的解质押。会计分录同正常贷款扣收本息。

此外，付出：代保管有价值品——个人户

4. 贷款到期全部归还的核算

贷款的最后一期还款通常采用手工处理，柜员填制计息单，其他手续基本同借款人提前归还全部贷款，会计分录同上。

［例3-10］沿用前例，张玲按期偿还个人汽车消费贷款，最后一个月偿还2 788.77元，其中应还本金2 777.78元，利息10.99元。

借：吸收存款——活期储蓄存款（张玲）——本金　　　　　2 788.77

　贷：贷款——个人汽车消费贷款（张玲）——本金　　　　2 777.78

　　利息收入　　　　　　　　　　　　　　　　　　　　　10.99

付出：代保管有价值品——张玲

（二）有价单证质押贷款的核算

1. 贷款发放

银行审核一式五联"借款借据"、借款合同和贷款审批表等相关资料以及审批部门及有权审批人的公章和私章，同时核对借款人在预留印鉴处的签字或确认。借款借据第一、二联作为该笔交易流水传票；第三联借据回单交借款人；第四联作为贷款统计卡；第五联随合同、申请审批表专夹保管，贷款结清后加盖"注销"戳记作凭证附件。柜员开立一式三联"代保管收据——质押物"，加盖公章及经办人私章，一联交借款人作为回单，在贷款结清后凭以取回质物，一联作为表外收入传票的附件，一联留底。会计分录为：

借：贷款——个人短期质押贷款——本金

　贷：吸收存款——活期储蓄存款——本金

　　或库存现金

收入：代保管有价值品——个人户

2. 贷款展期

柜员使用此交易办理贷款展期应于贷款到期日前办理，不得于贷款到期日后办理。其手续基本同企业贷款展期。

3. 贷款偿还

借款人到期或提前偿还贷款本息时，应提交代保管质押物收据。抽出留存的第

四、五联借款借据，贷款合同及代保管质押物收据留底联核对无误后，由借款人填写还款所需凭证。柜员在还款凭证、计息单上加盖转讫章，计息单第一、二联，还款凭证作为该笔交易流水传票，借款借据第五联注明还款日期、还款金额，加盖"结清"章后与代保管质押物收据一起作为传票附件，计息单、还款凭证回单联退借款人。会计分录为：

    借：吸收存款——活期储蓄存款——本金

        或库存现金

      贷：贷款——个人短期质押贷款——本金

        利息收入

  付出：代保管有价值品——个人户

贷款结清后办理贷款户销户，柜员对存单进行解质押处理。若非本行签发的存单，应及时向存单签发机构发出《解除个人定期储蓄存单质押通知书》。若借款人要求用质押物抵偿贷款，柜员应先对质押物进行出库并解质押，结清质押物后再进行贷款偿还手续。

🔵 第四节　票据贴现业务的核算

一、票据贴现的概念与特点

票据贴现是指借款人将未到期商业票据（银行承兑汇票或商业承兑汇票）转让给银行，取得扣除贴现利息后的资金，即银行以购买借款人未到期商业票据的方式发放的贷款。商业银行把票据转让给同行称作转贴现，把票据转让给中央银行称作再贴现。采用贴现方式贷款，银行在贴现时要扣除利息，因此并不是按票面金额全部贴现的。贴现既是一项票据转让行为，又是一项融通资金的业务。票据贴现与一般贷款相比有如下特点：

（一）信用关系涉及的当事人不同

一般贷款涉及银行、借款人、保证人之间的关系。票据贴现则涉及贴现银行、贴现申请人、承兑人、背书人、出票人的关系。

（二）期限不同

一般贷款的期限较长。票据贴现的期限较短，最长 6 个月。

（三）利息扣收方式不同

一般贷款是先发放贷款本金，贷款到期利随本清或按定期计收利息。票据贴现是在贴现业务发生时预先扣收利息，贴现申请人得到的贷款是票面金额扣除利息后的净额，其实际利率要比名义利率（即贴现率）略高。

（四）资金周转效率不同

一般贷款通常到期归还。而票据贴现后，贴现行可将票据进行转贴现或向人民银行申请再贴现，从而实现资金的迅速回笼。

二、会计科目设置

设置"贴现资产"科目，属于资产类，核算银行办理商业票据的贴现、转贴现等业务所融出的资金。银行买入的即期外币票据，也通过本科目核算。本科目可按贴现类别和贴现申请人进行明细核算。

银行办理贴现时，按贴现票面金额，借记"贴现资产"（面值），按实际支付的金额，贷记"存放中央银行款项""吸收存款"等科目，按其差额，贷记"贴现资产"（利息调整）。资产负债表日，按计算确定的贴现利息收入，借记"贴现资产"（利息调整），贷记"利息收入"科目。贴现票据到期，应按实际收到的金额，借记"存放中央银行款项""吸收存款"等科目，按贴现的票面金额，贷记"贴现资产"（面值），按其差额，贷记"利息收入"科目。存在利息调整金额的，也应同时结转。"贴现资产"期末借方余额，反映银行办理的贴现、转贴现等业务融出的资金。

三、票据贴现业务的核算

（一）贴现银行办理贴现的会计分录

贴现利息＝贴现金额×贴现天数×月贴现率/30
实付贴现金额＝贴现金额–贴现利息
借：贴现资产——面值
  贷：吸收存款——活期存款（贴现申请人户）
    贴现资产——利息调整
收入：贴现买入商业汇票

（二）贴现汇票到期，银行收回贴现票款的会计分录

1. 汇票承兑人在本行开户
借：吸收存款——活期存款（承兑人户）
  贴现资产——利息调整
  贷：贴现资产——面值
    利息收入——贴现利息收入户
付出：贴现买入商业汇票

承兑人账户余额不足，则从贴现申请人账户扣收。

借：吸收存款——活期存款（贴现申请人户）

　　　贴现资产——利息调整

　　贷：贴现资产——面值

　　　　利息收入——贴现利息收入户

付出：贴现买入商业汇票

贴现申请人账户余额也不足，则将不足部分转作逾期贷款。

2. 汇票承兑人在他行开户

承兑人开户行

借：吸收存款——活期存款（承兑人户）

　　贷：清算资金往来

贴现银行

借：清算资金往来

　　　贴现资产——利息调整

　　贷：贴现资产——商业汇票户

　　　　利息收入——贴现利息收入户

付出：贴现买入商业汇票

银行收取票据贴现利息收入，增值税的会计处理同前述贷款业务，可以单笔价税分离，也可以每日日终系统批处理价税分离，此处略。

[例3-11] 开户单位新光机器厂2021年5月22日持一张面值为35 000元的银行承兑汇票来行申请办理贴现，该汇票出票日为2021年3月11日，承兑日为3月12日，期限6个月。银行审核无误后，当即按贴现率3.6%办理贴现。设上述贴现汇票到期后，银行向在本行开户的承兑人厦荣公司收回贴现票款。

要求：计算实付贴现额，并做出办理贴现及收回贴现票款的账务处理。

（1）办理贴现时：

贴现息 = 35 000×112×（3.6%÷360）= 392 （元）

实付贴现额 = 35 000-392 = 34 608 （元）

借：贴现资产——面值　　　　　　　　　　　　　　　　　　　　　35 000

　　贷：吸收存款——活期存款（新光机器厂）　　　　　　　　　　　34 608

　　　　贴现资产——利息调整　　　　　　　　　　　　　　　　　　　392

收入：贴现买入商业汇票

（2）上述贴现汇票到期银行收回贴现票款

借：吸收存款——活期存款（厦荣公司）　　　　　　　　　　　　　35 000

　　贴现资产——利息调整　　　　　　　　　　　　　　　　　　　　392

　　贷：贴现资产——面值　　　　　　　　　　　　　　　　　　　35 000

　　　　利息收入——贴现利息收入户　　　　　　　　　　　　　　　392

付出：贴现买入商业汇票

第五节　贷款损失准备的核算

为了进一步增强金融企业的风险抵御能力，提高金融企业准备金计提的前瞻性和动态性，发挥金融企业准备金缓冲财务风险的逆周期调节作用，完善金融企业准备金计提办法，财政部于 2012 年 3 月发布修订后的《金融企业准备金计提管理办法》。

一、准备金计提的有关规定

（一）准备金的种类

金融企业准备金，又称拨备，是指金融企业对承担风险和损失的金融资产计提的准备金，包括资产减值准备和一般准备。

资产减值准备，是指金融企业对债权、股权等金融资产（不包括以公允价值计量并且其变动计入当期损益的金融资产）进行合理估计和判断，对其预计未来现金流量现值低于账面价值部分计提的，计入金融企业成本的，用于弥补资产损失的准备金。

一般准备，是指金融企业运用动态拨备原理，采用内部模型法或标准法计算风险资产的潜在风险估计值后，扣减已计提的资产减值准备，从净利润中计提的、用于部分弥补尚未识别的可能性损失的准备金。

其中，动态拨备原理是金融企业根据宏观经济形势变化，采取的逆周期计提拨备的方法，即在宏观经济上行周期、风险资产违约率相对较低时多计提拨备，增强财务缓冲能力；在宏观经济下行周期、风险资产违约率相对较高时少计提拨备，并动用积累的拨备吸收资产损失的做法。内部模型法，是指具备条件的金融企业使用内部开发的模型对风险资产计算确定潜在风险估计值的方法。标准法，是指金融企业根据金融监管部门确定的标准对风险资产进行风险分类后，按财政部制定的标准风险系数计算确定潜在风险估计值的方法。

（二）提取范围

金融企业承担风险和损失的资产应计提准备金，具体包括发放贷款和垫款、可供出售类金融资产、持有至到期投资、长期股权投资、存放同业、拆出资金、抵债资产、其他应收款项等。对由金融企业转贷并承担对外还款责任的国外贷款，包括国际金融组织贷款、外国买方信贷、外国政府贷款、日本国际协力银行不附条件贷款和外国政府混合贷款等资产，应当计提准备金。

金融企业不承担风险的委托贷款、购买的国债等资产，不计提准备金。

二、准备金计提的会计处理

(一) 一般准备的计提

金融企业应当于每年年度终了对承担风险和损失的资产计提一般准备。一般准备由金融企业总行（总公司）统一计提和管理。金融企业根据自身实际情况，选择内部模型法或标准法对风险资产所面临的风险状况定量分析，确定潜在风险估计值。对于潜在风险估计值高于资产减值准备的差额，计提一般准备。当潜在风险估计值低于资产减值准备时，可不计提一般准备。一般准备余额原则上不得低于风险资产期末余额的 1.5%。

具备条件的金融企业可采用内部模型法确定潜在风险估计值。运用内部模型法时应当使用至少包括一个完整经济周期的历史数据，综合考虑风险资产存量及其变化、风险资产长期平均损失率、潜在损失平均覆盖率、较长时期平均资产减值准备等因素，建立内部模型，并通过对银行自身风险资产损失历史数据的回归分析或其他合理方法确定潜在风险估计值。

金融企业不采用内部模型法的，应当根据标准法计算潜在风险估计值，按潜在风险估计值与资产减值准备的差额，对风险资产计提一般准备。其中，信贷资产根据金融监管部门的有关规定进行风险分类，标准风险系数暂定为：正常类 1.5%、关注类 3%、次级类 30%、可疑类 60%、损失类 100%；对于其他风险资产可参照信贷资产进行风险分类，采用的标准风险系数不得低于上述信贷资产标准风险系数。标准法潜在风险估计值计算公式：

潜在风险估计值＝正常类风险资产×1.5%＋关注类风险资产×3%＋次级类风险资产×30%＋可疑类风险资产×60%＋损失类风险资产×100%

金融企业按规定计提的一般准备作为利润分配处理，一般准备是所有者权益的组成部分。会计分录为：

借：利润分配——提取一般风险准备

  贷：一般风险准备

金融企业履行公司治理程序，并报经同级财政部门备案后，可用一般准备弥补亏损，但不得用于分红。因特殊原因，经履行公司治理程序，并报经同级财政部门备案后，金融企业可将一般准备转为未分配利润。会计分录为：

借：一般风险准备

  贷：利润分配——未分配利润

金融企业应当根据资产的风险程度及时、足额计提准备金。准备金计提不足的，原则上不得进行税后利润分配。

［例3-12］某商业银行总行2021年12月31日各项贷款余额为：正常30 000万元、关注20 000万元、次级10 000万元、可疑5 000万元、损失2 000万元。采用

标准法计算潜在风险估计值，标准风险系数分别为 1.5%、3%、30%、60% 和 100%，贷款损失准备的余额为 6 300 万元，要求计提该银行 2021 年一般准备。

2021 年末潜在风险估计值 = 30 000×1.5%＋20 000×3%＋10 000×30%＋5 000×60%＋2 000×100% = 9 050（万元）

2021 年应计提的一般准备金额 = 9 050－6 300 = 2 750（万元）

借：利润分配——提取一般风险准备　　　　　　　　　　27 500 000

　　贷：一般风险准备　　　　　　　　　　　　　　　　　　27 500 000

（二）贷款损失准备的计提

金融企业应当在资产负债表日对各项资产进行检查，分析判断资产是否发生减值，并根据谨慎性原则，计提资产减值准备。对发放贷款和垫款，至少应当按季进行分析，采取单项或组合的方式进行减值测试，计提贷款损失准备。

（1）资产负债表日，银行确定贷款发生减值的，按应减记的金额：

借：资产减值损失

　　贷：贷款损失准备

本期应计提的贷款损失准备大于其账面余额的，应按其差额计提；应计提的金额小于其账面余额的差额做相反的会计分录。同时，应将贷款（本金、利息调整）余额以及应收未收的利息转入贷款（已减值）。

借：贷款——已减值

　　贷：贷款——本金

　　　　　——利息调整

　　　　应收利息

（2）下一资产负债表日，应按贷款的摊余成本和实际利率计算确定的利息收入确认减值损失的转回：

借：贷款损失准备

　　贷：利息收入

同时，将按合同本金和合同利率计算确定的应收利息金额进行表外登记。

收入：未收贷款利息

（3）收回减值贷款时：

借：吸收存款或存放中央银行款项　　　（实际收到的金额）

　　贷款损失准备　　　　　　　　　　（相关贷款损失准备余额）

　　贷：贷款——已减值　　　　　　　　（相关贷款余额）

　　　　资产减值损失　　　　　　　　　（差额）

（4）已计提贷款损失准备的贷款价值以后又得以恢复的，应在原已计提的贷款损失准备金额内，按恢复增加的金额：

借：贷款损失准备

　　贷：资产减值损失

（5）对于确实无法收回的各项贷款，按管理权限报经批准后转销各项贷款：

借：贷款损失准备

　　贷：贷款——已减值

按管理权限报经批准后转销表外应收未收利息。

付出：未收贷款利息

[例3-13] 工商银行××支行2021年1月1日向客户A公司发放了一笔3年期信用贷款，本金为5 000万元，贷款年利率为5%，借款人到期一次偿还本金，利息按年收取。假设该贷款的实际利率也为5%，2021年12月31日确认并收到贷款利息。2022年由于外部新技术冲击，客户A公司的产品市场销路不畅，存在严重财务困难。2022年12月31日，工商银行××支行根据所掌握的资料，对贷款合同现金流量重新作了估计，预计未来现金流量现值为4 850万元。

（1）2021年1月1日发放贷款：

借：贷款——中长期贷款（A公司）——本金　　　　　50 000 000

　　贷：吸收存款——活期存款（A公司）——本金　　　　50 000 000

（2）2021年12月31日确认并收到贷款利息：

借：应收利息　　　　　　　　　　　　　　　　　　2 500 000

　　贷：利息收入　　　　　　　　　　　　　　　　　　2 500 000

借：吸收存款——活期存款（A公司）——本金　　　　2 500 000

　　贷：应收利息　　　　　　　　　　　　　　　　　　2 500 000

（3）2022年12月31日确认贷款利息：

借：应收利息　　　　　　　　　　　　　　　　　　2 500 000

　　贷：利息收入　　　　　　　　　　　　　　　　　　2 500 000

2022年12月31日确认应计提的贷款减值损失

＝（贷款本金+应收未收利息）－新预计未来现金流量现值

＝（5 000+250）－4 850 ＝ 400（万元）

借：资产减值损失　　　　　　　　　　　　　　　　4 000 000

　　贷：贷款损失准备　　　　　　　　　　　　　　　　4 000 000

同时，

借：贷款——已减值　　　　　　　　　　　　　　　52 500 000

　　贷：贷款——中长期贷款（A公司）——本金　　　　50 000 000

　　　　应收利息　　　　　　　　　　　　　　　　　　2 500 000

[例3-14] 上述贷款因借款人破产，经追偿后确实无法收回，经上级批准予以核销已计提的贷款损失准备。

借：贷款损失准备　　　　　　　　　　　　　　　　4 000 000

　　贷：贷款——已减值　　　　　　　　　　　　　　　4 000 000

付出：未收贷款利息

第六节　贷款利息的计算

一、计息前的准备工作

柜员在季度结息前应认真检查各计息账户有关要素的准确性和正确性，具体内容包括：检查计息积数需要调整时是否及时进行了调整；检查上季结息所发现的问题是否得到纠正；对本季内新开账户着重检查利率代号、利率浮动方式、浮动值、计息周期、自动扣账标志等。

柜员应于计息日前使用试算上一计息日至本次计息日止所有贷款户的利息，并对打印出的贷款利息试算表进行核对（对本次计息日前到期的贷款户，不提供试算利息）。系统产生的每笔欠息都在欠息户登记簿中有记录，欠息户登记簿是进行欠息账龄分析、应计贷款与非应计贷款结转、欠息核销的依据，不得随意手工调整。

二、计息方法

贷款的计息方法分为定期结息和利随本清两种方式。

（一）定期结息

根据权责发生制，各种贷款应按规定的结息日期结息。按季收息的，以 3、6、9、12 月的 20 日为结息日；按年收息的，以 12 月的 20 日为结息日。定期计息一般采用余额表或分户账以积数计算。其利息计算公式为：

利息＝计息日积数×（月利率÷30）

贷款发生逾期的，自转入逾期贷款账户之日起，余额表应单独立户登记，积数应根据逾期金额和实际逾期天数单独计算，利率改按规定逾期贷款利率计收。

（二）利随本清

利随本清是银行按借款合同约定的期限，于贷款归还时收取利息的一种计息方法。贷款到期，计算自放款日起至还款之日止的贷款天数。贷款天数的计算，采用对年按 360 天，对月按 30 天，不满月的零头天数按实际天数计算，算头不算尾。其利息计算公式为：

利息＝本金×期限×利率

贷款发生逾期，首先，逾期部分应先按合同约定的利率和期限计收到期贷款利息，其次，逾期金额应自转入逾期贷款账户之日起，利率改按规定的比例计收罚息。

三、贷款利息的核算

2013 年 7 月 20 日起，中国人民银行全面放开金融机构贷款利率管制。取消金融机构贷款利率 0.7 倍的下限，由金融机构根据商业原则自主确定贷款利率水平。同时，取消票据贴现利率管制，改变贴现利率在再贴现利率基础上加点确定的方式，由金融机构自主确定。

（一）贷款利息的有关规定

（1）短期贷款：贷款合同期内遇利率调整不分段计息。贷款按季结息的，每季末的 20 日为结息日；按月结息的，每月的 20 日为结息日。具体结息方式由借贷双方协商确定。

（2）中长期贷款：利率一年一定，按季结息。

（3）贷款展期：期限累计计算，累计期限达到新的利率期限档次时，自展期之日起，按展期日挂牌的同档次利率计息；达不到新的期限档次时，按展期日的原档次利率计息。

（4）逾期贷款或挤占挪用贷款：按罚息利率计收罚息，直至清偿为止；遇罚息利率调整则分段计息。同一笔贷款逾期又被挤占挪用的，应责其重，不能并处。

（二）计息利率

1. 固定利率计息

每月（或每季）20 日营业终了，银行电脑系统自动进行贷款户计息入账。逾期贷款如遇调整利率，系统提供分段计息功能，计息全过程由电脑系统自动处理完成，每次计息完，账户累计积数清零。贷款户的利息会出现下面两种情况：①若扣息账户余额够扣息，系统自动扣息并打印出计息单。②若扣息账户余额不够扣息，系统自动开立欠息户，将应计利息全额列入，并打印出计息单。

2. 浮动利率计息

贷款时选择浮动利率，应按约定的浮动利率档次，按浮动期对年对月对日选择同档次新浮动利率计息，在浮动日根据利率代号选择最新利率，计算至下一个浮动日。浮动期内执行借据利率或上一浮动利率调整日的利率，浮动期内不随浮动利率的调整而变动利率。计息期内按浮动期选择了新的浮动利率应分段计息。若客户部分还贷，只还本金的，对积数不作处理。

（三）贷款利息的账务处理

（1）银行按季计算贷款的应收利息，贷款利息当期实际收到时计入当期损益。每季末月的 21 日，根据计算的利息编制贷款利息清单或利息凭证一式三联，分别代转账借、贷方传票和支款通知交借款人。其会计分录为：

结息时，

借：应收利息

贷：利息收入

扣收时，

借：吸收存款——活期存款——本金

贷：应收利息

贷款利息自结息日起，逾期90天（含90天）以内的应收未收利息，应继续计入当期损益。逾期90天以上，无论贷款本金是否逾期，发生的应收未收利息不再计入当期损益，应专设"未收贷款利息"表外科目核算，实际收回时再计入损益，并销记"未收贷款利息"表外科目。对已经纳入损益的应收未收利息，逾期超过90天以后，要相应冲减利息收入并记入表外科目。

［例3-15］工商银行××支行6月20日编制的短期贷款计息表中天宏公司本季贷款累积积数为35 820 000元，贷款年利率4.35%，计算其应计利息并做出相关账务处理。

天宏公司贷款利息=35 820 000×4.35%÷360=4 328.25（元）

借：应收利息 4 328.25

贷：利息收入 4 328.25

银行扣收利息时，

借：吸收存款——活期存款——本金 4 328.25

贷：应收利息 4 328.25

（2）银行采用利随本清方式计算利息，当银行收回贷款时，应根据计算的利息，编制贷款利息通知单或特种转借、贷方传票，从借款单位账户收取利息。贷款跨年度的，资产负债表日需要计提相应的利息。计提和扣收利息的账务处理基本同定期结息方式。

［例3-16］某银行于2021年5月1日向太平洋商场发放短期贷款一笔，金额为50万元，期限6个月，年利率4.35%，如该笔贷款于同年11月1日归还，采用利随本清的计息方法，计算银行的应收利息并作出相关账务处理。

到期利息=500 000×4.35%×6÷12 =10 875（元）

借：吸收存款——活期存款（太平洋商场）——本金 510 875

贷：贷款——短期贷款（太平洋商场）——本金 500 000

利息收入 10 875

复习思考题

1. 什么是贷款？如何进行贷款分类？

2. 如何推动信贷服务高质量发展？

3. 什么是信用贷款？其发放、收回、展期和逾期的核算手续如何？

4. 如何进行个人贷款业务的核算？

5. 什么是票据贴现？其到期和收回的核算手续如何？

6. 计提贷款损失准备的资产包括哪些？其计提的方法及核算手续如何？

7. 贷款利息的计算方法有哪些？其利息分别是如何计算和核算的？

第三章习题　　　　　　　第三章答案

第四章　支付结算工具的核算

本章重点

1. 各种银行票据的基本规定及会计核算。
2. 信用卡的基本规定及会计核算。

引导案例

　　移动支付高速普及，令人们对"无现金社会"产生丰富遐想。中国是全球移动支付应用最广泛的国家，也是最接近"无现金社会"的国家之一。然而，仅仅依靠移动支付还无法满足数字金融时代的变革要求，着眼于更深层次的"数字货币"概念应运而生。据悉，央行自 2014 年开始研究法定数字货币。2017 年，央行数字货币研究所正式成立，央行组织部分商业银行和有关机构共同开展数字人民币体系（DC/EP）的研发。近年来，伴随互联网科技尤其是区块链技术的发展，全球涌现出不少所谓的"虚拟货币"，如近年来争议较大的比特币、莱特货币等。那么，央行提出的数字货币与这些商业"虚拟货币"有何不同？从货币属性看，比特币等"虚拟货币"本质上并非货币。"虚拟货币"不像国家发行的法定货币有国家信用支撑，其投机性受到监管趋紧和技术问题等因素影响，价格常常大起大落，并在很大程度上干扰本国乃至全球货币金融体系的正常秩序。从货币流通原理看，为保证金融体系的有序运行和宏观调控，只有国家才能对货币行使发行的最高权力。因此，央行数字货币是基于国家信用、由央行发行的法定数字货币，与比特币等"虚拟货币"有着本质区别。

中国电子支付已十分发达，央行为何还要推出法定数字货币？据了解，现有流通中的现金容易匿名伪造，银行卡和互联网支付等电子支付工具又不能完全满足公众对匿名支付的需求。因此，央行数字货币的设计主要针对流通中现金的替代性，既保持现钞的属性和主要特征，也满足人们对便携性和匿名性的需求。央行研究局兼货币金银局局长王信表示，央行数字货币在中国主要是对现金进行一定程度的替代，将有助于优化央行货币支付功能，提高央行货币地位和货币政策有效性。由此看来，央行推出数字货币，既不是当下流行的电子钱包或网上支付，也不是完全"推倒重来"取代现有的人民币体系，而是对流通现金具有一定替代性的全新加密电子货币体系。

思考： 你认为央行数字货币完全替代纸币的可能性大吗？未来央行数字货币还可以拓展哪些应用场景？

（参考资料：http://www.xinhuanet.com/fortune/2019-08/21/c_1124900323.htm 新华网）

第一节　支付结算概述

一、支付体系的构成

支付是社会经济活动引起的资金转移行为。支付体系是经济金融体系的重要组成部分，是一国经济金融运行的基础。支付体系由支付系统、支付工具、支付服务组织及支付体系监督管理等要素组成。其中，支付系统是支撑各种支付工具应用、实现资金清算并完成资金转移的通道。支付工具是传达收付款人支付指令、实现债权债务清偿和资金转移的载体，分为现金和票据、银行卡等非现金支付工具。支付服务组织是通过账户服务、支付系统、支付工具等手段为社会提供资金清算和结算服务的机构。支付体系监督管理是中央银行为维护体系安全、稳定以及社会公众对支付体系的信心，综合运用经济、法律和行政的手段，对支付系统、支付工具及支付组织进行监督管理的行为。

由于支付工具是资金转移的载体，方便、快捷、安全的支付工具就是加快资金周转、提高资金使用效率的保障。本章主要介绍支付工具的基础知识、使用规范及相关会计账务处理。支付系统的相关内容则在第五章中介绍。

二、支付工具的种类

（一）按支付工具形式分类

根据支付工具形式的不同，可以将支付分为以票据、银行卡、电子支付工具和其他支付工具进行支付。

（二）按支付工具适用的地域分类

根据支付工具适用的地域不同，可以将支付工具分为同城支付工具、异地支付工具和通用支付工具。

（1）同城支付工具：银行本票。

（2）异地支付工具：银行汇票；托收承付；汇兑。

（3）通用支付工具：支票；委托收款；商业汇票；信用卡。

三、办理支付结算的基本要求

（一）支付结算的原则

（1）恪守信用，履约付款；

（2）谁的钱入谁的账，由谁支配；

（3）银行不垫款。

（二）支付结算的基本要求

（1）单位、个人和银行办理支付结算，必须使用按中国人民银行统一规定印制的票据凭证和统一规定的结算凭证，票据和结算凭证是办理付结算的工具。未使用按中国人民银行统一规定印制的票据，票据无效；未使用中国人民银行统一规定的结算凭证，银行不予受理。

（2）单位、个人和银行应当按照《人民币银行结算账户管理办法》的规定开立、使用账户。没有开立存款账户的个人向银行交付款项后，也可以通过银行办理支付结算。

（3）票据和结算凭证上的签章或其他记载事项应当真实，不得伪造、变造。票据上有伪造、变造签章的，不影响票据上其他当事人真实签章的效力。出票或签发日期、收款人名称不得更改，更改的票据无效；更改的结算凭证，银行不予受理。对票据和结算凭证上的其他记载事项，原记载人可以更改，更改时应当由原记载人在更改处签章证明。

（4）填写票据和结算凭证必须做到标准化、规范化，要素齐全、数字正确、字迹清晰、不错漏、不潦草，防止涂改。

（三）支付结算的纪律

1. 客户的"四不准"

单位和个人办理支付结算，不准签发没有资金保证的票据或远期支票，套取银行信用；不准签发、取得和转让没有真实交易和债权债务的票据，套取银行和他人资金；不准无理拒绝付款，任意占用他人资金；不准违反规定开立和使用账户。

2. 银行的"十不准"

银行办理支付结算，不准以任何理由压票、任意退票、截留挪用客户和他行资金；不准无理拒绝支付应由银行支付的票据款项，不准受理无理拒付、不扣少扣滞纳金；不准违章签发、承兑、贴现票据，套取银行资金；不准签发空头银行汇票、银行本票和办理空头汇款；不准在支付结算制度之外规定附加条件，影响汇路畅通；不准违反规定为单位和个人开立账户；不准拒绝受理、代理他行正常结算业务；不准放弃对企事业单位和个人违反结算纪律的制裁；不准逃避向人民银行转汇大额汇划款项。

第二节　票据的核算

票据是指出票人约定自己或委托付款人在见票时或指定的日期向收款人或持票人无条件支付一定金额并可流通转让的有价证券。票据是我国企事业单位使用最广泛的非现金支付工具。目前，我国使用的票据主要有支票、银行汇票、商业汇票和银行本票。随着我国经济的持续、快速发展，票据使用和流通量稳步上升，票据业务不断创新，票据支付系统日趋完善。

票据行为具有四个特征：①要式性。即票据行为必须依照《票据法》的规定在票据上载明法定事项并交付。②无因性。即票据行为不因票据的基础关系无效或有瑕疵而受影响。③文义性。即票据行为的内容完全依据票据上记载的文义而定，即使其与实质关系的内容不一致，仍按票据上的记载而产生效力。④独立性。即票据上的各个票据行为各自独立发生效力，不因其他票据行为的无效或有瑕疵而受影响。

各级银行机构应按照《票据法》《票据管理实施办法》和《支付结算办法》以及有关法律、行政法规，合理组织结算。

一、支票的核算

（一）支票的概念及有关规定

1. 概念

支票是出票人签发的，委托办理支票存款业务的银行或其他金融机构在见票时无条件的支付确定的金额给收款人或持票人的票据。

2. 有关规定

（1）支票分为现金支票、转账支票、普通支票（画线支票）。现金支票只能用于支取现金，转账支票只能用于转账，普通支票可以用于支取现金，也可以用于转账，在普通支票左上角划两条平行线的画线支票只能用于转账。

（2）单位和个人在全国范围内均可使用支票。

（3）出票人的资格为经中国人民银行当地分支行批准办理支票业务的银行机构开立可以使用支票的存款账户的单位和个人。

（4）签发支票必须记载下列事项：标明"支票"的字样；无条件支付的委托；确定的金额；付款人名称；出票日期；出票人签章。欠缺记载上列事项之一的，支票无效。支票的付款人为支票上记载的出票人开户银行。

（5）支票的出票人签发支票的金额不得超过付款时在付款人处实有的存款金额。禁止签发空头支票。

（6）提示付款期限：自出票日起 10 日，中国人民银行另有规定的除外。超过提示付款期限提示付款的，持票人开户银行不予受理，付款人不予付款。

（7）支票一律记名，转账支票在批准的地区可以背书转让。

（二）会计科目设置

1. "存放中央银行款项"科目

"存放中央银行款项"为资产类科目，核算银行存放于中央银行的各种款项，包括业务资金的调拨、办理同城票据交换和异地跨系统资金汇划、提取或缴存现金等。银行按规定缴存的法定准备金和超额准备金存款，也通过本科目核算。银行增加在中央银行的存款，借记本科目，贷记"吸收存款""清算资金往来"等科目；减少在中央银行的存款做相反的会计分录。本科目期末借方余额，反映银行存放在中央银行的各种款项。

2. "清算资金往来"科目

"清算资金往来"为资产负债共同类科目，用于核算银行间业务往来的资金清算款项。银行应收清算资金时借记本科目，应付清算资金时贷记本科目。本科目可按资金往来单位，分别按"同城票据清算""信用卡清算"等进行明细核算。本科目期末借方余额，反映银行应收的清算资金；期末贷方余额，反映银行应付的清算资金。

（三）现金支票的核算

柜员接到客户提交的现金支票，审核各项要素是否真实完整、用途是否符合现金管理有关规定。按照出纳制度有关规定配款，核对现金与现金支票的金额是否一致，并在支票背面登记券别后交付现金。在支票上加盖现讫章、经办名章及复核员名章，现金支票作为存款科目借方凭证。会计分录为：

借：吸收存款——活期存款——本金

　　贷：库存现金

（四）转账支票的核算

1. 柜员接到客户提交的转账支票及进账单认真进行审查

（1）客户是否提供规定的结算证、IC 卡或预留密码，以核实身份；

（2）支票是否为按规定印制的票据，提示付款期限是否超过，支票是否为远期支票；

（3）支票填明的收款人是否在本行开户，持票人的名称是否为该持票人，与进账单上的名称是否一致，收款人名称记载是否为全称或者规范化简称，有无涂改痕迹，对于有疑问的大额付款还要向付款单位核实；

（4）出票人的签章是否符合规定，与预留银行的签章是否相符，使用变码印鉴或支付密码的，其密码是否正确；

（5）支票的大小写金额是否一致，与进账单的金额是否相符，支票金额有无涂改痕迹；

（6）支票必须记载的事项是否齐全，是否使用碳素墨水或墨汁填写，出票金额、出票日期和收款人名称是否更改，更改的支票无效，其他记载事项的更改是否由原记载人签章证明；

（7）背书转让的支票是否按规定的范围转让，其背书是否连续，签章是否符合规定，背书使用粘单的是否按规定在粘接处签章；

（8）持票人是否在支票的背面作委托收款背书；

（9）出票人账户是否有足够支付的款项。

2. 审核无误后的会计处理

审核无误后在转账支票及进账单上加盖转讫章和记账员私章，第一联进账单加盖转讫章交给出票人，第三联进账单给收款人作收账通知，支票和第二联进账单分别作借贷方凭证。会计分录为：

（1）持票人和出票人在同一行处开户。

借：吸收存款——活期存款（出票人户）——本金

　　贷：吸收存款——活期存款（持票人户）——本金

（2）持票人和出票人不在同一行处开户。

1）持票人开户行受理支票：

①持票人开户行接到持票人送交的支票和两联进账单，按有关规定审查无误后进行账务处理。

借：清算资金往来

　　贷：其他应付款

②支票按交换规定时间提出交换，待退票时间过后，即可为持票人进账。

借：其他应付款

　　贷：吸收存款——活期存款（持票人户）——本金

③如果出票人开户行审查支票发现余额不足，通知持票人开户行退票，持票人开户行将退回的支票退收款人。

借：其他应付款

　　贷：清算资金往来

④出票人开户行收到交换提入的支票，审查无误后足额支付。

借：吸收存款——活期存款（出票人户）——本金

　　贷：清算资金往来

⑤出票人开户行审查支票发现余额不足，应在 1 小时内用电话通知持票人开户行退票。

借：其他应收款

　　贷：清算资金往来

待下场交换将支票退还给持票人开户行。

借：清算资金往来

　　贷：其他应收款

银行扣收罚金（按票面金额 5%但不低于 1 000 元扣收）。

借：吸收存款——活期存款（出票人户）——本金

　　贷：营业外收入——结算罚款收入户

　　　　应交税费——应交增值税（销项税额）

［例4-1］建设银行××支行收到开户单位 ABB 变压器厂解进的三联房地产公司签发的转账支票一份，金额 268 000 元，当即于第一场交换提出，下场没有退票。建设银行××支行的会计分录为：

借：清算资金往来　　　　　　　　　　　　　　　　　　268 000

　　贷：其他应付款　　　　　　　　　　　　　　　　　　　268 000

借：其他应付款　　　　　　　　　　　　　　　　　　268 000

　　贷：吸收存款——活期存款（ABB 变压器厂）——本金　　268 000

［例4-2］第一场票据交换提回后，工商银行××支行发现开户单位起重机厂签发的一张金额为 70 000 元的支票，因存款余额不足作退票处理，计收罚金，于下场交换提出退票。工商银行××支行的会计分录为：

借：其他应收款　　　　　　　　　　　　　　　　　　70 000

　　贷：清算资金往来　　　　　　　　　　　　　　　　　70 000

借：清算资金往来　　　　　　　　　　　　　　　　　70 000

　　贷：其他应收款　　　　　　　　　　　　　　　　　　70 000

借：吸收存款——活期存款（起重机厂）——本金　　　　3 500

　　贷：营业外收入　　　　　　　　　　　　　　　　　　3 302

　　　　应交税费——应交增值税（销项税额）　　　　　　　198

2）出票人开户行受理支票：

①出票人开户行审查支票无误后足额支付。

借：吸收存款——活期存款（出票人户）——本金

　　贷：清算资金往来

②持票人开户行收到交换提入的进账单

借：清算资金往来

贷：吸收存款——活期存款（持票人户）——本金

出票人开户行审查支票为空头支票，不予受理。

（五）支票挂失的处理

支票丢失，失票人到付款行请求挂失时，应提交第一联、第二联"挂失止付通知书"。付款行收到"挂失止付通知书"后，按规定审查无误并确认未付款的，第一联"挂失止付通知书"加盖业务公章作为受理回单交给失票人，第二联在登记"票据挂失登记簿"后专夹保管，并在出票人账户首页明显处用红字注明"××年×月×日第×号支票挂失止付"字样，凭此字据止付。在挂失前款项已被支付的，银行对其付款不承担责任。

二、银行汇票的核算

（一）银行汇票的概念及有关规定

1. 概念

银行汇票是出票银行签发的，由其在见票时按照实际结算金额无条件支付给收款人或持票人的票据。

2. 基本规定

（1）银行汇票可以用于转账，填明"现金"字样的银行汇票也可以用于支取现金。

（2）单位和个人各种款项结算，均可使用银行汇票。全国范围限于中国人民银行和各商业银行参加"全国联行往来"的银行机构办理。

（3）签发银行汇票必须记载下列事项：表明"银行汇票"的字样；无条件支付的承诺；出票金额；付款人名称；收款人名称；出票日期；出票人签章。欠缺记载上列事项之一的，银行汇票无效。

（4）提示付款期限自出票日起1个月。

（5）持票人向银行提示付款时，必须同时提交银行汇票和解讫通知，缺少其中任何一联，银行均不予受理。

（6）收款人受理申请人交付的银行汇票时，应在出票金额以内，根据实际需要的款项办理结算，并将实际结算金额和多余金额准确、清晰地填入银行汇票和解讫通知的有关栏目内。

（7）收款人可以将银行汇票背书转让给被背书人。银行汇票的背书转让以不超过出票金额的实际结算金额为准。

（二）会计科目设置

1. "汇出汇款"科目

"汇出汇款"为负债类科目，用以核算银行受单位或个人的委托汇往异地的款项。银行受理委托人的汇出款项时，记入本科目贷方；汇入银行已经解付，将汇票划回时，记入本科目借方；余额在贷方，表示尚未划回汇票的数额。本科目按汇款单位或个人进行明细分类核算。

2. "应解汇款"科目

"应解汇款"为负债类科目，核算银行收到异地汇入待解付的款项以及异地采购单位或个人临时性存款和其他临时性存款。异地汇入待解付和临时性存入款项，记入本科目贷方；将汇入款项解付收款人或应收款人要求将款项退汇或转汇时，记入本科目借方，余额在贷方，表示尚待解付的款项。

（三）银行汇票的核算

1. 银行汇票的出票

（1）柜员接到客户提交的一式三联"票汇委托书"时，认真审查申请书的内容填写是否齐全、清晰，大小写金额是否一致，有无涂改，银行预留印鉴核对是否一致，实行支付密码的还要校验支付密码是否正确；申请书填明"现金"字样的，申请人和收款人是否均为个人，并缴存现金。会计分录为：

转账交付，

借：吸收存款——活期存款（申请人户）——本金

　　贷：汇出汇款

现金交付，

借：库存现金

　　贷：汇出汇款

（2）票汇委托书第一联加盖转讫章后交申请人作为回单，第二、三联票汇委托书加盖转讫章和记账员私章后交授权人签章，分别作借贷方凭证。交现金签发现金汇票的，汇票委托书的第二联注销，第三联作汇出汇款的贷方凭证。

（3）柜员签发一式四联银行汇票：①卡片；②汇票联；③解讫通知；④多余款收账通知。在第二联汇票联上加盖汇票专用章和授权经办人签章，连同第三联"解讫通知书"交申请人，第一联上加盖经办、复核名章连同第四联一并专夹保管。表外会计处理为：

付出：重要空白凭证——银行汇票

2. 兑付

持票人同时提交汇票和解讫通知（第二、三联），柜员接到持票人提交的银行汇票、解讫通知和进账单，应认真审查下列各项是否有误：

（1）汇票和解讫通知是否齐全，内容是否相符，汇票号码是否一致；

（2）汇票是否是统一规定印制的银行汇票版本，背面是否有二维防伪码；

（3）汇票记载内容是否齐全，是否有涂改、伪造或变造的痕迹；

（4）汇票是否超过1个月的提示付款期；

（5）收款人或持票人是否在本行开户，持票人名称是否为该持票人，与进账单上收款人的名称是否相符；

（6）出票行的签章是否为汇票专用章加盖个人名章，汇票专用章是否与印模相符；

（7）压数金额是否是由总行统一制作的压数机压印，与大写金额是否一致；

（8）汇票的实际结算金额大小写是否一致，是否在出票金额以内，与进账单金额是否一致，多余金额结计是否正确。

（9）汇票必须记载的事项是否齐全，出票日期、金额、收款人名称是否被更改，其他记载事项的更改是否由原记载人签章证明；

（10）收款人或持票人是否在汇票背面"持票人向银行提示付款签章"栏签章；

（11）汇票正面记载"不得转让"字样的汇票不得背书转让，允许背书的汇票，是否在规定范围内转让，背书是否连续，签章是否符合规定，背书使用粘单的是否按规定在粘接处签章；

（12）汇票是否被法院止付；

（13）现金银行汇票除审查以上内容外，还应审查：汇票的收款人和申请人是否为个人；汇票大写金额前是否写明"现金"字样；代理付款行是否为本行，行名行号是否正确。

柜员核对印鉴、密押无误后进行会计处理。

（1）持票人在代理付款行开立账户：

借：清算资金往来

　　贷：吸收存款——活期存款（持票人户）——本金

（2）持票人未在代理付款行开立账户：

①银行受理持票人的提示付款

借：清算资金往来

　　贷：应解汇款

②转账支付

借：应解汇款

　　贷：清算资金往来

③支取现金（个人）

借：应解汇款

　　贷：库存现金

3. 结清

出票行接到代理付款行传来的报单及第三联解讫通知，抽出原专夹保管的汇票卡片，经核对后确属本行出票，按情况分别处理如下：

（1）汇票全额付清。在汇票卡片的实际结算金额栏填入全部金额，加盖转讫章作借方凭证，在第四联多余款收账通知的"多余金额"栏内填写"—0—"，加盖附件章作附件。会计分录为：

借：汇出汇款
　贷：清算资金往来
收入：重要空白凭证——银行汇票

（2）汇票有多余款，部分解付的，将多余款转入原存款户，以系统内来账报文作多余款贷方凭证，在多余款收账通知的多余金额栏内填写多余金额，加盖转讫章作客户回单，通知申请人。会计分录为：

借：汇出汇款
　贷：清算资金往来
　　　吸收存款——活期存款（申请人户）——本金
收入：重要空白凭证——银行汇票

（3）汇票退票。申请人由于汇票超过付款期限或其他原因要求退款时，应交回汇票和解讫通知，并按规定提交证明或身份证件。柜员接到客户提交的未用的银行汇票和解讫通知、经办人身份证和退票证明来行办理退票时，应按规定审核凭证。抽出原专夹保管的汇票卡片和多余款收账通知与第二、三联汇票核对，无误后在实际结算金额大写栏内填写"未用退回"字样。会计分录为：

借：汇出汇款
　贷：吸收存款——活期存款（申请人户）——本金
　　　或库存现金
收入：重要空白凭证——银行汇票

第一联汇票和第三联汇票上加盖转讫章和记账员私章，分别作借、贷方凭证，第二联汇票做借方凭证附件，第四联作收账通知交客户。

［例4-3］建设银行××支行接受开户单位兴达公司转账交付 10 000 元，为其签发银行汇票一张。半个月后建设银行××支行接到代理付款行传来的报单及第三联解讫通知，本行签发的银行汇票结算凭证实际结算金额 7 000 元，多余金额 3 000 元转入原存款户。建设银行××支行的会计分录为：

（1）转账交付：

借：吸收存款——活期存款（兴达公司）——本金　　　　　10 000
　贷：汇出汇款　　　　　　　　　　　　　　　　　　　　　　10 000
付出：重要空白凭证——银行汇票　　　　10 000

（2）汇票结清：

借：汇出汇款　　　　　　　　　　　　　　　　　　　　　　10 000

　　贷：清算资金往来　　　　　　　　　　　　　　　　　　　7 000

　　　　吸收存款——活期存款（兴达公司）——本金　　　　　3 000

　　收入：重要空白凭证——银行汇票　　　　10 000

三、商业汇票的核算

（一）商业汇票的概念及有关规定

1. 概念

商业汇票是由出票人签发的，委托付款人在指定日期无条件支付确定的金额给收款人或持票人的票据。

2. 基本规定

（1）签发商业汇票应以真实合法的商品交易为基础。

（2）签发商业汇票必须记载下列事项：表明"商业承兑汇票"或"银行承兑汇票"的字样；无条件支付的委托；确定的金额；付款人名称；收款人名称；出票日期；出票人签章。

（3）商业承兑汇票可以由付款人签发并承兑，也可以由收款人签发交由付款人承兑。银行承兑汇票应由在承兑银行开立存款账户的存款人签发。

（4）提示付款期限自汇票到期日起 10 天。

（5）商业汇票的期限由交易双方商定，最长不超过 6 个月。

（6）商业汇票一律记名，允许贴现和背书转让。

（二）会计科目的设置

1. "业务及管理费"科目

"业务及管理费"为损益类科目，核算银行在业务经营及管理过程中发生的各项费用，包括折旧费、业务宣传费、业务招待费、电子设备运转费、钞币运送费、安全防范费、邮电费、劳动保护费、外事费、印刷费、低值易耗品摊销、职工工资及福利费、差旅费、水电费、职工教育经费、工会经费、会议费、诉讼费、公证费、咨询费、无形资产摊销、长期待摊费用摊销、取暖降温费、聘请中介机构费、技术转让费、绿化费、董事会费、财产保险费、劳动保险费、待业保险费、住房公积金、物业管理费、研究费用、提取保险保障基金等。该科目按照费用项目进行明细核算。

发生各项费用时，借记本科目，贷记"库存现金""应付职工薪酬""应交税费""其他应付款"等有关科目。期末结转利润时，借记"本年利润"科目，贷记本科目。结转后本科目无余额。金融企业不设置"销售费用"和"管理费用"科目。

银行支付的各项费用，如果符合增值税进项税额抵扣的相关政策，在取得增值税专用发票后，可以将支付的费用分为进项税额和支出分别入账。

银行支付业务及管理费，收到对方的增值税发票时的会计分录：

借：业务及管理费

　　应交税费——应交增值税（进项税额）

　贷：清算资金往来

2. "手续费及佣金收入"科目

"手续费及佣金收入"为损益类科目，核算银行确认的手续费及佣金收入，包括办理结算业务、咨询业务、担保业务、代保管等代理业务以及办理受托贷款及投资业务等取得的手续费及佣金，如结算手续费收入、佣金收入、业务代办手续费收入、基金托管收入、咨询服务收入、担保收入、受托贷款手续费收入、代保管收入、代理买卖证券、代理承销证券、代理兑付证券、代理保管证券、代理保险业务等代理业务以及其他相关服务实现的手续费及佣金收入等。本科目可按手续费及佣金收入类别进行明细核算。

银行确认的手续费及佣金收入，按应收的金额，借记"应收手续费及佣金""代理承销证券款"等科目，贷记本科目。实际收到手续费及佣金，借记"存放中央银行款项""银行存款""结算备付金""吸收存款"等科目，贷记"应收手续费及佣金"等科目。期末，应将本科目余额转入"本年利润"科目，结转后本科目无余额。

手续费及佣金收入通常属于含税收入，需要将含税收入还原并计算增值税销项税额，银行可以采用单笔业务价税分离，也可以采用日终批处理价税分离。假设本章例题采用单笔业务价税分离。

（三）商业承兑汇票的核算

商业承兑汇票是由付款人或收款人签发，经付款人承兑，在指定日期无条件支付确定金额给收款人或者持票人的票据。商业承兑票据一式三联：①卡片——承兑人；②汇票——持票人；③存根——出票人。

1. 持票人开户行受理汇票的处理

收款人或持票人对将要到期的商业承兑汇票，委托开户行向付款人提示付款时，应匡算至付款人开户行的邮程，提前委托开户行收款，填制邮划或电划委托收款凭证（一式五联），并在"委托收款凭据名称"栏注明"商业承兑汇票"及其汇票号码，连同商业承兑汇票一并送开户行。银行应认真审查以下内容：

（1）汇票是否是人民银行统一规定印制的商业承兑汇票版本，提示付款期限是否超过；

（2）汇票上填明的持票人是否在本行开户；

（3）出票人、承兑人的签章是否符合规定；

（4）汇票必须记载的事项是否齐全，出票金额、出票日期、收款人名称是否更改，其他记载事项的更改是否由原记载人签章证明；

（5）是否做成委托收款背书，背书转让的汇票其背书是否连续，签章是否符合规定，背书使用粘单的是否按规定在粘接处签章；

（6）委托收款凭证的记载事项是否与汇票记载的事项相符。

银行审查无误后，在委托收款凭证各联上加盖"商业承兑汇票"戳记，将第一联退交持票人，第二联委托收款凭证单独保管，并登记发出委托收款凭证登记簿，其余委托收款结算凭证第三、四、五联与商业承兑汇票一并寄交付款人开户行。

2. 付款人开户行收到汇票的处理

付款人开户行接到持票人开户行寄来的委托收款凭证及汇票时，应按照上述有关内容认真审查，付款人确在本行开户，承兑人在汇票上的签章与预留银行的签章相符，将第五联委托收款凭证交给付款人并签收。付款人开户行接到付款人的付款通知或在付款人接到开户行的付款通知的次日起3日内仍未接到付款人的付款通知，应按照《支付结算办法》规定的划款日期和以下情况处理。

（1）付款人的银行有足够票款支付的，第三联委托收款凭证作借方凭证，汇票加盖转讫章作附件。会计分录为：

借：吸收存款——活期存款（付款人户）——本金

　　贷：清算资金往来

（2）付款人的银行账户不足支付的，付款人开户行应填制付款人未付票款通知书一式三联（用异地结算通知书代），在委托收款凭证备注栏注明"付款人无款支付"字样，其中第二、三联通知书连同第四联委托收款结算凭证、商业承兑汇票一并邮寄持票人开户银行转交持票人。

（3）付款人拒付票款，付款人开户行将有关拒付证明连同第四、五联委托收款结算凭证及商业承兑汇票一起退回持票人开户行。

［例4-4］建设银行××支行收到工商银行××支行寄来的委托收款凭证及商业承兑汇票各一份，系开户单位远洋公司支付兴达公司的商品款50 000元，经审核无误后建设银行××支行予以支付。建设银行××支行的会计分录为：

借：吸收存款——活期存款（远洋公司）——本金　　　　　　50 000

　　贷：清算资金往来　　　　　　　　　　　　　　　　　　　　50 000

3. 持票人开户行收到划回款项或退回凭证的处理

（1）持票人开户行接到付款人开户行寄来的委托收款凭证，将专夹保管的第二联凭证抽出进行核对，第二联委托收款凭证作贷方凭证，会计分录为：

借：清算资金往来

　　贷：吸收存款——活期存款（收款人户）——本金

（2）持票人开户行接到付款人开户行发来的付款人未付通知书或付款人的拒绝付款证明和汇票以及委托收款凭证，将委托收款凭证，未付票款通知书或拒绝付款证明及汇票退给持票人，并由持票人签收。销记发出委托收款凭证登记簿。收到"未付款项通知书"或"拒付理由书"、汇票和委托收款凭证，退交持票人，由持票人与付款人自行交涉解决。

［例4-5］工商银行××支行收到建设银行××支行寄来的委托银行收款的收账通知，为开户单位兴达公司的托收款，金额为50 000元，经审核无误后予以入账。工商银行××支行的会计分录为：

借：清算资金往来　　　　　　　　　　　　　　　　　　50 000
　贷：吸收存款——活期存款（兴达公司）——本金　　　　　　50 000

（四）银行承兑汇票的核算

1. 办理银行承兑汇票

柜员收到客户提交的空白凭证领用单，出售银行承兑汇票，收取工本费。会计分录为：

借：吸收存款——活期存款（单位户）——本金
　贷：业务及管理费——凭证工本费
付出：重要空白凭证——银行承兑汇票

2. 承兑银行办理汇票承兑

柜员接到客户经理提交的承兑协议（正、副本）及三联承兑汇票，应审查汇票必须记载的事项是否齐全，出票人的签章是否符合规定，出票人是否在本行开立存款户，汇票上记载事项是否与协议相符，日期是否为大写，汇票是否统一规定印刷的凭证。审核无误后在第一、二联汇票上注明承兑协议编号。在第二联汇票"承兑人签章"处加盖汇票专用章并由授权的经办人签章后，第二、三联银行承兑汇票连同银行承兑协议正本交承兑申请人保管。第一联银行承兑汇票和银行承兑协议副本专夹保管，对银行承兑汇票的余额要经常与保存的第一联汇票卡片进行核对，以保证账卡相符。

承兑银行按申请人客户号开立保证金存款户，根据银行承兑汇票保证金协议规定的比例存入保证金。"存入保证金"属于负债类，核算银行收到客户存入的各种保证金，如信用证保证金、承兑汇票保证金、保函保证金、担保保证金等。会计分录为：

借：吸收存款——活期存款（承兑申请人户）——本金
　贷：存入保证金——银行承兑汇票保证金
汇票签发后，承兑银行按票面金额万分之五向出票人收取承兑手续费。
借：吸收存款——活期存款（出票人户）——本金
　贷：手续费及佣金收入
　　　应交税费——应交增值税（销项税额）
收入：开出银行承兑汇票

[例4-6]厦丰公司签发一张商业汇票向其开户行建设银行××支行申请承兑，经审查同意后，与银行签署银行承兑协议。银行承兑汇票金额为100 000元，根据银行承兑汇票保证金协议规定的比例存入保证金20 000元，承兑银行按票面金额5‰向出票人收取承兑手续费，金融服务适用增值税税率为6%。建设银行××支行会计分录为：

借：吸收存款——活期存款（厦丰公司）——本金   20 000

    贷：存入保证金——银行承兑汇票保证金   20 000

借：吸收存款——活期存款（厦丰公司）——本金   50

    贷：手续费及佣金收入   47

       应交税费——应交增值税（销项税额）   3

收入：开出银行承兑汇票   100 000

3. 持票人开户行受理汇票

持票人持将要到期的银行承兑汇票委托开户行向承兑银行收取票款时，应填制委托收款凭证，在"委托收款凭证名称"栏注明"银行承兑汇票"及其汇票号码，连同汇票一并送交开户行。开户行审查无误后，在委托收款结算凭证各联上加盖"银行承兑汇票"戳记，第一联退交持票人，第二联委托收款凭证单独保管，第三、四、五联委托收款凭证与银行承兑汇票一并寄交承兑行。

4. 承兑行对汇票到期付款

柜员接到持票人开户行寄来的委托收款凭证及银行承兑汇票第二联，抽出专夹保管的汇票卡片和承兑协议副本，并认真审查：该汇票是否为本行承兑，与汇票卡片的号码和记载事项是否相符；是否做成收款背书，背书转让的汇票其背书是否连续，签章是否符合规定，背书使用粘单的是否按规定在粘接处签章；委托收款凭证的记载事项是否与汇票记载的事项相符；超过提示付款期限的应做出说明。

柜员抽出专夹保管的第一联银行承兑汇票和银行承兑协议，审核汇票是否已经到期。对到期汇票按承兑汇票自存款户、保证金活期户分别扣款。会计分录为：

（1）出票人能足额支付票款：

借：吸收存款——活期存款（出票人户）——本金

    存入保证金——银行承兑汇票保证金

  贷：清算资金往来

付出：开出银行承兑汇票

（2）出票人账户资金不足：银行承兑汇票出票人在汇票到期日未能足额交存票款，承兑银行凭票向持票人无条件付款外，对不足支付部分转作逾期贷款，按有关规定计收利息，不得将不足部分列入其他非贷款科目。会计分录为：

借：逾期贷款——出票人户

    存入保证金——银行承兑汇票保证金

    吸收存款——活期存款（出票人户）——本金

贷：清算资金往来

付出：开出银行承兑汇票

［例4-7］建设银行××支行一个月前为出票人厦丰公司承兑的银行承兑汇票一张，金额为100 000元，已经到期，厦丰公司能足额支付票款，经审核无误后予以支付。建设银行××支行会计分录为：

借：吸收存款——活期存款（厦丰公司）——本金 80 000

　　存入保证金——银行承兑汇票保证金 20 000

　　贷：清算资金往来 100 000

付出：开出银行承兑汇票 100 000

［例4-8］续前例，假设厦丰公司不能足额支付票款，其账户上只有50 000元的余额，建设银行××支行凭票向持票人无条件付款外，对不足支付部分转作逾期贷款。建设银行××支行会计分录为：

借：逾期贷款（厦丰公司） 30 000

　　存入保证金——银行承兑汇票保证金 20 000

　　吸收存款——活期存款（厦丰公司）——本金 50 000

　　贷：清算资金往来 100 000

付出：开出银行承兑汇票 100 000

5. 持票人开户行收到汇票款

持票人开户行接到承兑银行送来的报单或委托收款凭证，按照委托收款的款项划回手续处理。会计分录为：

借：清算资金往来

　　贷：吸收存款——活期存款（持票人户）——本金

6. 银行承兑汇票未用退回

银行承兑汇票签发人未使用承兑汇票而要求注销，可由签发人备函说明原因，交回第二联银行承兑汇票，向承兑银行申请注销。承兑银行应认真鉴别交回汇票的真伪，与留存的第一联汇票、承兑协议副本、合同复印件、不可撤销的承诺函等核对相符后，分别注明"未用注销"字样，将汇票第二联代银行承兑汇票表外科目付出凭证。会计处理为：

付出：开出银行承兑汇票

7. 银行承兑汇票挂失的处理

已承兑的银行承兑汇票丧失，失票人到承兑银行挂失时，应当提交三联挂失止付通知书。承兑银行审查挂失通知书记载的事项是否齐全。承兑银行接到挂失止付通知书，应从专夹保管中抽出一联汇票卡片和承兑协议副本、合同复印件，核对相符确未付款的方可受理。在第一联挂失止付通知书上加盖业务公章作为受理回单，第二、三联于登记汇票挂失登记簿后，与第一联汇票卡片一并另行保管，凭此控制付款。

8. 丧失银行承兑汇票付款的处理

已承兑的银行承兑汇票丧失，失票人凭人民法院出具的其享有票据权利的证明向承兑行请求付款时，承兑银行经审查确未支付的，应根据人民法院出具的证明，抽出第一联汇票卡片核对无误，在汇票提示付款期满后，将票款付给失票人。

四、银行本票的核算

（一）银行本票的概念及有关规定

1. 概念

银行本票是银行签发的，承诺其在见票时无条件支付确定的金额给收款人或持票人的票据。

2. 有关规定

（1）同一票据交换区域的单位和个人均可使用银行本票。

（2）签发银行本票必须记载下列事项：标明"银行本票"的字样；无条件支付的承诺；确定的金额；收款人名称；出票日期；出票人签章。

（3）提示付款期限自出票日起2个月。

（4）现金银行本票不得背书转让，转账银行本票可以背书转让。

（5）本票见票即付，但注明"现金"字样本票的持有人只能到出票银行支取现金。

（二）会计科目设置

设置"开出本票"科目，属于负债类，用以核算银行签发本票所吸收的款项。银行签发本票时，记入贷方；银行兑付本票以及向中央银行清算资金时，记入借方，期末无余额。

（三）银行本票的核算

1. 签发

申请人需要使用银行本票时，应向银行填写一式三联"银行本票申请书"，柜员审核无误后在三联申请书加盖转讫章，第一联申请书作为回单交给申请人（回单只能作银行受理依据），第二、三联盖私章后作为借、贷方凭证。现金交付的将第二联注销，以第三联申请书作为贷方凭证。出票行在办理转账或收妥现金后，签发银行本票一式两联。定额本票正联交给申请人，不定额本票第二联交给申请人，第一联卡片或存根联上加盖经办、复核名章后留存专夹保管。会计分录为：

借：吸收存款——活期存款（申请人户）——本金

　　或库存现金

　贷：开出本票

付出：重要空白凭证——银行本票

［例4-9］工商银行××支行收到开户单位佳美商场交来的银行本票申请书，申请签发银行本票 15 000 元，经审核无误后，款项从其存款账户收取，当即签发一张银行本票 15 000 元，票号 23017。工商银行××支行会计分录为：

　　　借：吸收存款——活期存款（佳美商场）——本金　　　　　15 000
　　　　贷：开出本票　　　　　　　　　　　　　　　　　　　　　　　15 000
　　付出：重要空白凭证——银行本票　　　15 000 元

2. 兑付

代理付款行接到客户提交的银行本票和二联进账单时，应认真审查：

（1）银行本票是否真实，有无挂失止付，提示付款期限是否超过 2 个月；

（2）银行本票填明的持票人是否在本行开户，持票人名称是否为该持票人，与进账单上的名称是否相符；

（3）出票行的签章是否符合规定，加盖的本票专用章是否与印模相符；

（4）不定额本票是否有统一的压数机压印金额，与大写的出票金额是否一致，有无涂改痕迹；

（5）银行本票必须记载的事项是否齐全，出票金额、出票日期、收款人名称是否更改，更改的银行本票无效，其他记载事项是否由原记载人签章证明；

（6）持票人是否在银行本票背面"持票人向银行提示付款签章"处签章，背书转让的本票是否按规定的范围转让，其背书是否连续，签章是否符合规定，背书使用的粘单是否按规定在粘接处签章。

柜员审核无误后在进账单上加盖转讫章，第一联作为收账通知交给持票人，第二联作为贷方凭证。银行本票上加盖转讫章，通过票据交换提给出票行。会计分录为：

　　　借：清算资金往来
　　　　贷：吸收存款——活期存款（持票人户）——本金

［例4-10］建设银行××支行开户单位远足鞋业公司持工商银行××支行签发的 23017 号本票一张，金额 15 000 元，随进账单要求入账。经审核无误后，建设银行在进账单上加盖转讫章，金额全部入账。建设银行××支行会计分录为：

　　　借：清算资金往来　　　　　　　　　　　　　　　　　　　15 000
　　　　贷：吸收存款——活期存款（远足鞋业）——本金　　　　　15 000

3. 结清

（1）收到代理付款行通过同城票据交换提入的本票：出票行收到票据交换提入的转账本票时，柜员抽出专夹保管的本票卡片或存根联，经核对无误后进行转账。会计分录为：

　　　借：开出本票
　　　　贷：清算资金往来
　　收入：重要空白凭证——银行本票

[例 4-11] 工商银行××支行收到票据交换提入的 23017 号转账本票，柜员抽出专夹保管的本票卡片或存根联，经核对无误后进行转账。

借：开出本票　　　　　　　　　　　　　　　　　　　　　　　　　15 000
　　贷：清算资金往来　　　　　　　　　　　　　　　　　　　　　　15 000
收入：重要空白凭证——银行本票　　　15 000

（2）收到本行开出的现金本票：柜员抽出专夹保管的银行本票卡片或存根，经核对相符确属本行签发。会计分录为：

借：开出本票
　　贷：库存现金
收入：重要空白凭证——银行本票

（3）收到本行开出的转账本票，最终收款人也在本行开户：如果持票人和申请人在同一开户行，则付款和结清同时进行。柜员收到客户提交的本票和二联进账单，抽出专夹保管的卡片联。会计分录为：

借：开出本票
　　贷：吸收存款——活期存款（持票人户）——本金
收入：重要空白凭证——银行本票

在进账单上加盖转讫章，第一联给客户作回单，第二联作贷方凭证，本票加盖转讫章及私章作借方凭证，银行本票卡片或存根作附件。

4. 银行本票退票

（1）申请人因银行本票超过提示付款期限或其他原因要求出票行退款时，填制进账单连同银行本票交给出票行，且申请人为单位的出具该单位证明，个人的应出具该个人的身份证件。柜员抽出本票卡片核对无误后，留存客户的退票证明或身份证复印件，在本票上注明"未用退回"字样。

（2）在进账单上加盖转讫章，第一联作为收账通知交给申请人，第二联盖私章后作贷方凭证。如系退付现金，本联作借方凭证附件，银行本票作借方凭证，银行本票卡片或存根联作附件。会计分录为：

借：开出本票
　　贷：吸收存款——活期存款（申请人户）——本金
　　　　或库存现金
收入：重要空白凭证——银行本票

5. 银行本票挂失的处理

（1）确系填明"现金"字样的银行本票丧失，失票人到出票行挂失，应提交一式二联挂失止付通知书。出票行收到通知书后应按规定审查，抽出原专夹保管的银行本票卡片或存根核对，确属本行签发并确认未注销时，方可受理。第一联加盖业务公章作为受理回单交给失票人，第二联登记挂失登记簿后，与原卡片或存根一并专夹保管，凭以控制付款或退款。

（2）遗失银行本票，失票人应凭人民法院出具的其享有该银行本票票据权利的证明，向出票行请求付款或退款时，出票行经审查确未支付的，应抽出原专夹保管的银行本票卡片或存根核对无误，并将款项付给失票人或申请人。

第三节 银行卡的核算

一、银行卡的分类

（一）按银行卡是否能提供信用透支功能分为信用卡和借记卡

1. 信用卡

信用卡是一种特殊的信用凭证，用于在指定商户购物和消费，或在指定银行机构存取现金。信用卡按是否向发卡银行交存备用金，又分为贷记卡和准贷记卡两种。

（1）贷记卡，是指发卡银行给予持卡人一定的信用额度，持卡人可在信用额度内先使用、后还款的银行卡，并具有一定的免息还款期。

（2）准贷记卡，是指持卡人需先按发卡银行要求交存一定金额的备用金，当备用金账户余额不足支付时，可在发卡银行规定的信用额度内透支的信用卡。

2. 借记卡

借记卡是指没有信用额度，持卡人先存款、后使用的银行卡。借记卡按功能不同，又可分为转账卡、专用卡和储值卡。

（1）转账卡，是指实时扣账的借记卡，具有转账结算、存取现金和消费的功能。

（2）专用卡，是指具有专门用途、在特定区域使用的借记卡，它具有转账结算、存取现金和消费的功能。专门用途是指在百货、餐饮、饭店、娱乐行业以外的用途。

（3）储值卡，是指发卡银行根据持卡人要求将其资金转至卡内储存，交易时直接从卡内扣款的预付钱包式借记卡。

（二）银行卡的其他分类

银行卡按发行对象不同分为单位卡和个人卡；按币种不同分为人民币卡和外币卡；按信息载体不同分为磁条卡和芯片卡。

本节主要介绍单位和个人信用卡的会计处理。

二、信用卡的含义及有关规定

（一）信用卡的含义

信用卡是指记录持卡人账户相关信息，具备银行授信额度和透支功能，并为持卡人提供相关银行服务的各类介质。

（二）有关规定

《商业银行信用卡业务监督管理办法》（2011年1月施行）规定：信用卡业务，是指商业银行利用具有授信额度和透支功能的银行卡提供的银行服务，主要包括发卡业务和收单业务。

发卡业务，是指发卡银行基于对客户的评估结果，与符合条件的客户签约发放信用卡并提供的相关银行服务。发卡业务包括营销推广、审批授信、卡片制作发放、交易授权、交易处理、交易监测、资金结算、账务处理、争议处理、增值服务和欠款催收等业务环节。

收单业务，是指商业银行为商户等提供的受理信用卡，并完成相关资金结算的服务。收单业务包括商户资质审核、商户培训、受理终端安装维护管理、获取交易授权、处理交易信息、交易监测、资金垫付、资金结算、争议处理和增值服务等业务环节。

发卡银行应当对信用卡申请人开展资信调查，充分核实并完整记录申请人有效身份、财务状况、消费和信贷记录等信息，并确认申请人拥有的固定工作、稳定的收入来源或可靠的还款保障。银行为符合条件的申领人开立信用卡存款账户，并发给信用卡。发卡银行不得向未满十八周岁的客户核发信用卡（附属卡除外）。发卡银行应当建立信用卡激活操作规程，激活前应当对信用卡持卡人身份信息进行核对。信用卡未经持卡人激活，不得扣收任何费用。

单位卡账户的资金一律从其基本存款账户转账存入，不得交存现金，不得将销货收入的款项存入其账户。个人卡账户的资金以其持有的现金存入或以其工资性款项及属于个人的劳务报酬收入转账存入。严禁将单位的款项存入个人卡账户。持卡人可持信用卡在特约单位购物、消费。单位卡不得用于10万元以上的商品交易、劳务供应款项的结算。单位卡一律不得支取现金。

信用卡透支利息，自签单日或银行记账日起15日内按日息5‰计算，超过15日按日息10‰计算，超过30日或透支金额超过规定限额的，按日息15‰计算。透支计息不分段，按最后期限或者最高透支额的最高利率档次计息。免息期内不计利息，取现不享受免息期。

三、发行信用卡的核算

凡是申请办理信用卡的单位和个人，应向发行信用卡的银行填交信用卡申请书。经审查符合发卡条件批准发卡的，向申请人发出信用卡通知书，通知申请人到发卡行办理开户手续。持卡人领到信用卡后，应立即在卡的背面签上本人习惯的签名式样，签名后不得涂改。如果单位和个人在开卡时未交存存款和交纳年费，就不需要做会计分录。

四、凭信用卡存取现金的核算

持卡人凭信用卡存取现金时，应填写存现单或取现单，银行经审核无误后办理存取款手续。持卡人在同城或异地存取现金，经办行按规定标准收取费用。

1. 在发卡行存款

借：库存现金

　　贷：吸收存款——信用卡存款（持卡人户）——本金

2. 不在发卡行存款

非发卡行：

借：库存现金

　　贷：清算资金往来

发卡行：

借：清算资金往来

　　贷：吸收存款——信用卡存款（持卡人户）——本金

3. 在发卡行取款

借：贷款——短期贷款——信用卡透支（持卡人户）——本金

　　贷：库存现金

　　　　手续费及佣金收入

　　　　应交税费——应交增值税（销项税额）

4. 不在发卡行取款

非发卡行：

借：清算资金往来

　　贷：库存现金

　　　　手续费及佣金收入

　　　　应交税费——应交增值税（销项税额）

发卡行：

借：贷款——短期贷款——信用卡透支（持卡人户）——本金

　　贷：清算资金往来

［例4-12］建设银行××支行持卡人张明今日在ATM机取现金1 500元，手续费按取现金额0.2%收取，金融服务适用增值税税率为6%。建设银行××支行的会计分录为：

借：贷款——短期贷款——信用卡透支（张明）——本金　　　　1 503

　　贷：库存现金　　　　　　　　　　　　　　　　　　　　　1 500

　　　　手续费及佣金收入　　　　　　　　　　　　　　　　　2.83

　　　　应交税费——应交增值税（销项税额）　　　　　　　　0.17

五、凭信用卡直接消费的核算

信用卡在特约单位购物、消费时，持卡人应将信用卡交特约单位。经特约单位审查无误后打印签购单，由持卡人签名确认，将签购单回单联连同信用卡交还持卡人。每日营业终了，特约单位根据签购单汇总表填制汇计单，计算手续费和净计金额，连同签购单和进账单一并送交开户行办理转账。特约单位开户行收到上述单证，经审核无误后，应区别情况进行处理：

1. 收付款人在同一行处开户

借：贷款——短期贷款——信用卡透支（持卡人户）——本金

  贷：吸收存款——活期存款（特约单位户）——本金

     手续费及佣金收入

     应交税费——应交增值税（销项税额）

2. 收付款人不在同一行处开户

经办行：

借：清算资金往来

  贷：吸收存款——活期存款（特约单位户）——本金

     手续费及佣金收入

     应交税费——应交增值税（销项税额）

发卡行：

借：贷款——短期贷款——信用卡透支（持卡人户）——本金

  贷：清算资金往来

六、信用卡还款的核算

当持卡人的信用卡消费到达最后还款日期时，为了确保持卡人良好的信用记录，持卡人需要归还信用卡透支本息。还款后，信用卡额度即时恢复，款项一般在当天系统处理后，即可入账。开卡行在收到持卡人归还的款项时做会计分录如下：

借：库存现金

  或吸收存款——信用卡存款（持卡人户）——本金

  或清算资金往来

  贷：贷款——短期贷款——个人信用卡透支（持卡人户）——本金

     利息收入

     应交税费——应交增值税（销项税额）

第四节 其他支付工具的核算

除票据、信用卡支付工具外，目前银行客户使用的其他结算方式主要有现金支付、汇兑、委托收款、托收承付、定期借记、定期贷记等。此外，电子支付工具也越来越多地出现。

一、现金支付

在我国，现金主要是指流通中的现钞，是由中国人民银行依法发行流通的人民币，包括纸币和硬币。目前，在信用流通中共有1角、5角、1元、5元、10元、20元、50元、100元八种面额，其中1角、5角、1元有纸币、硬币两种。此外，人民银行每年还会根据一些重大题材，不定期地发行一定数量的可流通纪念币（钞）。现金基本上分布在城乡居民个人和企事业单位手中，只有极少部分现金流到国外。

在我国，现金交易大部分发生在储蓄存取款、消费性现金支出，农副产品收购现金支出等。进入20世纪90年代以来，储蓄现金支出成为现金支付的主渠道。客户主要利用三种方式提取现金：一是使用储蓄存折或储蓄卡从各商业银行储蓄网点支取现金；二是使用银行卡在自动柜员机（ATM）上提取现金；三是通过签发支票提取现金。

二、汇兑业务的核算

汇兑是汇款人委托银行将其款项支付给收款人的结算方式。分为信汇和电汇两种，汇款人可根据需要选用。由于汇兑结算手续简便，不受金额起点限制，长期以来一直是银行异地汇划资金的主要结算方式之一。

（一）汇兑结算的有关规定

（1）单位和个人异地结算各种款项均可使用。

（2）汇款人可将款项直接汇给收款人，也可申请留行待取。

（3）汇兑按凭证传递方式的不同，分为信汇、电汇两种。

（4）未在银行开立账户的收款人，银行应以收款人的名义开立应解汇款及临时存款账户，只付不收，付完清户，不计利息。

（5）汇款人对款项可以撤销、退汇，汇入行对收款人拒收的汇款应主动办理退汇。

（二）信汇的核算

信汇是指汇款人委托银行以邮寄凭证的方式通知汇入行付款的一种结算方式。

1. 汇出行的核算

汇款人办理信汇时，应向银行填制一式四联信汇凭证。第一联为汇出行给汇款人的回单，第二联由汇出行做支款凭证，第三联由汇入行做收款凭证，第四联由汇入行给收款人做收账通知或取款凭证。汇出行受理信汇凭证后，经审核无误办理转账，汇出行的会计分录为：

借：吸收存款——活期存款（汇款人户）——本金

　　或库存现金

　　贷：清算资金往来

　　　　手续费及佣金收入

　　　　应交税费——应交增值税（销项税额）

2. 汇入行的核算

汇入行收到有关单证，经审核无误后予以入账。汇入行的会计分录为：

（1）直接收账

借：清算资金往来

　　贷：吸收存款——活期存款（收款人户）——本金

（2）不直接收账

借：清算资金往来

　　贷：应解汇款

（三）电汇的核算

电汇是指汇款人委托银行以拍发电报或通过计算机网络电子汇款的方式通知汇入行付款的一种结算方式。电汇的会计处理同信汇。

三、托收承付的核算

托收承付是收款人根据购销合同发货后，委托银行向异地付款人收取款项，由付款人向银行承认付款的一种结算方式。

（一）托收承付结算的有关规定

（1）使用托收承付结算方式的收、付款单位必须是国有企业、供销合作社以及经营管理较好并经开户银行审查同意的城乡集体所有制工业企业。

（2）办理托收承付的款项必须是商品交易以及因商品交易而产生的劳务供应的款项，代销、寄销、赊销商品的款项不得办理托收承付结算。

（3）结算金额起点为 10 000 元，新华书店系统每笔的金额起点为 1 000 元。

（4）托收承付结算款项的划回方式分为邮划和电划两种，由收款人选用。

（二）托收承付的核算

1. 托收阶段

收款人填制托收承付结算凭证一式五联，连同有关单证一起提交开户银行。

银行审核无误后，第一联加盖业务公章退还收款人，第二联专夹保管，其余各联及有关单证一并寄交付款人开户行。

2. 承付阶段

付款人开户行收到有关单证，经审查无误后，在凭证上填注收到日期和承付期限，及时通知付款人。承付期分验单付款（3天）和验货付款（10天）两种。

付款人开户行的会计分录为：

（1）全额付款。

借：吸收存款——活期存款（付款人户）——本金

　　贷：清算资金往来

（2）提前承付，处理同上。

（3）部分付款。

付款的处理同上，此外要计算赔偿金。

赔偿金＝延期支付金额×延期支付天数×赔偿金率

（4）逾期付款。

付款人开户行要随时掌握付款人账户余额，等到有款时再将逾期付款的金额和赔偿金一并划给收款人，赔偿金的金额同上。

（5）拒绝付款。

付款人出具"拒付理由书"，由银行审查，分为全部拒付和部分拒付。对无理拒付要强制扣款，对符合规定同意拒付，将拒付理由书、拒付证明连同有关单证一并寄交收款人开户行。如果是部分拒付，还要办理划款手续。

收款人开户行的会计分录为：

①全额划回（正常或逾期）。

借：清算资金往来

　　贷：吸收存款——活期存款（收款人户）——本金

②无款支付。

将托收承付结算凭证、无款支付通知及有关单证退收款人。

③拒绝付款。

将托收承付结算凭证、拒付理由书、拒付证明连同有关单证退收款人。

［例4-13］工商银行上海某支行收到建设银行海南某支行寄来异地托收承付凭证一份，金额200 000元，6月18日（周三）承付期满，因付款单位上海美饰公司账户资金不足，6月19日上午营业时，只能支付10万元，6月24日支付6万元，6月30日才全部付清。

要求：计算赔偿金并做出相关账务处理。

（1）6月19日

借：吸收存款——活期存款（上海美饰公司）——本金　　　　100 000

　　贷：清算资金往来　　　　　　　　　　　　　　　　　　　　　100 000

（2）6月24日

借：吸收存款——活期存款（上海美饰公司）——本金　　　　60 000

　　贷：清算资金往来　　　　　　　　　　　　　　　　　　　　　60 000

赔偿金＝延期支付金额×延期支付天数×赔偿金率

　　　　＝100 000×5×5‰＋40 000×6×5‰＝370（元）

（3）6月30日

借：吸收存款——活期存款（上海美饰公司）——本金　　　　40 370

　　贷：清算资金往来　　　　　　　　　　　　　　　　　　　　　40 370

四、委托收款的核算

委托收款是收款人委托银行向付款人收取款项的结算方式。单位和个人凭已承兑的商业汇票、债券、存单等付款人债务证明办理款项的结算，均可以使用委托收款结算方式。

（一）委托收款的有关规定

（1）委托收款在同城和异地均可使用。

（2）单位和个人均可以使用。

（3）委托收款结算款项的划回方式分为邮寄和电报两种，由收款人选用。

（4）无金额起点限制。

（二）委托收款的核算

（1）收款人办理委托收款时，应填制委托收款凭证一式五联，连同付款人的有关债务证明提交开户银行。经银行审核无误后，第一联加盖业务公章退还收款人，第二联专夹保管，其余各联及有关债务证明一并寄交付款人开户行。

（2）付款人开户行收到收款人开户行寄来的第三、四、五联委托收款凭证及有关债务证明经审核无误后，按规定付款，将第三联委托收款凭证作为借方传票，第四联委托收款凭证填注支付日期后寄交收款人开户行，第五联为付款通知。会计分录为：

借：吸收存款——活期存款（付款人户）——本金

　　贷：清算资金往来

（3）收款人开户行接到付款人开户行寄来的第四联委托收款凭证，与留存的第二联托收凭证进行核对后办理转账，第二联托收凭证作为贷方传票，将第四联委托收款凭证加盖转讫章作为收账通知交给收款人。会计分录为：

借：清算资金往来

贷：吸收存款——活期存款（收款人户）——本金

（4）如果付款期满时，付款人账户上没有足够的资金支付，即按无款支付处理。付款人开户行在委托收款凭证和登记簿上注明退回日期和"无款支付"字样，并填制未付款项通知书，连同第四联委托收款凭证寄交收款人开户行。收款人开户行收到上述单证，经审核无误后通知收款人办理退单手续。

五、电子支付

电子支付是指单位、个人直接或授权他人通过电子终端①发出支付指令，实现货币支付与资金转移的行为。电子支付工具从其基本形态上看是电子数据，它以金融电子化网络为基础，通过计算机网络系统以传输电子信息的方式实现支付功能，可以方便地实现现金存取、汇兑、直接消费和贷款等功能。

电子支付的类型按电子支付指令发起方式分为网上支付、电话支付、移动支付、销售点终端交易、自动柜员机交易和其他电子支付。电子支付指令与纸质支付凭证可以相互转换，二者具有同等效力。

网上支付是指人们通过互联网完成支付的行为和过程，通常情况下仍然需要银行作为中介。在典型的网上支付模式中，银行建立支付网关和网上支付系统，为客户提供网上支付服务。网上支付指令在银行后台进行处理，并通过传统支付系统完成跨行交易的清算和结算。在传统的支付系统中，银行是系统的参与者，客户很少主动地参与到系统中；而对于网上支付系统来说，客户成为系统的主动参与者，这从根本上改变了支付系统的结构。常见的网上支付模式有网银模式、银行支付网关模式、共建支付网关模式和 IT 公司支付模式。

移动支付是指利用移动电话采取编发短信息和拨打某个号码的方式实现支付。手机支付系统主要涉及三方：消费者、商家及无线运营商，所以手机支付系统大致可分三个部分，即消费者前端消费系统、商家管理系统和无线运营商综合管理系统。消费者前端消费系统保证消费者顺利地购买到所需的产品和服务，并可随时观察消费明细账、余额等信息；商家管理系统可以随时查看销售数据以及利润分成情况；无线运营商综合管理系统是手机支付系统中最复杂的部分，包括两个重要子系统：鉴权系统和计费系统，它既要对消费者的权限、账户进行审核，又要对商家提供的服务和产品进行监督，看其是否符合所在国家的法律规定。

---

① "电子终端"，是指客户可用以发出电子支付指令的计算机、电话、销售点终端、自动柜员机、移动通信工具或其他电子设备。

　　近年来，支付工具电子化趋势明显，电子商业汇票应用方兴未艾，银行卡普及率和创新能力不断提高，预付卡、互联网支付、移动支付发展迅猛；支付服务市场竞争激烈，支付机构参与支付服务市场丰富了以银行业金融机构为基础的支付服务主体格局；现代信息技术在支付领域广泛应用，支付信息安全的重要性愈发突出；支付结算系统的相互依赖性不断加深，支付体系复杂性增强，支付体系监管面临新的挑战。

 复习思考题

1. 我国的支付体系由哪几部分组成？
2. 支票是如何核算的？
3. 银行汇票是如何核算的？
4. 商业承兑汇票和银行承兑汇票在核算上有何区别？
5. 银行本票是如何核算的？
6. 信用卡在同城和在异地的核算有何区别？
7. 电子支付工具未来的发展方向如何？

第四章习题　　　　　　第四章答案

第五章　往来业务的核算

本章重点

1. 大额实时与小额批量支付系统的业务流程和会计处理。
2. 资金汇划清算系统的原则和会计处理。
3. 同城票据交换的基本做法及其会计处理。
4. 商业银行向人民银行缴存准备金、借款、再贴现的会计处理。
5. 异地跨系统汇划款项和同业拆借的会计处理。

引导案例

　　在国际金融市场上，运用最广的基准利率是伦敦银行间同业拆借利率（LIBOR）。2008 年国际金融危机以来，各国同业拆借市场有所萎缩，LIBOR 报价的参考基础弱化。尤其是在国际金融危机期间爆发多起报价操纵案，严重削弱了 LIBOR 的市场公信力。此后 LIBOR 管理机构推出了一系列改革举措，但仍未获得市场广泛认可。2017 年英国金融行为监管局（FCA）宣布，2021 年年底后将不再强制要求报价行报出 LIBOR。这意味着届时 LIBOR 或将退出市场。

　　为应对 LIBOR 退出，各主要发达经济体积极推进基准利率改革，目前已基本完成替代基准利率的遴选工作。各经济体选定的新基准利率多为无风险基准利率（RFRs），由各经济体独立发布，均为实际成交利率，仅有单一的隔夜期限，且绝大多数由中央银行管理。例如，美国、英国、欧元区和日本分别选择了有担保隔夜融资利率（SOFR）、英镑隔夜平均指数（SONIA）、欧元短期利率（□STR）和日元无担保隔夜拆借利率（TONA）。

中国境内一些银行开展了基于LIBOR定价的美元等外币业务，同样面临基准利率转换问题。中国人民银行积极参与国际基准利率改革，指导市场利率定价自律机制成立了专门工作组，主动开展研究。目前已明确境内涉及LIBOR等国际基准利率转换将借鉴国际共识和最佳实践，积极推动新的基准利率运用。根据这一总体思路，中国人民银行指导制定了境内基准转换的路线图和时间表，从参与新基准利率设计运用、推进新签合约基准利率转换、探索存量合约基准转换方案等方面入手，组织开展深入研究，指导相关银行尽早启动基准利率转换的各项准备工作。

思考： LIBOR作为运用最广的基准利率为什么会退出市场？市场公认的基准利率需要具备什么特征？

（参考资料：http://www.gov.cn/xinwen/2020-09/01/content_5538957.htm 人民银行网站）

第一节　支付系统

支付系统是支撑各种支付工具应用、实现资金清算并完成资金转移的通道。银行业金融机构行内、行外的往来业务都离不开支付系统。目前，我国已初步建成以中国人民银行现代化支付系统为核心，银行业金融机构行内支付系统为基础，票据支付系统、银行卡支付系统为重要组成部分的支付清算网络体系，对加快社会资金周转，提高支付清算效率，促进国民经济健康平稳的发展发挥着越来越重要的作用。

一、现代化支付系统

（一）概念

现代化支付系统是中国人民银行按照我国支付清算需要，并利用现代计算机技术和通信网络开发建设的，能够高效、安全地处理各银行办理的异地、同城各种支付业务及其资金清算应用系统。中国人民银行通过建设现代化支付系统，逐步形成一个以中国现代化支付系统为核心，商业银行行内系统为基础，票据交换系统和银行卡支付系统并存，支撑多种支付工具的应用和满足社会各种经济活动支付需要的中国支付清算体系。

（二）构成

现代化支付系统主要由大额实时支付系统和小额批量支付系统两个业务应用系统以及清算账户管理系统和支付管理信息系统两个辅助支持系统组成，建有两级处理中心，即国家处理中心（NPC）和全国省会城市处理中心及深圳城市处理中心（CCPC）。国家处理中心（NPC）是负责支付系统的运行和管理，接收、转发各城市处理中心的支付指令，并对集中开设的清算账户进行资金清算和处理的机构。城市处理中心（CCPC）是主要负责支付指令的转发和接收，对本 CCPC 范围内的小额业务进行清分轧差的机构。

国家处理中心分别与各城市处理中心连接，其通信网络采用专用网络，以地面通信为主，卫星通信备份。它是各银行和货币市场的公共支付清算平台，是人民银行发挥其金融服务职能重要的核心支付系统。

1. 业务应用系统

（1）大额实时支付系统（HVPS）。

大额实时支付系统是以电子方式实时处理同城和异地的，每笔金额在规定起点以上的大额贷记支付业务和紧急的小额贷记支付业务的应用系统。支付指令实行逐笔实时发送、全额清算资金。

中国人民银行 2000 年 10 月启动大额实时支付系统的建设。该系统处理同城和异地、商业银行跨行之间和行内的大额贷记及紧急的小额贷记支付业务，处理人民银行系统的贷记支付业务。建设大额支付系统的目的，就是为了给各银行和广大企业单位以及金融市场提供快速、高效、安全、可靠的支付清算服务，防范支付风险。2005 年 6 月，中国人民银行完成了实时支付系统在全国的推广应用，取代全国电子联行系统，实现了我国异地跨行支付清算从手工联行到电子联行，再到现代化支付系统的跨越式发展和历史性飞跃。

（2）小额批量支付系统（BEPS）。

小额批量支付系统是以电子方式批量处理同城、异地纸质凭证截留的借记支付业务和每笔金额在规定起点以下的小额贷记支付业务的应用系统。"小额"是指规定金额以下的贷记支付业务和全部借记支付业务，目前设置的"规定金额"为 2 万元（含）。"批量"是指小额支付系统对业务进行组包并批量发送，除实时贷记业务包和实时借记业务包每包限一笔业务外，其他业务包每包业务不超 2 000 笔。支付指令实行定时批量或即时发送，轧差净额清算资金。

2005 年 1 月，中国人民银行启动了小额批量支付系统的建设。该系统处理同城和异地纸质凭证截留的商业银行跨行之间的定期借记和定期贷记支付业务，中央银行会计和国库部门办理的借记支付业务以及每笔金额在规定起点以下的小额贷记支付业务。建设小额批量支付系统的目的，是为社会提供低成本、大业务量的支付清算服务，支撑各种支付业务的使用，满足社会各种经济活动的需要。2006 年 6 月，中国人民银行完成了小额批量支付系统在全国的推广建设。小额批量支付系统支撑各种支付工具的使用，满足社会经济发展多样化的需要，能有效地促进社会公共支付水平的提高。

2. 辅助支持系统

（1）清算账户管理系统（SAPS）。

清算账户管理系统是支付系统的支持系统，集中存储清算账户，处理支付业务的资金清算，并对清算账户进行管理。

（2）支付管理信息系统（PMIS）。

支付管理信息系统是支付系统的支持系统，集中管理支付系统的基础数据，负责行名行号、应用软件的下载，提供支付业务的查询查复、报表统计分析和计费服务等。

（三）支付系统的参与人

发起人：支付业务的最初发起单位或个人（指法人或自然人）。

发起行：向支付系统提交支付业务并进行账务处理的银行和城市信用社、农村信用社。

发起清算行：在国家处理中心开设账户的直接参与者，其账户用于发起人、发起行和自身发起支付业务的资金清算和账务处理。

发报中心：接收并向国家处理中心发送支付指令的城市处理中心。

收报中心：接收国家处理中心发来的支付指令并向接收行转发的城市处理中心。

接收清算行：在国家处理中心开设账户的直接参与者，其账户用于接收行、接收人和自身接收支付业务的资金清算和账务处理。

接收行：接收收报中心或清算行发来的支付指令，并进行账务处理的银行和城市信用合作社、农村信用合作社。

接收人：支付业务的最后接收单位或个人。

（四）大额实时支付系统业务的核算

大额实时支付系统业务包括往账业务和来账业务。往账业务是指银行根据发起人提交的原始凭证及要求，使用结算类交易，完成大额支付业务往账的资金清算账务处理。业务系统将规定格式标准的支付报文实时发往前置机系统，由前置机系统自动逐笔加编地方密押后发送发报中心，待国家处理中心清算资金后接收回执，系统根据回执更新业务系统的报文状态。系统定时自动接收大额支付业务来账报文，大额来账报文处理有系统自动入账和人工干预入账两种模式。业务主办根据系统提示核查来账，不符合系统自动入账条件的大额支付来账报文，系统转为人工处理。

根据大额支付系统规定，同属一个清算中心的营业机构之间不能通过支付系统办理大额支付业务。大额实时支付系统业务流程如图 5-1 所示。

1. 大额支付业务往账的核算

业务经办受理发起人提交的原始凭证，按照支付结算办法规定完成原始凭证的审核，选择"大额实时"邮路，完成结算业务记账处理。会计分录为：

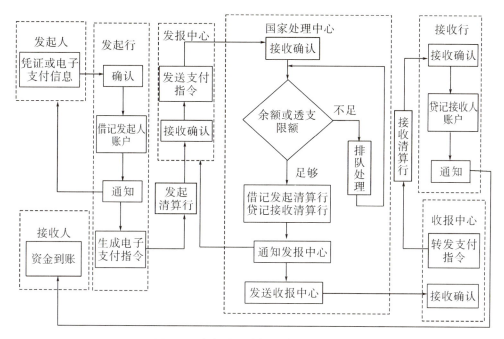

图 5-1 大额实时支付系统业务流程图

发起行，

借：吸收存款等

　　贷：存放分行清算备付金户

分行清算中心，

借：××支行清算备付金户

　　贷：存放中央银行款项——大额实时

2. 大额支付业务来账的核算

系统对于收款账号为对公活期账户及理财卡，且收款人账号户名与系统完全相符、账户状态正常的大额支付来账，系统自动入账。支付业务来账报文不符合自动入账条件时，业务主办选择手工入账处理，来账支付序号是来账业务唯一的标识。会计分录为：

分行清算中心，

借：存放中央银行款项——大额实时

　　贷：××支行清算备付金户

接收行，

借：存放分行清算备付金户

　　贷：吸收存款等

3. 大额实时支付业务日终对账

直接参与者每日必须与人民银行大额支付系统对账，该交易的使用权限归属直接参与者（即总行或分行清算中心）。对账日期是当日，必须在支付系统日终处理阶段才能发起该交易，该交易可以重复启用，直至对账相符。清算中心应该将对账相符的各类清单与当日凭证一起装订成册。

（五）小额批量支付系统业务的核算

小额批量支付系统具有处理业务种类多、业务量大、业务处理流程复杂等特点。小额批量支付系统业务"24 小时运行，逐笔（批量）发起，组包发送，实时传输，双边轧差，定时清算"。同城、异地业务分别在当地 CCPC 及 NPC 逐包双边轧差，CCPC 负责对同城小额支付业务进行轧差处理，NPC 负责对异地小额支付业务进行轧差处理。日间清算场次（时点）分别由 NPC、CCPC 根据需要灵活调整，即时生效。CCPC 和 NPC 每场轧差净额在规定的提交清算时间实时送交 SAPS 清算，系统支持每日 N 次清算。小额批量支付系统业务流程如图 5-2 所示。

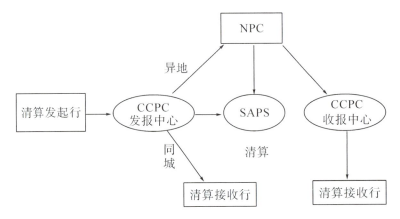

图 5-2　小额批量支付系统业务流程图

1. 基本业务处理模式

（1）贷记业务。普通贷记业务主要包括规定金额以下的汇兑、委托收款（划回）、托收承付（划回）、行间转账以及国库汇划款项等主动汇款业务。定期贷记业务为当事各方按照事先签订的协议，定期发生的批量付款业务，如代付工资、保险金等，其业务特点是单个付款人同时付款给多个收款人。实时贷记业务是指付款人委托其开户银行发起的，将确定款项实时划拨到指定收款人账户的业务，主要包括跨行个人储蓄通存、国库实时缴税等业务。

小额批量支付系统接收付款（清算）行提交的贷记业务，纳入双边轧差处理并实时转发至收款（清算）行。贷记业务包括实时处理和批量处理两种模式。

（2）借记业务。普通借记业务为收款人发起的借记付款人账户的业务，包括银行机构间的借记业务、国库借记汇划业务等。定期借记业务为当事各方按照事先签订的协议，定期发生的批量扣款业务，如收款单位委托其开户银行收取水电煤气等公用事业费用，其业务特点是单个收款人向多个付款人同时收款。实时借记业务是收款人发起的实时借记付款人账户的业务，主要包括跨行个人储蓄通兑、国库实时扣税等业务。

小额批量支付系统接收收款（清算）行提交的借记业务，转发至付款（清算）行；付款（清算）行在规定时间内向支付系统返回借记业务处理情况的回执信息；小额批量支付系统将回执信息纳入双边轧差处理后，将回执信息转发收款（清算）行。借记业务包括实时处理和批量处理两种模式。

（3）信息业务。信息业务，指支付系统参与者间相互发起和接收的，不需要支付系统提供清算服务的信息数据。参与者之间通过支付系统传输各类专用或通用信息。

2. 轧差的业务处理

（1）对于本行发出的支付业务包的轧差处理。本行发出的支付业务包（含贷记业务包、借记业务回执包、贷记退回包），经过 CCPC（同城业务）或 NPC（异地业务）的检查后，行内系统将根据 CCPC 或 NPC 返回的"已轧差"的通知修改该包的处理状态为"成功（已轧差）"，登记轧差日期、轧差节点、轧差场次，并对明细业务进行相应的处理。

（2）对于本行接收的支付业务包的轧差处理同上。

（3）已轧差的净额原则上纳入当日清算。如果该清算场次本行为借方轧差净额，会计分录为：

借：存放中央银行款项——小额批量

　　贷：清算资金往来——小额批量资金清算

如果该清算场次本行为贷方轧差净额，会计分录为：

借：清算资金往来——小额批量资金清算

　　贷：存放中央银行款项——小额批量

3. 小额支付业务日终核对

为确保业务系统处理的小额支付业务与小额批量支付系统的一致性，业务处理系统需要与小额批量支付系统进行当日业务核对，如果核对不符，以小额批量支付系统的数据为准进行调整，确保存放人行备付金账户与业务处理结果相匹配；并保证在日切时点上本行处于清算状态的业务与 NPC 或 CCPC 处理结果一致。

二、银行业金融机构行内支付系统

银行业金融机构行内支付系统作为银行业金融机构综合业务处理系统的重要组成部分，是其内部资金往来与资金清算的渠道，是其拓展支付服务市场，提升市场竞争能力的重要设施，在支付系统中居于基础地位。

财税 36 号文附件 3《营业税改征增值税试点过渡政策的规定》对同一银行系统内部不同行、处之间所发生的资金账务往来业务所产生的利息收入暂免征收增值税。

系统内资金清算实行总行集中管理，总行、分行、支行三级清算方式。各支行在所属分行开立备付金账户，各分行在总行开立备付金账户，通过系统总行可对不同分行头寸进行监控和管理，分行可对本行头寸进行调节。各级行逐级在上级行对开系统内备付金账户，用于系统内资金往来和资金清算。

（一）资金汇划清算系统概述

资金汇划清算系统是办理银行业金融机构行内支付的重要应用系统，基本内容如下：

（1）实存资金。各级机构在上级行开立备付金存款账户，存入资金用于汇划款项的清算。

（2）实时清算。各经办行发生的汇划业务，由系统实时更新其在上级行的备付金存款账户余额。

（3）头寸控制。各级机构应合理控制其在上级行的备付金存款头寸，以满足资金清算需要。

（4）集中监督。总行清算中心对资金汇划业务、备付金存款账户和查询查复业务发生的情况进行管理和监督。

（二）基本规定

1. 资金汇划业务办理行由经办行、分行清算中心和总行清算中心组成

经办行是具体办理结算款项和内部资金划转业务的机构。汇划业务的发生行为发报行，汇划业务的接收行为收报行。分行清算中心是办理其辖属资金汇划款项及跨行业务的本外币资金清算的机构。总行清算中心是办理系统内各分行级清算机构之间及跨行业务的本外币资金汇划清算业务管理的部门。

资金汇划清算系统业务流程如图5-3所示。

图5-3　资金汇划清算系统流程图

2. 资金汇划清算系统处理的业务范围

（1）人民币系统内结算业务，包括汇兑、托收承付、委托收款（含商业汇票、国内信用证、个人业务委托收款等）、系统内银行汇票的解兑，对公、储蓄通存通兑，银行卡行内业务等资金清算；

（2）外币资金汇划清算业务，包括境内、境外汇款及外币储蓄通存通兑的清算；

（3）内部往来资金及其他经总行批准的业务资金的划转；

（4）查询查复业务。

（三）会计科目设置

1. "系统内上存款项"科目

"系统内上存款项"为资产类科目，反映各清算行存放在总行的清算备付金存款、省区分行在总行的备付金存款以及二级分行存放在省区分行的调拨资金。该科目为省区分行、直辖市分行、总行直属分行、二级分行使用，余额反映在借方。

2. "系统内款项存放"科目

"系统内款项存放"为负债类科目，反映各清算行存放在总行的清算备付金存款、省区分行在总行的备付金存款以及二级分行存放在省区分行的调拨资金。该科目为总行、省区分行使用，余额反映在贷方。

3. "辖内往来"科目

"辖内往来"为资产负债共同类科目，反映系统内各经办行与清算行往来款项的清算情况，余额轧差反映。

（四）资金汇划清算的核算

1. 发报经办行的处理

借：吸收存款——活期存款（付款单位）——本金

　　贷：辖内往来

2. 发报清算行的处理

借：辖内往来

　　贷：系统内上存款项——上存总行备付金户

3. 总行清算中心的处理

借：系统内款项存放——发报清算行备付金户

　　贷：系统内款项存放——收报清算行备付金户

4. 收报清算行的处理

借：系统内上存款项——上存总行备付金户

　　贷：辖内往来

5. 收报经办行的处理

借：辖内往来

　　贷：吸收存款——活期存款（收款单位）——本金

三、票据支付系统

票据支付系统是中国人民银行建设运营的同城票据清算系统（含同城票据交换所）、全国支票影像交换系统的统称。我国现代支付系统建成后，传统的同城票据交换系统仍有一定市场空间。两个系统在现阶段还各自表现出不同的优势，因而将分别拥有不同的客户群体，也将在一定时期内相互依存，互为补充，共同构成资金支付清算体系不可或缺的组成部分。

（一）同城票据交换

同城票据交换是指同一城市（区域）的各商业银行定时定点集中交换相互代收代付的票据，及时处理账务并清算存欠，是实现同城行处往来的重要手段。同城票据交换系统可以处理所有同城资金清算业务。目前同城票据交换向"区域票据交换中心"转变（如京津票据交换区包括北京、天津、唐山等城市；上海票据交换区包括上海及苏州等周边地区）。

1. 同城票据交换的基本规定

同城有关商业银行间进行的票据交换清算，一般由人民银行通过设立票据交换所统一组织；当地未有人民银行机构的，一般由人民银行委托当地某商业银行组织。参加票据交换清算的行处一般是同城内的有关商业银行。

进行票据交换的具体场次和时间，需根据各地的具体情况而定。一般在大中城市，每天进行两次，上午和下午各一场；在中小城市进行一次。票据交换分"提出行""提入行"两个系统处理，一般参加交换的行处，既是"提出行"又是"提入行"。"提出行"是向他行提交票据的行处，"提入行"是接受他行提交票据的行处。

提出交换的票据分借方票据（代付/应收票据）和贷方票据（代收/应付票据）两种。提出的借方票据和提入的贷方票据是指付款单位在他行开户，收款单位在本行开户的票据；提出的贷方票据和提入的借方票据是指收款单位在他行开户，付款单位在本行开户的票据。

2. 同城票据交换的具体做法

（1）交换数据和交换票据提出。

①交换场次切换。每个交易日开始前，同城票据交换经办将交换场次、交换日期切换到本场次。

②交换数据登记。柜员办理各种同城转账业务时，选择相关交易中的同城邮路，系统自动登记交换提出数据信息，发生错账可进行冲正，系统自动冲掉该笔交换提出数据信息。发生交换提回退票时，系统自动登记交换提出数据信息。

③交换数据核查。同城票据交换经办在切换交换场次后，即可进行本交换场次提出的交换电子数据核查工作。核查时发现数据有误或不全，进行数据更改或进行

数据补充登记操作。

④交换数据提出。同城票据交换经办在提出交换数据前，按交换提出数据核查顺序打印出本场次提出的票据明细清单，进行数据核查确认，直至本场次的交换提出数据全部核查确认通过。在确认本场次交换提出数据全部核查通过后，按各提入行号分别打印出本场次交换计数单，按提入行号汇总打印出本场次交换提出汇总清单。在确认本场次交换提出业务正确后，进行数据提交处理。

⑤交换票据提出。交换计数单、交换汇总清单与提出票据核对相符后，若本机构有参加人民银行票据交换的，则可直接提出票据；否则，可委托其代理交换机构提出票据。

（2）交换数据和交换票据提入。

①若本交易机构安装有人民银行统一规定的同城票据交换应用软件，可通过该软件从人民银行交换中心提入电子数据，分提入代收、代付数据以及清算差额表等。

②若本交易机构未安装人民银行统一规定的同城票据交换应用软件，则可通过其代理交换机构，从人民银行交换中心提入电子数据，并由其代理交换机构清分其提入代收、代付数据以及清算差额表等。

③提入电子数据后，按当地人民银行票据交换制度有关规定，各交易机构可以根据提入代收电子数据清单进行入账处理；对提入代付电子数据，具备支付密码条件的，可以根据提入代付电子数据清单进行入账处理。同城票据交换经办打印出交换提入清单和交换提入汇总清单，与交换提入票据、计数单核对相符。

④交换票据提入。本交易机构从人民银行交换中心或其代理交换机构提入票据后，按当地人民银行票据交换制度有关规定，允许提入电子数据入账的，则按提入电子数据入账要求处理，对入账清单与交换提入票据不相符的，则应该给予退票或冲正处理。

3. 同城票据交换的核算

（1）提出票据的处理。各参加票据交换的行处按规定的交换场次和时间参加票据交换时，应将提出的代收、代付的票据，按提入行分别填制一式二联的"票据交换贷方汇总表"和"票据交换借方汇总表"，一联与所提出的票据一并提出交换，另一联留存作为传票或传票附件。经核对无误后，进行账务处理。

①提出借方票据（支票、银行汇票、本票及商业汇票等），本行为收款行，他行为付款行。会计分录为：

借：清算资金往来——同城票据清算
　　贷：吸收存款——活期存款（收款人户）

②提出贷方票据（如单位提交的缴税凭证、水电费交费凭证等），本行为付款行，他行为收款行。会计分录为：

借：吸收存款——活期存款（付款人户）
　　贷：清算资金往来——同城票据清算

（2）提入票据的处理。

各行在将提出的票据交换给各提入行后，同时也向他行提入票据。应分别加计提入票据的应收、应付款金额合计。经核对无误后，进行账务处理。

①提入借方票据时，他行为收款行，本行为付款行。会计分录为：

借：吸收存款——活期存款（付款人户）

　　贷：清算资金往来——同城票据清算

②提入贷方票据时，他行为付款行，本行为收款行。会计分录为：

借：清算资金往来——同城票据清算

　　贷：吸收存款——活期存款（收款人户）

（3）清算差额的处理。

票据交换所收齐各参加交换的行处交来的代付、代收票据数据后，通过计算机进行分类汇总，并轧计出各参加交换的行处本场次票据交换中应收、应付款金额以及应收、应付款差额，并与各参加交换的行处进行核对。各应付差额行必须如数开具准备金存款户支款凭证，各应收差额行则必须填送存款凭证，人民银行根据各行提交的支款凭证和存款凭证办理转账。

（1）应付差额行转账的会计处理。

借：清算资金往来——同城票据清算

　　贷：存放中央银行款项

（2）应收差额行转账的会计处理。

借：存放中央银行款项

　　贷：清算资金往来——同城票据清算

［例5-1］表5-1是××市2021年11月20日同城票据交换的部分数据。

表5-1　××市2021年11月20日同城票据交换表　　　　单位：万元

票据内容		交换行处		
		工商银行	农业银行	中国银行
提出票据	本行应付	43 800	226 500	251 000
	本行应收	221 000	410 800	267 000
提入票据	本行应付	306 000	296 000	101 500
	本行应收	107 000	163 200	55 800
交换差额	应付差额	21 800		29 700
	应收差额		51 500	

要求：根据表5-1分别做出三个银行有关票据交换轧差的账务处理。

（1）工商银行

借：清算资金往来——同城票据清算　　　　　　　　　　　218 000 000

　　贷：存放中央银行款项　　　　　　　　　　　　　　　　　218 000 000

（2）农业银行

借：存放中央银行款项　　　　　　　　　　　　　　　515 000 000

　　贷：清算资金往来——同城票据清算　　　　　　　515 000 000

（3）中国银行

借：清算资金往来——同城票据清算　　　　　　　　　297 000 000

　　贷：存放中央银行款项　　　　　　　　　　　　　297 000 000

（二）全国支票影像交换系统

全国支票影像交换系统是基于影像技术将实物支票截留转换为支票影像信息，传递至出票人开户银行提示付款的支票清算系统。它是中国人民银行继大额、小额支付系统建成后的又一重要金融基础设施。支票影像交换系统定位于处理银行机构跨行和行内的支票影像信息交换，其资金清算通过中国人民银行覆盖全国的小额支付系统处理。

与传统支票业务处理流程相比，通过影像交换系统处理，支票在交易主体间的流通转让环节并未发生变化，主要是银行间的支票传递和清算环节发生了变化。主要体现在以下三个方面：一是支票在银行间的传递由实物票据交换转换为系统传输电子信息和影像信息。二是支票核验付款由出票人开户行根据实物支票核验付款转换为根据支票影像信息核验付款。三是银行间的资金清算由同城票据交换系统完成转换为由小额支付系统完成。

2006 年 12 月 18 日，支票影像交换系统在北京、天津、上海、河北、广东和深圳六省（市）成功试点运行。在此基础上，2007 年 6 月 25 日，中国人民银行完成支票影像交换系统在全国的推广建设。

四、银行卡支付系统

银行卡支付系统由银行卡跨行支付系统及发卡银行行内银行卡支付系统组成。经过近几年的发展，我国已形成以中国银联银行卡跨行支付系统为主干，连接各发卡银行行内银行卡支付系统的银行卡支付网络架构，是银行卡支付体系的重要基础设施，实现了银行卡的联网通用，促进了银行卡的广泛应用。

银行卡跨行支付系统专门处理银行卡跨行交易信息转接和交易清算业务，由中国银联建设和运营，具有借记卡和信用卡、密码方式和签名方式共享系统资源等特点。2004 年 10 月，中国银联建成新一代银行卡跨行支付系统，为境内外人民币银行卡跨行业务的集中、高效处理提供了技术保障。2004 年 11 月 4 日，银行卡跨行支付系统成功接入中国人民银行大额实时支付系统，实现了银行卡跨行支付的即时清算，提高了银行卡跨行支付效率和控制资金清算风险的能力。

五、人民币跨境支付系统

为满足人民币跨境使用需求，进一步整合现有人民币跨境支付结算渠道和资源，提高人民币跨境支付结算效率，人民银行于 2012 年启动 CIPS 系统（一期）建设。2015 年 10 月 8 日，CIPS 系统（一期）成功上线运行，同步上线的有 19 家直接参与者和 176 家间接参与者，参与者范围覆盖 6 大洲 50 个国家和地区。CIPS 系统的建成运行标志着人民币国内支付和国际支付统筹兼顾的现代化支付体系建设取得重要进展，对推动人民币成为全球主要的支付货币、推进人民币成为特别提款权（SDR）篮子货币发挥了重要作用。

CIPS 系统按计划分期建设，一期系统上线后，系统功能不断完善，2018 年 5 月 2 日，CIPS 系统（二期）全面投产，符合要求的直接参与者同步上线。相较一期，CIPS 系统（二期）具备以下功能特点：

一是丰富结算模式。在实时全额结算模式基础上引入定时净额结算机制，实现流动性更为节约的混合结算机制，满足参与者的差异化需求。

二是支持金融市场业务。根据不同金融交易的资金结算需要，系统能够支持人民币付款、付款交割（DvP）结算、人民币对外币同步交收（PvP）、中央对手集中清算和其他跨境人民币交易结算等业务。

三是延长系统对外服务时间。系统运行时间由 5×12 小时延长至 5×24 小时+4 小时，全面覆盖全球各时区的金融市场，充分考虑境外参与者和其客户的当地人民币业务需求，支持当日结算。

四是拓展直接参与者类型。引入金融市场基础设施类直接参与者，明确不同类型参与者的准入条件，为引入更多境外直接参与者做好制度和业务准备。

五是进一步完善报文设计。增加报文类型和可扩展性，优化报文字段定义，便利参与者和相关部门进行合规管理。

六是建成 CIPS 系统备份系统。实现主系统向备份系统的实时数据复制，提高了 CIPS 系统的业务连续运行能力。

中国人民银行为 CIPS 在大额支付系统开立清算账户，反映所有 CIPS 直接参与者的共同权益。账户内资金属于所有 CIPS 直接参与者，依据直接参与者在 CIPS 中的账户余额享有权益。

第二节　商业银行与中央银行往来的核算

金融机构往来业务包括两部分内容：一是金融机构与中央银行之间发生的各种资金划拨、清算业务，本节仅介绍商业银行与中央银行之间的资金账务往来；二是

第五章 往来业务的核算

金融机构之间由于资金调拨、融通、汇划款项等业务引起的各类往来业务，此部分内容将在下节阐述。

财税 36 号文附件 3《营业税改征增值税试点过渡政策的规定》及财税 70 号文《关于金融机构同业往来等增值税政策的补充通知》规定：金融机构与中央银行所发生的资金往来业务，包括中央银行对一般金融机构贷款，以及中央银行对商业银行的再贴现、商业银行购买中央银行票据、与中央银行开展货币掉期和货币互存等资金往来业务产生的利息收入暂免征收增值税。

一、商业银行准备金存款账户的开立

存款准备金是指金融机构为保证客户提取存款和资金清算需要而准备的资金，金融机构按规定向中央银行缴纳的存款准备金占其存款总额的比例就是存款准备金率。商业银行与中央银行之间发生资金往来必须通过准备金存款账户实现资金划拨。通过准备金存款账户，商业银行可以办理系统内资金调拨、商业银行跨系统的资金清算和资金调剂、向人民银行办理借款与再贴现等业务。

商业银行的准备金包括支付准备金和法定准备金。支付准备金也称备付金，是保证日常资金支付的备用金。法定准备金是根据商业银行吸收存款的增减变化，按照法定比例，保留在中央银行的存款准备金。

各商业银行分支机构在中央银行开立的存款账户，属"备付金存款账户"，不用于考核法定存款准备金，仅用于向中央银行存取现金、资金调拨、资金清算和其他日常支付的款项，不允许透支。如果账户资金不足，可以通过向上级行调入资金或向同业拆借等方式及时补充。各商业银行的总行在中央银行开立的"准备金存款账户"，属于备付金和法定存款准备金合一的账户。该账户余额应大于（最低应等于）规定的法定存款准备金。

商业银行在中央银行开立准备金存款账户，商业银行用"存放中央银行款项"科目核算，该科目属于资产类，核算商业银行存放于中国人民银行的各种款项，包括业务资金的调拨、办理同城票据交换和异地跨系统资金汇划、提取或缴存现金等。中央银行用"××银行准备金存款"科目核算，该科目属于负债类。

二、向中央银行存取款项

商业银行向中央银行存取款项包括现金存取和转账存取。商业银行向人民银行缴存现金，人民银行直接交入发行库作为货币回笼，发行库的发行基金增加，商业银行库存现金减少，存款准备金增加。商业银行库存现金不足，向人民银行支取，人民银行从发行库出库，发行基金减少，商业银行库存现金增加，准备金存款减少。商业银行办理系统内资金调拨、异地结算转汇、票据交换清算、再贷款与再贴现、同业拆借、缴存财政性款项等业务，要通过准备金存款账户转账存取。

（1）通过准备金存款账户存入款项，商业银行的会计分录为：

借：存放中央银行款项

  贷：库存现金

   或有关科目

（2）通过准备金存款账户支取款项，商业银行的会计分录为：

借：库存现金

  或有关科目

  贷：存放中央银行款项

三、向中央银行缴存存款

按规定商业银行吸收的存款必须按一定比例存入中央银行，一般情况下不能动用。缴存存款的范围包括一般性存款和财政性存款。一般性存款包括吸收的机关团体存款、财政预算外存款、单位存款、个人储蓄存款及其他各项存款。各金融机构办理的委托、代理业务的负债项目减去资产项目后的贷方余额视同一般性存款。财政性存款主要是财政金库款项和政府财政拨给机关单位的经费以及其他特种公款等，包括国库存款和其他财政存款。目前我国一般性存款缴存比例 16.5%、财政性存款缴存比例 100%。

（一）缴存一般性存款的核算

缴存一般性存款也称缴存法定准备金，由各商业银行的法人统一缴存，人民银行对法定准备金则每日进行考核（限额管理）。各商业银行在每日营业终了，自下而上编制"一般存款余额表"，由法人统一汇总后报送人民银行。人民银行于每日营业终了按一般存款余额的一定比例考核法定准备金。日间，人民银行控制该账户不能发生透支；日终，该账户余额必须达到法定准备金的最低限标准。如果商业银行法人该准备金低于规定的缴存比例，人民银行对其不足部分处以罚款；未按时报送一般存款余额表的，责令其报送，逾期可处以 1 万以上 10 万以下罚款。

目前，各商业银行总行在央行的备付金账户和法定存款准备金账户是同一账户。在此情况下，只要确保其账户余额高于应缴法定存款准备金余额即可，而不必进行账务处理。

由于法定准备金是由商业银行总行统一向中央银行上缴的，因此，总行还要再按各一级分行一般性存款余额表计算其调增（减）额，向各一级分行收取（退回）法定存款准备金。由分行向总行、支行向分行缴纳的存款准备金称为二级准备金。二级准备金按旬调缴，其缴存范围同存款准备金，缴存比例由总行规定，根据多退少补的原则自动从各分行（支行）清算备付金账户划收划付。

（1）如果是补缴，会计分录为：

上级行，

借：系统内款项存放——备付金

　　贷：系统内款项存放——准备金

下级行，

借：存放系统内款项——准备金

　　贷：存放系统内款项——备付金

（2）如果是退还的情况，则上述会计分录借贷方向相反。

（二）缴存财政性存款的核算

财政性存款一般应全额划缴，根据本调整期各科目余额总数与上调整期各科目余额总数相对比，分别情况办理缴存或调减存款，会计分录为：

调增时：

借：存放中央银行款项——财政性存款户

　　贷：存放中央银行款项——准备金户

调减时：

借：存放中央银行款项——准备金户

　　贷：存放中央银行款项——财政性存款户

［例5-2］××市城市商业银行财政性存款各账户余额合计本期期末为 7 500 000 元，上期期末余额为 8 350 000 元；××市城市商业银行的会计分录为：

财政性存款缴存额 = 7 500 000-8 350 000 =-850 000（元）

借：存放中央银行款项——准备金户　　　　　　　　　　850 000

　　贷：存放中央银行款项——财政性存款户　　　　　　　　850 000

四、商业银行向中央银行借款

商业银行在执行信贷计划过程中，遇有资金不足，除了采取向上级行申请调入资金、同业间拆借和通过资金市场融通资金等手段外，还可向中央银行申请贷款。按照贷款的时间不同分为年度性贷款、季节性贷款、日拆性贷款。

商业银行向人民银行借款，可设置"向中央银行借款"科目，属于负债类，核算银行向中央银行借入的款项。本科目可按借款性质进行明细核算。企业应按实际收到的金额，借记"存放中央银行款项"科目，贷记本科目；归还借款做相反的会计分录。资产负债表日，应按计算确定的向中央银行借款的利息费用，借记"利息支出"科目，贷记"应付利息"科目。本科目期末贷方余额，反映企业尚未归还中央银行借款的余额。

（一）年度性贷款

年度性贷款，是中央银行用于解决商业银行因经济合理增长引起的年度性资金不足，而发放给商业银行在年度周转使用的贷款。年度性贷款一般为一年，最长不超过两年。商业银行向中央银行申请年度性贷款，一般限于省分行或二级分行，借入款后可在系统内拨给所属各行使用。

（1）贷款的发放。商业银行向中央银行申请贷款时，应填制一式五联借款凭证。经中央银行审核无误后，根据退回的第三联借款凭证办理转账。会计分录为：

借：存放中央银行款项

　　贷：向中央银行借款

（2）贷款的归还。贷款到期，商业银行归还时，应填制一式四联还款凭证交中央银行办理还款手续。经中央银行审核无误后，根据退回的第四联还款凭证及借据办理转账。会计分录为：

借：向中央银行借款

　　　利息支出——中央银行往来支出户

贷：存放中央银行款项

如果贷款银行在贷款到期后无款偿还，中央银行应于到期日将该笔贷款转入逾期贷款账户，并按规定标准计收逾期贷款利息，待商业银行存款账户有款支付时再一并扣收。

（二）季节性、日拆性贷款

中央银行季节性、日拆性贷款，是中央银行解决商业银行因信贷资金先支后收和存贷款季节性上升、下降等情况以及汇划款未达和清算资金不足等因素，造成临时性资金短缺，而发放给商业银行的贷款。季节性贷款一般为 2 个月，最长 4 个月。日拆性贷款一般为 10 天，最长 20 天。二者的会计核算与年度性贷款基本相同。

五、再贴现

再贴现是中央银行的三大货币政策工具（公开市场业务、再贴现、存款准备金）之一，是指商业银行以未到期的已贴现票据，向中央银行办理的贴现，是商业银行对票据债权的再转让。商业银行因办理票据贴现而引起资金不足，可以向中央银行申请再贴现，贴现期一般不超过 6 个月。

（一）再贴现金额的计算

商业银行将未到期已贴现的商业汇票提交给人民银行，人民银行按汇票金额扣除从再贴现之日起到汇票到期日止的利息后，向商业银行发放实付再贴现金额。计算公式如下：

再贴现利息=汇票金额×再贴现天数×日再贴现率

实付再贴现金额=汇票金额−再贴现利息

（二）会计科目设置

"贴现负债"为负债类科目，核算商业银行办理商业票据的再贴现、转贴现等业务所融入的资金。本科目可按贴现类别和贴现金融机构，分别按"面值""利息调整"进行明细核算。银行持贴现票据向其他金融机构转贴现，应按实际收到的金额，借记"存放中央银行款项"等科目，按贴现票据的票面金额，贷记本科目（面值），按其差额，借记本科目（利息调整）。资产负债表日，按计算确定的利息费用，借记"利息支出"科目，贷记本科目（利息调整）。贴现票据到期，应按贴现票据的票面金额，借记本科目（面值），按实际支付的金额，贷记"存放中央银行款项"等科目，按其差额，借记"利息支出"科目。存在利息调整的，也应同时结转。本科目期末贷方余额，反映商业银行办理的再贴现业务融入的资金。

（三）再贴现的账务处理

再贴现有买断式和回购式两种，其区别在于是否转移票据权利，转移票据权利的为买断式再贴现，不转移票据权利的为回购式再贴现。

1. 买断式再贴现

票据到期时，再贴现人民银行直接向付款人收款。付款人拒付或无款退回凭证时，人民银行从申请再贴现的商业银行账户收取，并将相关凭证交给申请再贴现的商业银行。商业银行的会计分录为：

（1）商业银行办理再贴现。

借：存放中央银行款项
　　　贴现负债——利息调整
　　贷：贴现负债——面值

（2）资产负债表日计算确定的利息费用。

借：利息支出
　　贷：贴现负债——利息调整

（3）再贴现到期时人行直接从付款人处收回资金。

借：贴现负债——面值
　　　利息支出
　　贷：贴现资产——面值
　　　　贴现负债——利息调整

（4）到期时付款人拒付人行从贴现商业银行收回资金。

借：贴现负债——面值
　　　利息支出
　　贷：存放中央银行款项
　　　　贴现负债——利息调整

2. 回购式再贴现

票据到期时，商业银行将票据购回并向付款人收款。付款人拒付或无款退回凭证时，商业银行向贴现申请人账户扣收。

（1）商业银行办理再贴现和资产负债表日的会计处理同买断式再贴现。

（2）再贴现到期时，商业银行向人民银行回购票据。

借：贴现负债——面值

　　利息支出

　　贷：存放中央银行款项

　　　　贴现负债——利息调整

（3）商业银行向付款人收回贴现票款。商业银行向付款人收回贴现票款的内容参见第四章，如果票据到期时付款人拒付，则从贴现申请人账户扣收。

［例5-3］中国银行××支行2021年3月2日持已贴现尚未到期的银行承兑汇票向人民银行申请再贴现，票面金额为300 000元，6月10日到期，再贴现率为5.94%。

要求：①中国银行××支行分别按买断式和回购式两种方式进行会计核算。②分别对票据到期时付款人全额付款和付款人拒付进行会计核算。

再贴现利息 = 300 000×100×5.94%÷360 = 4 950（元）

实付再贴现额 = 300 000 - 4 950 = 295 050（元）

（1）买断式再贴现。

①办理再贴现：

借：存放中央银行款项	295 050
贴现负债——利息调整	4 950
贷：贴现负债——面值	300 000

②再贴现到期时央行从付款人处收回资金：

借：贴现负债——面值	300 000
利息支出	4 950
贷：贴现资产——面值	300 000
贴现负债——利息调整	4 950

③付款人拒付，人民银行从贴现商业银行收回资金：

借：贴现负债——面值	300 000
利息支出	4 950
贷：存放中央银行款项	300 000
贴现负债——利息调整	4 950

（2）回购式再贴现。

①办理再贴现会计分录同前。

②再贴现到期时商业银行向央行回购票据。

借：贴现负债——面值   300 000

    利息支出   4 950

  贷：存放中央银行款项   300 000

      贴现负债——利息调整   4 950

③商业银行向付款人收回贴现票款的分录，略。

第三节　商业银行同业往来的核算

一、异地跨系统汇划款项的核算

商业银行跨系统的异地结算，可以通过人民银行现代化支付系统清算和转汇，也可以通过跨系统商业银行转汇。财税 36 号文附件 3《营业税改征增值税试点过渡政策的规定》及财税 70 号文《关于金融机构同业往来等增值税政策的补充通知》规定：同业存款、同业借款、同业代付、同业存单、转贴现业务等金融同业往来利息收入暂免征收增值税。本节介绍通过跨系统商业银行转汇的会计处理。

（一）会计科目设置

1. "存放同业"科目

"存放同业"为资产类科目，核算银行存放在境内、境外金融机构的存款。银行增加存款，借记本科目，贷记有关科目；减少存款做相反的会计分录。本科目可分别按"银行汇票""银行本票""信用卡""信用证保证金""存出投资款""外埠存款"等进行明细核算。本科目期末借方余额，反映银行持有的存放同业款项。

2. "同业存放"科目

"同业存放"为负债类科目，核算银行吸收的境内、境外金融机构的存款。本科目可按存放金融机构进行明细核算。银行增加存款，应按实际收到的金额，借记"存放中央银行款项"等科目，贷记本科目。减少存款做相反的会计分录。本科目期末贷方余额，反映银行吸收的同业存放款项。

（二）异地跨系统汇划款项的核算

（1）汇出行所在地为双设机构，采用先横后直的方法，如图 5-4 所示。双设机构是指汇出行所在地设有汇入行系统内的分支机构。

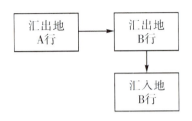

图 5-4 "先横后直"异地跨系统汇划款项

汇出行：

借：吸收存款——活期存款（付款人户）

　贷：同业存放

转汇行：

借：存放同业

　贷：辖内往来

汇入行：

借：辖内往来

　　贷：吸收存款——活期存款（收款人户）

（2）汇出行所在地为单设机构，汇入行所在地为双设机构，采用先直后横的方法，如图 5-5 所示。单设机构是指汇出行所在地没有汇入行系统内的分支机构。

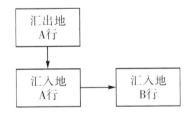

图 5-5 "先直后横"异地跨系统汇划款项

汇出行：

借：吸收存款——活期存款（付款人户）

　贷：辖内往来

转汇行：

借：辖内往来

　贷：同业存放

汇入行：

借：存放同业

　贷：吸收存款——活期存款（收款人户）

（3）汇出行、汇入行所在地均为单设机构，如图 5-6 所示，采用先直后横再直的方法。

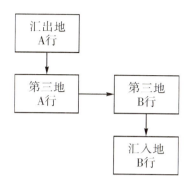

图 5-6 "先直后横再直"异地跨系统汇划款项

汇出行：

借：吸收存款——活期存款（付款人户）

　　贷：辖内往来

第三地联行：

借：辖内往来

　　贷：同业存放

第三地汇入行联行：

借：存放同业

　　贷：辖内往来

汇入行：

借：辖内往来

　　贷：吸收存款——活期存款（收款人户）

［例 5-4］甲地工商银行开户单位服装厂提交信汇凭证一份，金额 80 000 元，汇往乙地农业银行，收款人为棉纺厂，假设双方通过跨系统商业银行转汇。

（1）假设汇出行所在地为双设机构；

（2）假设汇出行所在地为单设机构，汇入行所在地为双设机构；

（3）假设汇出行、汇入行所在地均为单设机构。

要求：分别做出汇出行、转汇行和汇入行的有关账务处理。

（1）假设汇出行所在地为双设机构。

汇出行：

借：吸收存款——活期存款（服装厂）　　　　　　　　　80 000

　　贷：同业存放　　　　　　　　　　　　　　　　　　　　80 000

转汇行：

借：存放同业　　　　　　　　　　　　　　　　　　　80 000

　　贷：辖内往来　　　　　　　　　　　　　　　　　　　　80 000

汇入行：

借：辖内往来   80 000

  贷：吸收存款——活期存款（棉纺厂）   80 000

（2）假设汇出行所在地为单设机构，汇入行所在地为双设机构。

汇出行：

借：吸收存款——活期存款（服装厂）   80 000

  贷：辖内往来   80 000

转汇行：

借：辖内往来   80 000

  贷：同业存放   80 000

汇入行：

借：存放同业   80 000

  贷：吸收存款——活期存款（棉纺厂）   80 000

（3）假设汇出行、汇入行所在地均为单设机构。

汇出行：

借：吸收存款——活期存款（服装厂）   80 000

  贷：辖内往来   80 000

第三地联行：

借：辖内往来   80 000

  贷：同业存放   80 000

第三地汇入行联行：

借：存放同业   80 000

  贷：辖内往来   80 000

汇入行：

借：辖内往来   80 000

  贷：吸收存款——活期存款（棉纺厂）   80 000

二、同业拆借

同业拆借，是指经中国人民银行批准进入全国银行间同业拆借市场（以下简称同业拆借市场）的金融机构之间，通过全国统一的同业拆借网络进行的无担保资金融通行为。

2016 年 2 月 3 日，国务院取消《银行业金融机构进入全国银行间同业拆借市场审核规则》，宣告终结同业拆借市场入市审批。2016 年 8 月 9 日，全国银行间同业拆借中心正式发布《全国银行间同业拆借市场业务操作细则》，进一步细化同业拆借市场规则。

第五章　往来业务的核算

（一）同业拆借网络

中国人民银行依法对同业拆借市场进行监督管理。全国银行间同业拆借中心是同业拆借市场的中介服务机构，为金融机构在同业拆借市场的交易和信息披露提供服务。符合《同业拆借管理办法》规定条件的金融机构直接向交易中心提交联网材料，而交易中心收到金融机构提交的完整材料进行形式核对后五个工作日办理完成联网手续并向市场公告，金融机构即可开展同业拆借交易。

全国统一的同业拆借网络包括：

（1）全国银行间同业拆借中心的电子交易系统；

（2）中国人民银行分支机构的拆借备案系统；

（3）中国人民银行认可的其他交易系统。

（二）同业拆借的用途和期限

同业拆借交易应遵循公平自愿、诚信自律、风险自担的原则。同业拆借交易以询价方式进行，自主谈判、逐笔成交。金融机构进行同业拆借交易，应逐笔订立交易合同。交易合同的内容应当具体明确，详细约定同业拆借双方的权利和义务。同业拆借利率由交易双方自行商定。

交易中心依据《同业拆借管理办法》要求和金融机构提供的财务指标计算拆借限额，用于交易系统进行事前风险控制；金融机构需要调整拆借限额的，也直接向交易中心提交相关财务报表，交易中心据此在交易系统中进行调整。

同业拆借的资金清算涉及不同银行的，应直接或委托开户银行通过中国人民银行大额实时支付系统办理。同业拆借的资金清算可以在同一银行完成的，应以转账方式进行。任何同业拆借清算均不得使用现金支付。同业拆借的期限在符合以下规定的前提下，由交易双方自行商定。拆借期限有 1 年、3 个月、7 天等，金融机构拆出资金的最长期限不得超过对手方由中国人民银行规定的拆入资金最长期限。拆借到期后不得展期。

（三）会计科目设置

1. "拆出资金"科目

"拆出资金"为资产类科目，核算金融企业拆借给境内、境外其他金融机构的款项，可按拆放的金融机构进行明细核算。金融企业拆出的资金，借记本科目，贷记"存放中央银行款项"等科目；收回资金时做相反的会计分录。本科目期末借方余额，反映金融企业按规定拆放给其他金融机构的款项。

2. "拆入资金"科目

"拆入资金"属负债类科目，核算金融企业从境内、境外金融机构拆入的款项，可按拆入资金的金融机构进行明细核算。金融企业应按实际收到的金额，借记"存放中央银行款项"等科目,贷记本科目;归还拆入资金做相反的会计分录。资产负债表日,应按计算确定的拆入资金的利息费用,借记"利息支出"科目,贷记"应付利息"科目。本科目期末贷方余额,反映金融企业尚未归还的拆入资金余额。

(四) 会计处理

1. 拆借时

(1) 拆出机构:

借:拆出资金

　　贷:存放中央银行款项

(2) 拆入机构:

借:存放中央银行款项

　　贷:拆入资金

2. 归还时

(1) 拆出机构:

借:存放中央银行款项

　　贷:拆出资金

　　　　利息收入——同业往来收入户

(2) 拆入机构:

借:拆入资金

　　利息支出——同业往来收入户

　　贷:存放中央银行款项

[例5-5] 厦门A银行拆借给厦门B银行5 000 000元资金,期限为7天,该品种的同业拆借加权平均利率为2.48%,到期时厦门B银行将本息一并归还。

要求:分别做出厦门A银行和厦门B银行的拆借与归还的账务处理。

(1) 厦门A银行。

拆出时:

借:拆出资金	5 000 000
贷:存放中央银行款项	5 000 000

归还时:

借:存放中央银行款项	5 002 411
贷:拆出资金	5 000 000
利息收入——同业往来收入户	2 411

(2) 厦门B银行。

拆出时:

借：存放中央银行款项　　　　　　　　　　　　　　　5 000 000
　　贷：拆入资金　　　　　　　　　　　　　　　　　　5 000 000
归还时：
借：拆入资金　　　　　　　　　　　　　　　　　　　5 000 000
　　　利息支出——同业往来收入户　　　　　　　　　　　2 411
　　贷：存放中央银行款项　　　　　　　　　　　　　　5 002 411

 复习思考题

1. 我国的支付系统由哪些部分组成？

2. 大额实时支付系统和小额批量支付系统的主要差别是什么？

3. 办理资金汇划清算业务的基本原则有哪些？

4. 同城票据交换的会计核算如何进行？

5. 买断式和回购式再贴现的会计核算区别是什么？

6. 异地跨系统汇划款项的核算有哪三种情况？

第五章习题

第五章答案

第六章 外汇业务的核算

本章重点

1. 外汇业务核算的方法。
2. 银行外汇买卖业务的账务处理。
3. 国际贸易结算业务的核算。

引导案例

　　2021年7月16日，工商银行发布的《关于调整账户外汇业务的通告》指出，为顺应市场形势变化，工行对账户外汇业务规则和交易系统进行调整，此次调整的账户外汇是指工行为个人客户提供的，采取只计份额、不支取实际外汇的方式，以人民币买卖多种外汇的交易产品。规定自2021年8月15日起，风险承受能力评估结果为进取型（C5）的客户可继续在工行办理账户外汇业务。工行新版产品介绍和交易规则还对交易起点、交易取消、持仓限额、强制平仓、业务停办和业务功能关闭等事项和条款进行了修订。2021年8月30日，华夏银行官网发布通告称，为顺应市场形势变化，自2021年12月1日0：00点起，该行将暂停个人外汇买卖业务，业务恢复时间将另行通知。8月31号华夏银行又澄清该行将暂停办理个人外汇买卖（外汇兑外汇）业务，个人结售汇业务不受影响，可正常办理。

　　外汇交易是一项全球性业务，经纪商已获得许多国家监管机构的许可。根据此前国家外汇管理局公布的数据，截至2021年7月末，我国外汇储备规模为32 359亿美元，较 6 月末上升 219 亿美元，升幅为 0.68%。我国外汇市场供求基本平衡，市场预期保持平稳。近年来，人民币汇率有贬有升、双向浮动，都是由市场力量来推动的。近期受国际疫情的影响，国际外汇市场出现了比较大的波动，人民币汇率虽然也有一些波动，但总体上来说保持了在合理均衡水平上的基本稳定。从长期来看，人民币汇率的走势还是取决于经济基本面的稳定。

思考：工商银行对个人账户外汇业务规则和交易系统进行调整，以及华夏银行暂停个人外汇买卖业务的原因主要是什么？

（参考资料：https://m.thepaper.cn/baijiahao_14826142 券商中国

https://m.gmw.cn/baijia/2021-08/07/1302467633.html 光明网）

第一节　外汇业务概述

一、外汇业务的范围

外汇是指可以用于国际清偿的支付手段和资产。根据我国《外汇管理条例》的规定，我国的外汇包括外国货币、外汇支付凭证、外币有价证券、特别提款权、欧洲货币单位以及其他外汇资产。

外汇业务是指商业银行经办的涉及外汇收支的业务。目前银行办理的外汇业务主要有：外汇存款；外汇汇款；外汇贷款；外汇借款；发行或代理发行股票以外的外币有价证券；外汇票据的承兑和贴现；外汇投资；买卖或者代理买卖股票以外的外币有价证券；自行或代客外汇买卖；外币兑换；外汇担保；贸易、非贸易结算；资信调查、咨询、签证业务；国家外汇管理局批准的其他外汇业务。

二、外汇的种类

外汇，是指下列以外币表示的可以用作国际清偿的支付手段和资产：外币现钞，包括纸币、铸币；外币支付凭证或者支付工具，包括票据、银行存款凭证、银行卡等；外币有价证券，包括债券、股票等；特别提款权；其他外汇资产。外汇可以按以下几种情况分类：

（一）按外汇来源和用途

1. 贸易外汇

它是指一国进出口贸易所收付的外汇及与进出口贸易有关的从属费用外汇，是外汇收入的重要来源。由于商品进出口伴随着大量的外汇收支，同时从属于商品进出口的外汇收支还有运费、保险费、样品费、宣传费、推销费以及与商品进出口有关的出国团组费。

2. 非贸易外汇

它是指一国进出口贸易以外所收付的各项外汇。非贸易外汇的范围非常广，主要包括：侨汇、旅游、旅游商品、宾馆饭店、铁路、海运、航空、邮电、港口、海关、银行、保险、对外承包工程等方面的外汇收支以及个人和团体（公派出国限于与贸易无关的团组）出国差旅费、图书、电影、邮票、外轮代理及服务所发生的外汇收支。

（二）按外汇交易交割期的不同

1. 即期外汇

即期外汇指成交双方在两个营业日内办理交割的外汇交易。

2. 远期外汇

银行同业间或银行与客户间预先签订合同，商定外汇买卖数量、汇率和期限，到约定日期进行交割而收付的外汇。交割期限一般 1~6 个月，最长不过 1 年，常用的为 3 个月。

（三）按外汇的形态

1. 现钞

现钞是指各种外币钞票、铸币等。外币现钞主要由境外携入。

2. 现汇

现汇又称转账外汇，是用于国际汇兑和国际非现金结算的、用以清偿国际债权债务的外汇。现汇可以在国际金融市场上自由买卖，在国际结算中广泛使用，并可以自由兑换成其他国家货币的外汇。外汇现汇主要由国外汇入，或由境外携入、寄入的外币票据，经银行托收，收妥后存入。

三、外汇汇率

外汇汇率是指一国货币兑换成另一国货币的比率，或是以一种货币表示另一种货币的价格。

（一）汇率的标价方法

1. 直接标价法

直接标价法又称为应付标价法。它是以一定单位的外国货币作为标准，折算为本国货币来表示其汇率。在直接标价法下，外国货币数额固定不变，汇率的涨跌都以相对的本国货币数额的变化来表示。一定单位外币折算的本国货币减少，说明外币汇率下跌，即外币贬值或本币升值。我国和国际上大多数国家都采用直接标价法。

2. 间接标价法

间接标价法又称为应收标价法。它是以一定单位的本国货币为标准，折算为一定数额的外国货币来表示其汇率。在间接标价法下，本国货币的数额固定不变，汇率的涨跌都以相对的外国货币数额的变化来表示。一定单位的本国货币折算的外币数量增多，说明本国货币汇率上涨，即本币升值或外币贬值。反之，一定单位本国货币折算的外币数量减少，说明本国货币汇率下跌，即本币贬值或外币升值。目前世界上使用间接标价法的国家不多，主要是美国、英国、澳大利亚等。

直接标价法和间接标价法所表示的汇率涨跌的含义正好相反，所以在引用某种货币的汇率和说明其汇率高低涨跌时，必须明确采用哪种标价方法，以免混淆。

(二) 汇率的种类

1. 按汇率的稳定性分为固定汇率和浮动汇率

固定汇率指一国货币同另一国货币的汇率基本固定，其波动被限制在极小的范围内，波动幅度很小。浮动汇率指一国货币当局不规定本币对其他货币的官方汇率，外汇汇率完全由市场供求关系来决定。事实上，完全由市场来决定汇率的浮动并不存在，各国货币当局都审时度势地干预外汇市场，实行有管理的浮动。

2. 从银行买卖外汇的角度分为买入汇率、卖出汇率和中间汇率

买入汇率或买入价是外汇银行从客户手中买进外汇时所采用的汇率。卖出汇率或卖出价是外汇银行卖给客户外汇时所采用的汇率。

外汇银行作为从事货币、信用业务的中间商，盈利主要体现在买入与卖出的差价上；即外汇卖出价高于买入价的部分是银行买卖外汇的毛收益，包括外汇买卖的手续费、保险费、利息和利润等。

外汇的买价、卖价尽管都是从外汇银行交易的角度说的，但标价方法不同，买价和卖价的位置也不同。在直接标价法下，汇率数值的大小与外汇价值的高低呈正相关关系，因此，买价在前，卖价在后。如我国的外汇牌价中：1 USD = 6.637 1 ~ 6.643 9 RMB，"6.637 1"代表我国银行买入外汇时采用的汇价，"6.643 9"代表我国银行卖出美元外汇时采用的汇价。相反，在间接标价法下，第一个数字表示卖价，第二个数字才是买价。

中间汇率，又称中间价、基准价，一般理解是买入价和卖出价的算术平均数，即中间价 = (买入价 + 卖出价)/2，实际上其形成方式并不如此简单。报刊、电台、电视通常报告的是中间价，它常被用作汇率分析的指标。

此外，银行在对外挂牌公布汇率时，还另注明外币现钞汇率，这主要是针对一些对外汇实行管制的国家。由于外币现钞在本国不能流通，需要把它们运至国外才能使用，在运输现钞过程中需要花费一定的保险费、运费，所以银行购买外币现钞的价格要略低于购买外汇票据的价格。而卖出外币现钞的价格一般和外汇卖出价相同。外汇牌价的形式如表 6-1 所示。

表 6-1　中国银行人民币外汇牌价　　　　日期：2021/09/30

货币名称	现汇买入价	现钞买入价	现汇卖出价	现钞卖出价	中行折算价
澳大利亚元	464.16	449.74	467.58	469.65	465.74
加拿大元	505.72	489.75	509.45	511.69	508.52
瑞士法郎	690.09	668.79	694.93	697.91	694.16
欧元	747.64	724.41	753.15	755.58	752.47
英镑	866.36	839.44	872.74	876.6	871.03
港币	82.84	82.18	83.17	83.17	83.31
印尼卢比	0.045	0.043 6	0.045 4	0.047 1	0.045 3
日元	5.759 3	5.580 4	5.801 7	5.810 7	5.792 9
韩国元	0.543 3	0.524 2	0.547 7	0.567 8	0.546 7
新西兰元	443.38	429.7	446.5	452.64	445.58
菲律宾比索	12.63	12.2	12.79	13.36	12.73
卢布	8.83	8.29	8.91	9.24	8.89
新加坡元	473.49	458.88	476.81	479.19	476.32
泰国铢	18.98	18.4	19.14	19.74	19.11
美元	645.04	639.79	647.77	647.77	648.54

3. 按外汇交割期限不同，分为即期汇率和远期汇率

即期汇率指买卖双方成交后，于当时或两个工作日之内进行外汇交割时所采用的汇率；而远期汇率是指买卖双方成交后，在约定的日期办理交割时采用的汇率。

四、外汇业务核算的方法

（一）外汇统账制

外汇统账制又称本币记账法，是一种以本国货币为记账本位币的记账方法，即以人民币为记账单位来记录所发生的外汇交易业务，将发生的多种货币的经济业务，折合成人民币加以反映，外币在账上仅作辅助记录。外汇统账制手续虽然比较简单，只设立一种账簿，但不能反映各种外币的增减变化和结存情况，不便于外汇资金的调拨运用与管理。

（二）外汇分账制

外汇分账制又称原币记账法，是指经营外汇业务的银行采用原币为计量单位，对每种货币单位的收付，各设置一套明细账和总账，平时将所收到的外币，按照不同原币，分别填制凭证、记载账目、编制报表。

外汇分账制的内容主要有以下几点：

（1）以各种原币分别设账，即人民币与各种外币分账核算。所谓分账，是指各

种外币都自成一套独立的账务系统，平时每一种分账货币都按原币金额填制凭证，记载账簿，编制报表，国内银行间进行外汇划转也应填制原币报单，记原币账，如实反映各外币的数量和价值。

（2）同一货币由于性质不同，对记账外汇和现汇要分账核算。记账外汇，是根据两国政府有关贸易清算协定所开立的清算账户下的外汇。此种外汇不能兑换成其他货币，也不能支付给第三国，只能用于支付协议规定的两个国家之间贸易货款、从属费用和双方政府同意的其他付款。现汇，是指在国际金融市场上可以自由买卖，在国际结算中广泛使用，在国际上得到偿付，并可以自由兑换成其他国家货币的外汇。记账外汇和现汇是在不同的清算方式下分别使用的。由于它们的性质不同，必须严格区分，分账核算。

（3）外汇分账制平时不进行汇率折算，也不反映记账本位币金额，如果涉及两种货币的交易，则用"货币兑换"账户作为两种货币账务之间的桥梁，分别与原币的有关账户对转。

（4）年终并表，以本币统一反映经营状况和成果。年终决算时，各种分账货币，应分别编制各外币和人民币资产负债表。各外币资产负债表应按照年终决算牌价折合人民币，然后与原人民币资产负债表汇总合并成各货币合并的资产负债表。

外汇分账制虽然复杂，但可以具体、全面地反映各种外汇资金的增减变化及余额，便于外汇头寸调拨和外汇风险管理，因此商业银行一般都采用外汇分账制核算外汇业务。

财税 36 号文附件 3《营业税改征增值税试点过渡政策的规定》中对同一银行系统内部不同行、处之间所发生的资金账务往来业务（银行联行往来业务）免征增值税。财税 70 号文规定：境内银行与其境外的总机构、母公司之间，以及境内银行与其境外的分支机构、全资子公司之间的资金往来业务属于《过渡政策的规定》中所称的银行联行往来业务，发生上述业务时免征增值税。财税 36 号文附件 4《跨境应税行为适用增值税零税率和免税政策的规定》：为境外单位之间的货币资金融通及其他金融业务提供的直接收费金融服务（且该服务与境内的货物、无形资产和不动产无关）免征增值税。

除上述免税项目外，财税 36 号文中关于其他外汇业务的征收细节尚未完善，因此相应的会计核算例题暂不考虑增值税。

第二节　外汇买卖的核算

一、外汇买卖业务的内容

外汇买卖是指外汇指定银行根据自身业务需要或者客户委托在国际金融市场上

按自由兑换货币间的汇率买卖外汇进行投资或套期保值的业务。

（一）外汇结售汇业务

结汇是指外汇指定银行根据国家有关外汇管理规定，按挂牌汇率用人民币买入个人、境内企事业单位、机关和社会团体的各种合法的外汇收入的业务。售汇是指外汇指定银行根据国家有关外汇管理规定，审核个人、境内企事业单位、机关和社会团体正常对外用汇的有关有效凭证后，将外汇出售给用汇单位的业务。结售汇制度有两种，强制结售汇制度和意愿结售汇制度。所谓强制结售汇制度是指所有的外汇必须卖给银行，所有的外汇支出向银行购买。意愿结售汇制度则根据自己的意愿进行结售汇。

经常项目外汇收入，可以按照国家有关规定保留或者卖给经营结汇、售汇业务的金融机构。经常项目外汇支出，应当按照国务院外汇管理部门关于付汇与购汇的管理规定，凭有效单证以自有外汇支付或者向经营结汇、售汇业务的金融机构购汇支付。2008 年 8 月 5 日，国务院正式对外签发新的《外汇管理条例》，取消了经常项目外汇收入强制结售汇要求。

资本项目外汇收入保留或者卖给经营结汇、售汇业务的金融机构，应当经外汇管理机关批准，但国家规定无须批准的除外。资本项目外汇支出，应当按照国务院外汇管理部门关于付汇与购汇的管理规定，凭有效单证以自有外汇支付或者向经营结汇、售汇业务的金融机构购汇支付。国家规定应当经外汇管理机关批准的，应当在外汇支付前办理批准手续。

（二）套汇业务

套汇是指利用不同的外汇市场，不同的货币种类，不同的交割时间以及一些货币汇率和利率上的差异，进行从低价一方买进，高价一方卖出，从中赚取利润的外汇买卖。

（三）银行自营或代客外汇买卖业务

代客外汇买卖是指根据机构客户（包括公司客户、同业客户和其他机构客户）对外贸易和其他涉外业务发生的收付汇及汇率保值需要，代机构客户在国际市场上使用一种外汇购买另外一种外汇的业务。

二、会计科目设置

1. "货币兑换"科目

"货币兑换"属于资产负债共同类，核算银行采用分账制核算外币交易所产生的不同币种之间的兑换。

银行发生的外币交易仅涉及货币性项目的，应按相同币种金额，借记或贷记有关货币性项目科目，贷记或借记本科目。

发生的外币交易同时涉及货币性项目和非货币性项目的，按相同外币金额记入货币性项目和本科目（外币）；同时，按交易发生日即期汇率折算为记账本位币的金额记入非货币性项目和本科目（记账本位币）。结算货币性项目产生的汇兑差额计入"汇兑损益"科目。

期末，应将所有以外币表示的本科目余额按期末汇率折算为记账本位币金额，折算后的记账本位币金额与本科目（记账本位币）余额进行比较，为贷方差额的，借记本科目（记账本位币），贷记"汇兑损益"科目；为借方差额的，做相反的会计分录。本科目期末应无余额。

2."汇兑损益"科目

"汇兑损益"属于损益类，核算银行发生的外币交易因汇率变动而产生的汇兑损益。

采用统账制核算的，各外币货币性项目的外币期（月）末余额，应当按照期（月）末汇率折算为记账本位币金额。按照期（月）末汇率折算的记账本位币金额与原账面记账本位币金额之间的差额，如为汇兑收益，借记有关科目，贷记本科目；如为汇兑损失，做相反的会计分录。

采用分账制核算的，期（月）末将所有以外币表示的"货币兑换"科目余额按期（月）末汇率折算为记账本位币金额，折算后的记账本位币金额与"货币兑换——记账本位币"科目余额进行比较，为贷方差额的，借记"货币兑换——记账本位币"科目，贷记"汇兑损益"科目；为借方差额的，做相反的会计分录。

期末，应将本科目的余额转入"本年利润"科目，结转后本科目应无余额。

三、外汇买卖业务的核算

（一）结汇业务

结汇即银行买入外汇。银行发生的外币交易仅涉及货币性项目的，应按相同币种金额，借记或贷记有关货币性项目科目，贷记或借记"货币兑换"。会计分录为：

借：有关科目　　　　　　　　　　　　　　　　　　外币
　　贷：货币兑换　　　　　　　　　　　　　　　　外币
借：货币兑换　　　　　　　　　　　　　　　　　　本币
　　贷：有关科目　　　　　　　　　　　　　　　　本币

［例6-1］客户王刚持现钞10 000港元来行，要求兑换人民币。假设当日港币的钞买价是RMB82/HKD100，银行的会计分录如下：

借：库存现金　　　　　　　　　　　　　　　　HKD10 000
　　贷：货币兑换　　　　　　　　　　　　　　HKD10 000

借：货币兑换 　　　　　　　　　　　　　　　　　　RMB8 200
　　贷：库存现金 　　　　　　　　　　　　　　　　　RMB8 200

（二）售汇业务

售汇即银行卖出外汇。银行售出外汇时，按汇卖价（钞卖价）收取相应的人民币，会计分录为：

借：有关科目 　　　　　　　　　　　　　　　　　　本币
　　贷：货币兑换 　　　　　　　　　　　　　　　　　本币
借：货币兑换 　　　　　　　　　　　　　　　　　　外币
　　贷：有关科目 　　　　　　　　　　　　　　　　　外币

［例6-2］某丝绸公司经外汇管理局批准用汇，向银行兑换 20 000 港元汇往香港。假设当日港元的汇卖价是 RMB83/HKD100，银行的会计分录如下：

借：吸收存款——活期存款（丝绸公司） 　　　　　　RMB16 600
　　贷：货币兑换 　　　　　　　　　　　　　　　　　RMB16 600
借：货币兑换 　　　　　　　　　　　　　　　　　　HKD20 000
　　贷：汇出汇款 　　　　　　　　　　　　　　　　　HKD20 000

（三）套汇

套汇是指不同币种现汇间兑换的核算。当两种货币进行兑换时，银行没有挂出两种不同货币之间的直接比价，需要通过人民币折算。

1. 一种货币兑换成另一种货币

卖出币种的金额＝买入币种金额×买入币种汇买价÷卖出币种汇卖价

套汇的会计分录为：

借：有关科目 　　　　　　　　　　　　　　　　　　A 外币
　　贷：货币兑换 　　　　　　　　　　　　　　　　　A 外币
借：货币兑换 　　　　　　　　　　　　　　　　　　本币
　　贷：货币兑换 　　　　　　　　　　　　　　　　　本币
借：货币兑换 　　　　　　　　　　　　　　　　　　B 外币
　　贷：有关科目 　　　　　　　　　　　　　　　　　B 外币

［例6-3］某企业把 200 000 美元兑换成瑞士法郎，当日美元买入价为100 美元/645.04 人民币，瑞士法郎卖出价为 100 瑞士法郎/694.93 人民币。银行的会计分录为：

银行应付瑞士法郎＝ 200 000×6.450 4÷6.949 3 ＝ CHF185 641.72

借：吸收存款——外汇存款 　　　　　　　　　　　　USD200 000
　　贷：货币兑换 　　　　　　　　　　　　　　　　　USD200 000
借：货币兑换 　　　　　　　　　　　　　　　　　　RMB1 290 080

   贷：货币兑换   RMB1 290 080

  借：货币兑换   CHF185 641. 72

   贷：吸收存款——外汇存款   CHF185 641. 72

2. 同种外币的现钞与现汇相互转换

钞买价低于汇买价，按国际惯例低 1%~3%；钞卖价等于汇卖价。

（1）汇买钞卖的计算公式：

卖出币种现钞金额 = 买入币种现汇金额×汇买价÷钞卖价

（2）钞买汇卖的计算公式：

卖出币种现汇金额 = 买入币种现钞金额×钞买价÷汇卖价

[例6-4] 某企业从现汇账户支取 20 000 美元，属于汇买钞卖，美元现汇买入价 100 美元/645.04 人民币，现汇卖出价 100 美元/647.77 人民币。银行的会计分录为：

银行应付美元现钞 = 20 000×6.450 4÷6.477 7 = $ 19 915.71

  借：吸收存款——外汇存款   USD20 000

   贷：货币兑换   USD20 000

  借：货币兑换   RMB129 008

   贷：货币兑换   RMB129 008

  借：货币兑换   USD19 915. 71

   贷：库存现金   USD19 915. 71

第三节 国际贸易结算业务的核算

  国际贸易结算业务是指不同国家（地区）的企业间，通过银行办理相互间由于商品交易而引起的货币收付或债权债务的结算。国际贸易结算以现汇结算为主，即以两国贸易部门签订的贸易合同为依据，办理进出口业务，双方贸易结算一律以现汇逐笔结清。目前我国进出口业务的结算中，以现汇结算为主。主要采用信用证、托收和汇兑三种结算方式。

一、信用证（Letter of Credit，简写为 L/C）

  信用证是一种银行有条件保证付款的凭证，是开证银行根据申请人（进口商）的要求和指示向出口商（受益人）开立的一定金额，在一定期限内凭议付行寄来规定的单据付款或承兑汇票的书面承诺，进出口双方则利用银行信用担保，进行发货与结算的结算方式。

  信用证结算方式是以买卖双方交易合同为基础，由进口方请求进口方银行向出口方银行开出保付凭证，双方根据规定条款进行发货结算的一种银行信用支付方式。这是我国对外贸易结算中采用的主要结算方式。进出口贸易中信用证支付的程序如图6-1所示。

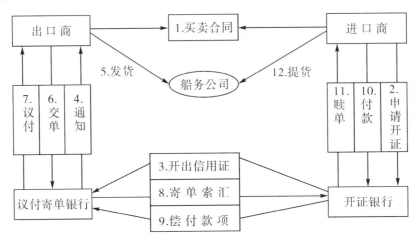

图6-1　信用证结算方式流程图

（一）出口信用证

出口信用证结算，是出口商根据国外进口商通过国外银行开来的信用证和保证书，按照其条款规定，将出口单据送交国内银行，由银行办理审单议付，并向国外银行收取外汇后向出口商办理结汇的一种方式。出口信用证结算的处理，包括受理国外开来信用证、交单议付、结汇三个环节。

（1）受理国外开来信用证。银行接到国外银行开来信用证时，首先应对开证银行的资信、进口商的偿付能力和保险条款进行全面审查，并明确表示信用证能否接受，如何修改。经审核并核对印鉴认为可以受理时，当即编列信用证通知流水号，即将信用证正本通知有关出口商，以便发货，然后将信用证副本及银行留底联严格保管，并及时登记"国外开来保证凭信"记录卡，以便随时查考。表外会计处理为：

收入：国外开来保证凭信　　　外币

若接到国外行通知要求修改信用证金额，应按增减金额调整表外科目的余额。

（2）交单议付。议付寄单银行为了确保安全及时收汇，避免遭受经济上的损失，首先应对出口商交来的办理议付的信用证和全套单据，按信用证条款认真审核，保证单证一致，单单相符。审核无误后，应在信用证上批注议付日期并编列银行出口押汇编号，填制出口寄单议付通知书，按一定索汇方法向国外银行寄单收取货款。议付通知寄出后，即对开证行拥有收款的权益，同时对国内出口公司也承担了付款的责任，根据权责发生制核算基础，应进行账务处理，会计分录为：

借：应收信用证出口款项　　　　　　　　　　　　　　　　外币

　　贷：代收信用证出口款项　　　　　　　　　　　　　　　　　外币

　　上面两个科目分别为资产、负债类，反映议付寄单银行议付寄单时所拥有的收取出口款项的权利和代收出口款项的责任。

　　同时，付出：国外开来保证凭信　　外币

　　每天营业终了时，议付寄单行对当天议付笔数，同寄发索汇电信笔数进行核对，防止漏寄索汇电信事故，以保证向国外银行索汇工作的顺利进行。

　　（3）收汇与结汇。议付寄单行在完成以上工作后，等接到国外开证银行付款入账的通知时，办理出口结汇手续，即按规定的汇价买入外汇，同时折算成相应的人民币支付给出口商，以结清代收妥的出口外汇。

　　借：代收信用证出口款项　　　　　　　　　　　　　　　　　外币
　　　贷：应收信用证出口款项　　　　　　　　　　　　　　　　外币
　　借：存放同业　　　　　　　　　　　　　　　　　　　　　　外币
　　　贷：货币兑换　　　　　　　　　　　　　　　　　　　　　外币
　　　　手续费及佣金收入　　　　　　　　　　　　　　　　　　外币
　　借：货币兑换　　　　　　　　　　　　　　　　　　　　　　本币
　　　贷：吸收存款——活期存款（出口单位户）　　　　　　　　本币

　　［例6-5］中国银行××分行2021年5月17日接到中国银行香港分行开来的即期信用证一份，金额为HKD200 000，受益人为华兴进出口公司。6月5日该公司发货后将全套单据随同信用证向中国银行××分行办理议付，银行审核后确定单证相符，填制出口寄单议付通知书寄单索汇。6月11日，议付寄单行收到中国银行香港分行的付款入账通知，办理转账结汇，手续费按议付单据金额的0.1%收取，设当日港币的汇买价是RMB82/HKD100，中国银行××分行的会计分录为：

　　（1）5月17日，收入：国外开来保证凭信　　　　HKD200 000

　　（2）6月5日，

　　借：应收信用证出口款项　　　　　　　　　　　　HKD200 000
　　　贷：代收信用证出口款项　　　　　　　　　　　HKD200 000
　　同时，付出：国外开来保证凭信　　　HKD200 000

　　（3）6月11日，

　　借：代收信用证出口款项　　　　　　　　　　　　HKD200 000
　　　贷：应收信用证出口款项　　　　　　　　　　　HKD200 000
　　借：存放同业　　　　　　　　　　　　　　　　　HKD200 000
　　　贷：货币兑换　　　　　　　　　　　　　　　　HKD199 800
　　　　手续费及佣金收入　　　　　　　　　　　　　HKD200
　　借：货币兑换　　　　　　　　　　　　　　　　　RMB163 836
　　　贷：吸收存款——活期存款（华兴公司）　　　　RMB163 836

（二）进口信用证

1. 开立信用证

进口商同国外出口商签订交易合同，根据合同规定，填具开证申请书，向银行提出申请。银行收到进口商开证申请书，首先进行审核，并根据不同情况收取开证保证金。银行审核同意后签发的信用证采用套写格式，共六联（第一联正本，其余为副本）。第一、二联通过国外联行或代理行转给出口商，第三联开证后代统计卡，第四、五联交进口商，第六联信用证留底。

开证行收取保证金时，会计分录为：

借：吸收存款——开证申请人户　　　　　　　　　　　　　　外币

　　贷：存入保证金　　　　　　　　　　　　　　　　　　　外币

信用证一旦发出，开证行对议付寄单行即负有到期付款责任，同时也拥有向进口单位收回货款的权利。为反映这项权责关系，应进行账务处理，会计分录为：

借：应收开出信用证款项　　　　　　　　　　　　　　　　　外币

　　贷：应付开出信用证款项　　　　　　　　　　　　　　　外币

2. 修改信用证

进口商如需修改信用证，必须征得有关当事人同意后向开证行提出申请。银行经审核同意后，应立即通知国外联行或代理行，同时修改信用证的增减额。增加金额时，与开证时的分录相同，减少金额则做相反分录，并在信用证留底联上加以批注。

3. 审单付款

收到国外寄来信用证单据，应立即送进口商审查。结审核同意后，由银行根据信用证规定，办理付款或承兑，并对进口商办理进口结汇。信用证付款方式，一般分即期信用证支付和远期信用证支付两种，即期信用证支付方式的特点是：单证相符，见单即付；远期信用证的支付特点是：单证相符，到期付款。

（1）即期信用证付款方式大多采用单到国内审单付款。单到国内，进口商确认付款后，银行即办理对外付款。会计分录为：

借：吸收存款——开证申请人户　　　　　　　　　　　　　　本币

　　贷：货币兑换　　　　　　　　　　　　　　　　　　　　本币

借：货币兑换　　　　　　　　　　　　　　　　　　　　　　外币

　　　存入保证金——开证申请人户　　　　　　　　　　　　外币

　　贷：存放同业　　　　　　　　　　　　　　　　　　　　外币

同时转销开证时产生的权责关系，会计分录为：

借：应付开出信用证款项　　　　　　　　　　　　　　　　　外币

　　贷：应收开出信用证款项　　　　　　　　　　　　　　　外币

（2）远期信用证的付款核算处理手续分两个阶段进行，即承兑和到期付款。承兑时，开证行向议付寄单行开出承兑通知书，说明承兑时期，付款方式等。远期汇票承兑到期时，开证行办理对国外付款和进口商扣款手续。

[例6-6]中信银行××分行应嘉宝公司委托，9月8日向中信银行香港分行开出即期信用证一份，金额为HKD85 000。9月15日，经有关方面同意修改减少金额HKD5 000。10月1日接到中信银行香港分行全套单据及借方报单，金额为HKD80 000。开证行对单证进行审核，由进口商确认付款后，当即办理对外付款和对进口商售汇。设当日港币的汇卖价是RMB83/HKD100，中信银行××分行的会计分录为：

（1）9月8日，

借：应收开出信用证款项　　　　　　　　　　　　　HKD85 000
　贷：应付开出信用证款项　　　　　　　　　　　　HKD85 000

（2）9月15日，

借：应付开出信用证款项　　　　　　　　　　　　　HKD5 000
　贷：应收开出信用证款项　　　　　　　　　　　　HKD5 000

（3）10月1日，

借：吸收存款——开证申请人户　　　　　　　　　　RMB66 400
　贷：货币兑换　　　　　　　　　　　　　　　　　RMB66 400
借：货币兑换　　　　　　　　　　　　　　　　　　HKD80 000
　贷：存放同业　　　　　　　　　　　　　　　　　HKD80 000
借：应付开出信用证款项　　　　　　　　　　　　　HKD80 000
　贷：应收开出信用证款项　　　　　　　　　　　　HKD80 000

二、托收结算方式的核算

托收是出口商根据贸易合同规定，在货物发运后，委托出口地商业银行通过国外联行或代理行向国外进口商收取货款。目前托收种类主要有光票托收和跟单托收两种。光票托收是卖方仅开立汇票而不附带任何货运单据，委托商业银行收取款项的一种托收，主要用于非贸易结算。跟单托收是由卖方开立跟单汇票（即汇票连同一套货运单据）交给商业银行，委托其收取款项的托收方式，主要用于贸易结算。

1. 发出托收单证

出口商委托银行办理托收时，应填制"无证出口托收申请书"，连同出口单证一并送交银行办理托收。银行审单后，根据托收申请书的要求，套打"出口托收委托书"，编列出口托收号码，寄往国外代收银行委托收款。托收银行经复核无误后，做会计分录为：

借：应收出口托收款项　　　　　　　　　　　　　　外币
　贷：应付出口托收款项　　　　　　　　　　　　　外币

2. 收妥结汇

托收银行收到国外代收银行的贷记报单，对委托人即出口商办理结汇。会计分录为：

借：应付出口托收款项   外币
  贷：应收出口托收款项   外币
借：存放同业   外币
  贷：货币兑换   外币
借：货币兑换   本币
  贷：吸收存款——出口单位户   本币
    手续费及佣金收入   本币

三、汇兑业务的核算

国际汇兑结算，是指银行在不需要运送现金的原则下，利用汇票或其他信用工具，使处于不同国家的债权人或债务人清算其债权债务的一种方式。主要用于支付贸易从属费用或某些先款后货的贸易结算，单位、个人均可委托银行办理。

（一）汇出国外汇款

汇出国外汇款，是银行接受汇款人的委托，以信汇、电汇、票汇等方式，将款项汇往国外收款人开户行的汇款方式。接受汇款人的委托，汇出款项的银行，称为汇出行。汇出国外汇款，通常有电汇、信汇、票汇三种。

电汇是银行用电报或电传形式，委托付款行解付汇款。信汇是汇出行银行根据汇款人要求，把汇款金额，收款人姓名和详细地址，汇款人姓名和详细地址以及汇款用途和附言等签具信汇委托书，以邮寄方式通知汇入行把汇款付给收款人的一种汇款方式。票汇是汇出银行按照汇款人的申请，开立以汇入行为付款行的汇票给汇款人，由汇款人自己把汇票寄给收款人或自己携带，凭票到付款行领取汇款的一种方式。

电汇（T/T）和信汇（P/O）主要适用于非贸易收支结算。信汇（P/O）主要适用于非贸易收支结算，票汇（D/D）主要适用于贸易收支结算。由于速度慢，信汇现已基本不用，随着成本的下降，电汇现在已成为国际汇兑结算的主要方式。

1. 汇出汇款的核算

汇款人要求汇款时，必须填写"汇款申请书"一式两联，经国家外汇管理局或银行审批同意后，一联作为银行传票附件，一联加盖业务公章退还收款人作为汇款回单。银行经办人员根据汇款申请书，计算业务手续费后，应按汇款人申请的汇款方式，分别填制不同的汇款凭证。

（1）汇款人从其现汇存款账户中汇款。

借：吸收存款——汇款人户	外币
贷：汇出汇款	外币
手续费及佣金收入	外币

（2）汇款人购买外汇支付汇款的，应通过货币兑换科目。

借：吸收存款——汇款人户	人民币
贷：货币兑换	人民币
手续费及佣金收入	人民币
借：货币兑换	外币
贷：汇出汇款	外币

2. 汇款解付的核算

国外汇入行接到我国汇出行的汇款凭证后，如约定从我国银行在国外银行的存款账户中支付，应填具借方报单通知我国汇出行。我国汇出行接到国外银行的报单后，作会计分录为：

借：汇出汇款	外币
贷：存放同业	外币

［例6-7］某进出口公司通过中国银行××支行电汇美国 ACG 公司10 000 美元，汇费费率为1%。该公司购买美元支付汇款，当天美元汇卖价为100 美元/647.77 人民币，一周后，该行收到国外某行付讫的借方报单，办理转账。中国银行××支行的会计分录为：

借：吸收存款——汇款人户	RMB64 777
贷：货币兑换	RMB64 129.23
手续费及佣金收入	RMB647.77
借：货币兑换	USD10 000
贷：汇出汇款	USD10 000
借：汇出汇款	USD10 000
贷：存放同业	USD10 000

（二）汇入国外汇款

汇入国外汇款，是指我国港澳和国外联行，代理行委托解付的汇款，包括贸易和非贸易汇款。贸易汇款主要有预收货款，来料加工费和罚金等，非贸易汇款主要有华侨汇款以及来华外宾、侨民、外交人员等汇款。汇入国外汇款，银行根据有关协定和代理合约办理，一般应以收妥头寸后解付为原则。凡同汇出行直接开立账户往来或集中开户分散记账的分行，收到汇款头寸时，会计分录为：

借：存放同业	外币
贷：汇入汇款	外币

（1）汇款人有现汇账户的，

借：汇入汇款   外币

  贷：吸收存款——外汇存款（汇款人）   外币

（2）汇款人没有现汇账户的，收汇时必须结汇，

借：汇入汇款   外币

  贷：货币兑换   外币

借：货币兑换   本币

  贷：吸收存款——活期存款（汇款人）   本币

第四节　外汇存款业务的核算

一、企业外汇存款业务的核算

（一）外汇存款

外币存款均分定期和活期两种。定期存款为记名式存单，整存整取；活期存款分支票和存折两种方式，可随时存取。外币存款不论定期或活期，存款时存款人均需提出存款开户申请书，办理存款开户手续。

1. 存款的核算

（1）以外币现钞存入现汇户，应以当日的现钞买入牌价和现汇卖出牌价折算。会计分录为：

借：库存现金   外币

  贷：货币兑换   外币

借：货币兑换（钞买价）   本币

  贷：货币兑换   本币

借：货币兑换（汇卖价）   外币

  贷：吸收存款   外币

［例6-8］白城服装公司持现钞20 000港币，要求存入银行外汇活期存款港元现汇账户。当天钞买价HKD100=RMB82.2，卖出价HKD100=RMB83.2，会计分录为：

借：库存现金   HKD20 000

  贷：货币兑换   HKD20 000

借：货币兑换（钞买价RMB82.2）   RMB16 440

  贷：货币兑换   RMB16 440

借：货币兑换（卖出价RMB83.2）   HKD19 759.62

  贷：吸收存款——白城服装公司   HKD19 759.62

（2）直接以国外收汇或国内转款存入。

①汇入原币存入时：

借：存放同业　　　　　　　　　　　　　　　　　　外币

　　贷：吸收存款——外汇存款　　　　　　　　　　　外币

②汇入币种与存入币种不同时（如美元转存港币）：

借：存放同业　　　　　　　　　　　　　　　　　　美元

　　贷：货币兑换（汇买价）　　　　　　　　　　　　美元

借：货币兑换——（汇买价）　　　　　　　　　　　本币

　　贷：货币兑换——（钞卖价）　　　　　　　　　　本币

借：货币兑换（钞卖价）　　　　　　　　　　　　　港币

　　贷：吸收存款——外汇存款　　　　　　　　　　　港币

2. 取款的核算

存款支取货币的，应与原货币相同，如兑换其他货币，则按支取日外汇牌价折算。现汇户支取原币现钞，应以当日的现钞卖出牌价和现汇买入牌价折算。

借：吸收存款——外汇存款　　　　　　　　　　　　外币

　　贷：货币兑换（汇买价）　　　　　　　　　　　　外币

借：货币兑换——（汇买价）　　　　　　　　　　　本币

　　贷：货币兑换——（钞卖价）　　　　　　　　　　本币

借：货币兑换（钞卖价）　　　　　　　　　　　　　外币

　　贷：库存现金　　　　　　　　　　　　　　　　　外币

二、居民外币储蓄存款业务

目前各商业银行开办外币储蓄存款业务的币种主要有：美元、港元、日元、欧元、英镑、澳大利亚元、瑞士法郎、加拿大元等。

（一）外币活期储蓄存款

外币活期储蓄存款，起存金额为等值人民币 20 元。根据存款不同性质可开立现钞户或现汇户。客户可开立活期储蓄存折或借记卡办理外币活期储蓄存款业务。外币大额存取款业务必须执行有关大额现金管理的规定，实行申报制度。

（二）外币整存整取定期储蓄存款

外币整存整取储蓄存款，起存金额为等值人民币 100 元，多存不限，本金一次存入，到期支取本息，可办理一次部分提前支取，存期分为 1 个月、3 个月、6 个月、1 年、2 年五个档次。根据存款的不同性质可开立现钞户或现汇户。客户可开立整存整取定期存单、定期一本通存折或借记卡办理外币整存整取储蓄存款业务。

外币储蓄存款业务的核算与企业外汇存款业务的核算基本相同。

三、外汇存款利息的核算

单位外汇活期存款利息，采用余额表按季结息。每季度末月 20 日为结息日，结息后以原币入账。单位定期外汇存款应按季计提利息。利息按对年对月计算，不足一年或一月的零头天数折算成日数计算。会计分录为：

1. 单位外汇活期存款计息

借：利息支出		外币
贷：吸收存款——外汇存款		外币

2. 定期存款结息日

借：利息支出		外币
贷：应付利息		外币

支取日银行支付本息

借：吸收存款——外汇定期存款		外币
应付利息		外币
利息支出		外币
贷：吸收存款——外汇活期存款		外币

［例6-9］庆华公司 2021 年 4 月 1 日存入港币现汇 120 000 元，定期半年，年利率为 0.7%，同年 10 月 1 日到期，公司于同年 12 月 1 日到银行转账支取该笔港元定期存款。支取日港元活期存款利率为 0.01%。

（1）6 月 30 日计提应付利息，会计分录为：

$120\ 000 \times 3 \div 12 \times 0.7\% = 210$（港元）

借：利息支出	HKD210
贷：应付利息	HKD210

（2）9 月 30 日计提应付利息，会计分录为：

借：利息支出	HKD210
贷：应付利息	HKD210

该账户应付利息余额为 420 港元。

（3）12 月 1 日支取时计算 10 月 1 日至 12 月 1 日的过期利息如下：

$120\ 000 \times 61 \div 365 \times 0.01\% = 2$（港元）

支取日会计分录为：

借：吸收存款——外汇定期存款（庆华公司）	HKD120 000
应付利息	HKD420
利息支出	HKD2
贷：吸收存款——外汇活期存款（庆华公司）	HKD120 422

第五节 外汇贷款业务的核算

外汇贷款除具备人民币贷款的各种性质外还具有借外汇还外汇以及政策性强，选择性更强的特点。

一、短期外汇贷款的核算

短期外汇贷款，是外汇银行为了充分利用国外资金，进口国内短缺的原材料和先进设备，发展出口商品生产，增加外汇收入，将外汇资金贷给有外汇偿还能力并具备贷款条件的企业单位而发放的一种贷款。

（一）短期外汇贷款的发放

借款单位使用外汇贷款时，必须先向银行提出申请使用贷款的额度；经批准后，即应订立借款合约，据以开立外汇贷款账户。银行放款时，使用"贷款"科目核算，按借款单位不同合约分设账户。借款时，还需由代办进口的外贸公司填具"短期外汇贷款借款凭证"。银行应审核借款凭证有关内容，并同借款合约规定核对相符，区别各种情况办理发放手续。会计分录为：

借：贷款——短期外汇贷款 　　　　　　　　　　　　外币
　　贷：吸收存款——外汇存款 　　　　　　　　　　　外币

如果以非贷款货币对外付汇，会计分录为：

借：贷款——短期外汇贷款 　　　　　　　　　　　　外币
　　贷：外汇买卖（汇买价） 　　　　　　　　　　　　外币
借：货币兑换（汇买价） 　　　　　　　　　　　　　本币
　　贷：货币兑换（汇卖价） 　　　　　　　　　　　　本币
借：货币兑换（汇卖价） 　　　　　　　　　　　　　外币
　　贷：吸收存款——外汇存款 　　　　　　　　　　　外币

[例6-10] 中信银行××分行向A进出口公司发放贷款 USD100 000，转入该进出口公司港币存款，当日美元汇买价是100美元/645.04人民币，港币汇卖价是100港元/83.2人民币。

借：贷款——短期外汇贷款 　　　　　　　　　　USD100 000
　　贷：外汇买卖（汇买价） 　　　　　　　　　　USD100 000
借：货币兑换（汇买价） 　　　　　　　　　　　RMB645 040
　　贷：货币兑换（汇卖价） 　　　　　　　　　　RMB645 040
借：货币兑换（汇卖价） 　　　　　　　　　　　HKD775 288.46
　　贷：吸收存款——外汇存款 　　　　　　　　　HKD775 288.46

（二）贷款的还本付息

短期外汇贷款必须按期偿还。借款单位还款时，必须持有外贸公司签发的"还款凭证"。"还款凭证"一式两份，一份交借款单位持向银行办理还款手续，一份由签证的外贸公司送交银行，凭以控制借款单位及时办理还款。归还货款时，还应套写"短期外汇贷款还款凭证"一式七联，同时按贷款使用天数计收利息，一并归还本息，短期外汇贷款的利息，实行浮动利率，每月公布一次。计息方法为：以每月每个贷款账户的余额计算累计积数，按当月公布的利率计算每月应收利息，计入贷款账户的利息栏内，每季向借款单位收息一次。会计分录为：

借：吸收存款——外汇存款　　　　　　　　　　　　　　　　外币
　　贷：贷款　　　　　　　　　　　　　　　　　　　　　　外币
　　　　利息收入　　　　　　　　　　　　　　　　　　　　外币

（三）以人民币购汇归还贷款

借：吸收存款——活期存款　　　　　　　　　　　　　　　　本币
　　贷：货币兑换（汇卖价）　　　　　　　　　　　　　　　本币
借：货币兑换（汇卖价）　　　　　　　　　　　　　　　　　外币
　　贷：贷款　　　　　　　　　　　　　　　　　　　　　　外币
　　　　利息收入　　　　　　　　　　　　　　　　　　　　外币

二、买方信贷的核算

买方信贷是出口商银行向买方或买方的银行提供的信贷，以便买方利用这项贷款向提供贷款的国家购买技术和设备，以便支付有关的劳务费用。此种信贷是出口国为了支持该国商品的出口而通过银行提供的。

买方信贷下向国外银行的借入款，由总行集中开户，并按借款单位分设账户。买方信贷项下向国外借入款的本息，由总行负责偿还，各分行发放的买方信贷外汇贷款的本息，由分行负责按期收回。

（一）对外签订信贷协议

总行统一对外签订买方信贷总协议，并通知各地方分行和有关部门。总协议签订后，有关每个具体项目的具体信贷协议或按贸易合同逐笔申请的贷款，由总行对外谈判签订，也可由总行授权分行谈判签订。会计处理为：

收入：买方信贷用款限额　　　外币

总行在签订具体协议后，按使用金额逐笔转销表外科目。

（二）进口商支付定金

根据买方信贷协议的规定，对外必须预付一定比例的定金。买方信贷一般占贸易合同总额的 85%，其余 15% 的款项需由进口商用现汇支付定金。会计分录为：

借：吸收存款——外汇存款（进口商）　　　　　　　　　　　　　外币
　　贷：存放同业　　　　　　　　　　　　　　　　　　　　　　外币

如果借款单位以人民币购入外汇支付定金，会计分录为：

借：吸收存款——活期存款（进口商）　　　　　　　　　　　　　本币
　　贷：货币兑换（汇卖价）　　　　　　　　　　　　　　　　　本币
借：货币兑换（汇卖价）　　　　　　　　　　　　　　　　　　　外币
　　贷：存放同业　　　　　　　　　　　　　　　　　　　　　　外币

（三）使用买方信贷

总行收到出口银行贷款，会计分录为：

借：存放同业　　　　　　　　　　　　　　　　　　　　　　　　外币
　　贷：拆入资金——借入买方信贷　　　　　　　　　　　　　　外币

分行对进口商办理贷款

借：贷款——买方信贷外汇贷款　　　　　　　　　　　　　　　　外币
　　贷：系统内上存款项　　　　　　　　　　　　　　　　　　　外币

总行收到联行报单对外付汇

借：系统内款项存放　　　　　　　　　　　　　　　　　　　　　外币
　　贷：存放同业　　　　　　　　　　　　　　　　　　　　　　外币

同时，付出：买方信贷用款限额　　　　外币

（四）偿还贷款本息

买方信贷项下借入国外同业款本息的偿还由总行统一办理。总行按协议规定计算利息。对国外贷款行寄来的利息清单应认真核对并按规定偿付本息。

分行向借款人收取本息：

借：吸收存款——外汇存款　　　　　　　　　　　　　　　　　　外币
　　贷：贷款——买方信贷外汇贷款　　　　　　　　　　　　　　外币
　　　　利息收入　　　　　　　　　　　　　　　　　　　　　　外币

分行向总行归还本息：

借：系统内上存款项　　　　　　　　　　　　　　　　　　　　　外币
　　利息支出　　　　　　　　　　　　　　　　　　　　　　　　外币
　　贷：辖内往来　　　　　　　　　　　　　　　　　　　　　　外币

总行收到分行归还本息：

借：辖内往来   外币

 贷：系统内款项存放   外币

  利息收入   外币

总行归还本息：

借：拆入资金——借入买方信贷   外币

  利息支出   外币

 贷：存放同业   外币

如果借款单位不能按期归还借款，应按照贷款契约规定到期日，将贷款本息转入"短期外汇贷款"明细科目核算，并按规定利率计算到期应收利息。转入短期外汇贷款后，借款单位逾期仍无能力偿还贷款，应采取有效措施，督促借款单位还款。

除以上讲述的短期贷款及买方信贷外，外汇银行尚有抵押贷款、银团贷款等。贷款的种类虽不同，具体业务处理手续有所差异，但会计核算大同小异。

复习思考题

1. 外汇可以分为哪些种类？
2. 银行买入汇率、卖出汇率和中间汇率的含义是什么？
3. 银行为什么要采用外汇分账制进行核算？
4. 套汇是如何进行会计核算的？
5. 信用证为什么会成为外贸结算中采用的主要结算方式？
6. 外汇存、贷款的核算如何进行？
7. 买方信贷和普通的外汇贷款相比有何特点？

第六章习题   第六章答案

第七章　中间业务的核算

本章重点

1. 中间业务的品种和分类。
2. 委托贷款业务的核算。
3. 理财业务的核算。

引导案例

2021年9月10日，筹备两年之久的"跨境理财通"业务试点正式落地，国内金融市场进一步开放。这不但是国家支持粤港澳大湾区建设、推进内地与香港澳门金融合作的重要举措，也是继沪港通、深港通、债券通等服务后，又一项重要金融创新举措。中国人民银行在发布会上透露，《粤港澳大湾区"跨境理财通"业务试点实施细则》（以下简称《细则》）发布后的30天，"跨境理财通"细则正式生效。10月10日开始，内地代销银行可以向央行报备。报备结束完成之后，方可开展业务。据业务试点安排，"跨境理财通"业务支持内地及港澳居民跨境投资对方银行销售的合格投资产品，按投资主体可分为"北向通"和"南向通"。其中，"北向通"和"南向通"跨境资金净流出额上限均不超过1 500亿元（暂定总额度）。同时，"跨境理财通"业务试点对单个投资者将实行额度管理，投资额度为100万元。据《细则》显示，目前"北向通"的合资格理财产品将涵盖被界定为低至中风险的公募基金、固定收益类（主要投资于债券和存款）及权益类（主要投资于股票）公募理财产品；"南向通"的合资格理财产品则主要包括存款（但不包括结构性存款）、低至中风险及非复杂的债券和在香港注册成立并经香港证监会认可的基金。

"跨境理财通"业务的落地，无疑会给粤港澳大湾区内的银行带来新机遇。专家对《证券日报》记者表示，目前已有的跨境投资产品，投资者需要通过基金公司进行间接投资。而"跨境理财通"使得投资者可以通过代销银行直接购买，投资产品范畴更广。"跨境理财通"是金融市场双向开放的进一步体现，对银行而言，意味着新增的业务机会。据记者了解，已有不少银行准备就绪，无论在系统搭建、人员培训，还是产品配置、相关服务对接上，银行业均筹备已久，并在持续升级业务能力。

思考："跨境理财通"业务试点的意义是什么？"跨境理财通"存在风险吗？

（参考资料：https://finance.sina.com.cn/money/lczx/2021-09-16/doc-iktzqtyt6247800.shtml 新浪财经）

第一节　中间业务概述

一、中间业务的品种和分类

中间业务是指不构成商业银行表内资产、表内负债，形成银行非利息收入的业务。商业银行开办中间业务，应经中国人民银行审查同意，并接受中国人民银行的监督检查。

中国人民银行根据商业银行开办中间业务的风险和复杂程度，分别实施审批制和备案制。适用审批制的业务主要为形成或有资产、或有负债的中间业务，以及与证券、保险业务相关的部分中间业务；适用备案制的业务主要为不形成或有资产、或有负债的中间业务。

（一）适用审批制的中间业务品种

（1）票据承兑；

（2）开出信用证；

（3）担保类业务，包括备用信用证业务；

（4）贷款承诺；

（5）金融衍生业务；

（6）各类投资基金托管；

（7）各类基金的注册登记、认购、申购和赎回业务；

（8）代理证券业务；

（9）代理保险业务；

（10）中国人民银行确定的适用审批制的其他业务品种。

（二）适用备案制的中间业务品种

（1）各类汇兑业务；

（2）出口托收及进口代收；

（3）代理发行、承销、兑付政府债券；

（4）代收代付业务，包括代发工资、代理社会保障基金发放、代理各项公用事业收费（如代收水电费）；

（5）委托贷款业务；

（6）代理政策性银行、外国政府和国际金融机构贷款业务；

（7）代理资金清算；

（8）代理其他银行银行卡的收单业务，包括代理外卡业务；

（9）各类代理销售业务，包括代售旅行支票业务；

（10）各类鉴证业务，包括存款证明业务；

（11）信息咨询业务，主要包括资信调查、企业信用等级评估、资产评估业务、金融信息咨询；

（12）企业、个人财务顾问业务；

（13）企业投融资顾问业务，包括融资顾问、国际银团贷款安排；

（14）保管箱业务；

（15）中国人民银行确定的适用备案制的其他业务品种。

根据中间业务的品种，可分为九大类：①支付结算类中间业务，包括国内外结算业务；②银行卡类业务，包括信用卡和借记卡业务；③代理类中间业务，包括代理政策性银行业务、代理中国人民银行业务、代理商业银行业务、代收代付业务、代理证券业务、代理保险业务、代理其他银行银行卡收单业务等；④担保类中间业务，主要包括银行承兑汇票、备用信用证、各类银行保函等；⑤承诺类中间业务，主要包括贷款承诺业务；⑥交易类中间业务，主要包括金融衍生业务，例如远期外汇合约、金融期货、互换和期权等；⑦基金托管类业务，包括封闭式证券投资基金托管业务、开放式证券投资基金托管业务和其他基金的托管业务；⑧咨询顾问类业务，包括信息咨询、资产管理顾问、财务顾问等；⑨其他类中间业务，包括保管箱业务以及其他不能归入以上八类的业务。由于部分中间业务已在本书其他章节述及，所以本章仅介绍几个重要且未曾述及的中间业务。

二、中间业务的作用和管理

中间业务的作用主要有三个方面：①不直接构成商业银行的表内资产或负债，风险较小，为商业银行的风险管理提供了工具和手段；②为商业银行提供了低成本的稳定收入来源；③完善了商业银行的服务功能。

商业银行开展中间业务，应加强与同业之间的沟通和协商，杜绝恶性竞争、垄断市场的不正当竞争行为。对国家有统一收费或定价标准的中间业务，商业银行按国家统一标准收费。对国家没有制定统一收费或定价标准的中间业务，由中国人民银行授权中国银行业协会按商业与公平原则确定收费或定价标准，商业银行应按中国银行业协会确定的标准收费。

商业银行应健全内部经营管理机制，加强内部控制，保证对中间业务的有效管理和规范发展。商业银行应制定中间业务内部授权制度，并报中国人民银行备案。商业银行内部授权制度应明确商业银行各级分支机构对不同类别中间业务的授权权限，应明确各级分支机构可以从事的中间业务范围。

商业银行应建立监控和报告各类中间业务的信息管理系统，及时、准确、全面反映各项中间业务的开展情况及风险状况，并及时向监管当局报告业务经营情况和存在的问题。

商业银行应注重对中间业务中或有资产、或有负债业务的风险控制和管理，对或有资产业务实行统一的资本金管理；应注重对交易类业务的头寸管理和风险限额控制；应对具有信用风险的或有资产业务实行统一授信管理。

商业银行应建立中间业务内部审计制度，对中间业务的风险状况、财务状况、遵守内部规章制度情况和合规合法情况进行定期或不定期的审计。

三、商业银行服务价格管理

《商业银行服务价格管理办法（征求意见稿）》（2012年2月）中规定：商业银行服务，是指商业银行向金融消费者提供的各类服务。服务价格，是指商业银行提供服务时收取的费用。商业银行服务价格行为应当严格遵守国家法律、法规、规章和有关政策的规定，遵循公开、诚实、信用的原则，接受社会监督，促进银行服务持续发展和承担社会责任相统一。

根据商业银行服务的性质、特点和市场竞争状况，商业银行服务价格分别实行政府指导价、政府定价和市场调节价。

（一）政府指导价、政府定价的制定和调整

实行政府定价的商业银行服务项目和标准，实行政府指导价的商业银行服务项目、基准价格和浮动幅度由国务院价格主管部门会同国务院银行业监督管理机构、中国人民银行制定和调整。下列与人民生活关系密切的基本商业银行服务价格实行政府指导价或政府定价：

（1）银行汇票、本票、支票、贷记转账和委托收款服务等人民币基本结算价格；

（2）国务院价格主管部门、国务院银行业监督管理机构、中国人民银行根据商

业银行服务成本、服务价格对个人、企事业单位的影响程度和市场竞争状况制定和调整的商业银行服务价格。

（二）市场调节价的制定和调整

除规定实行政府指导价、政府定价的商业银行服务价格以外，商业银行服务价格实行市场调节价。实行市场调节价的商业银行服务价格应由商业银行总行制定和调整。分支机构不得违反总行的规定，自行制定和调整服务价格。商业银行分支机构因地区性明显差异需要执行不同于总行制定的服务价格，应获得总行的授权。

商业银行制定和调整市场调节价，按照以下程序执行：

（1）制定相关服务价格的定价策略和定价原则；

（2）综合测算相关服务项目的服务成本；

（3）进行价格决策；

（4）形成统一的业务说明和宣传材料；

（5）按相关规定报告；

（6）在各类相关营业场所的醒目位置公示。

商业银行制定和调整实行市场调节价的服务价格，应合理测算各项服务支出，充分考虑市场等因素综合决策。

（三）明码标价制度

商业银行服务价格应严格实行明码标价制度。商业银行应在其网点、网站等采用多种方式及时公布实行政府指导价、政府定价和市场调节价的服务项目、价格水平和适用对象，所标示的价格应当相互吻合，真实一致，并应当采取各种措施保护金融消费者相关权益。

商业银行服务价格信息公示内容应至少包括：服务项目、服务价格、政府指导价或政府定价的批准文号、生效日期、咨询（投诉）的联系方式等。商业银行关于服务价格信息的公示涉及优惠措施的，应明确标注优惠措施的生效日期和终止日期。商业银行提高实行市场调节价的服务价格，应至少于执行前3个月在相关营业场所和商业银行网站进行公示，必要时应采用书面、电话、短信、电子邮件、合同约定的其他形式等多种方式通知相关金融消费者。商业银行设立新的实行市场调节价的服务收费项目，应至少于执行前1个月在相关营业场所和商业银行网站向社会公示。

商业银行接受其他单位的委托开展代理业务收费时，应将委托方名称、服务项目、收费金额、咨询或投诉的联系方式等信息告知金融消费者，并在提供给金融消费者的确认单据中明确标注上述信息。对于需要签署服务章程、协议等合同文件的银行服务项目，商业银行应在相应的合同文件中以通俗易懂和清晰醒目的方式明示服务项目或服务内容、服务价格、优惠措施及其生效日期和终止日期、与价格相关的例外条款和限制性条款、咨询或投诉的联系方式等信息。

第二节　委托贷款业务的核算

一、委托贷款的核算

委托贷款是指由委托人提供资金并承担全部贷款风险，商业银行作为受托人，根据委托人确定的贷款对象、用途、金额、期限、利率等代为发放、监督使用并协助回收的贷款。商业银行开办委托贷款业务，为委托人提供金融服务，应收取手续费。并且不得垫付委托贷款资金，不得垫付委托人应纳的增值税，不承担任何形式的贷款风险。委托人包括各级政府部门、企事业单位和个人。

（一）会计科目设置

1.“委托存款”科目

“委托存款”是负债类科目，核算银行收到的委托本行发放贷款而存入的款项，科目余额在贷方。本科目按委托人分户核算。

2.“委托贷款基金”科目

“单位委托贷款”基金是负债类科目，核算单位和个人委托银行发放贷款而移存的委托贷款基金，科目余额在贷方。本科目按委托人分户核算。

3.“委托贷款”科目

“委托贷款”是资产类科目，核算银行接受委托，以委托人提供的资金代理发放的贷款，科目余额在借方。本科目按借款人分户核算。

4.“中间业务收入”科目

“中间业务收入”是损益类科目，核算银行各类中间业务取得的收入。余额反映在贷方，期末转入本年利润后无余额。本科目按业务种类分类核算。如果银行未设置“中间业务收入”科目，也可以在“手续费及佣金收入”科目下核算。

（二）会计核算

1.委托贷款发放

银行收到委托资金时，会计分录为：

借：吸收存款——活期存款/活期储蓄存款（委托人存款账户）

　　贷：委托存款

柜员审核业务部门提交的委托贷款合同、借款借据和下柜凭证等无误后，输入借款人客户号、合同号、合同额度、本期额度等项目经授权后提交系统处理；系统进行相应的账务处理后，将交易信息登记到非自有贷款登记簿中。会计分录为：

借：委托存款

　　　贷：委托贷款基金

　　借：委托贷款

　　　贷：吸收存款——活期存款（借款人存款账户）

2．委托贷款展期

　　经委托人同意，对委托贷款展期的，根据业务部门提交的展期合同，输入贷款账号、合同号、展期金额等经授权后提交系统处理。对全额展期的非自有贷款，系统将修改到期日等信息，不产生账务；对部分展期的非自有贷款，系统将修改原贷款户到期日等信息，同时生成新的逾期贷款户。

3．委托贷款扣收利息

　　在委托贷款利息结息日，银行系统根据贷款本金、利率等计算利息，并向借款人扣收。对扣收的委托贷款利息在表内核算，对未扣收的委托贷款利息则在表外反映。

　　（1）结息并全额收到的

　　借：吸收存款——活期存款（借款人存款账户）

　　　贷：委托存款

　　（2）若借款人账户余额不足的，不扣收利息，整笔利息直接计入表外欠息户。

　　收入：委托贷款应收未收利息

4．委托贷款还款

　　贷款到期或经委托人同意，借款人正常到期还款或提前偿还贷款的，柜员审核借款人转账支票等还款凭证和委托人同意提前还款等相关业务凭证无误后提交系统处理；系统处理成功后，打印计息单等凭证。会计分录为：

　　借：吸收存款——活期存款（借款人存款账户）

　　　贷：委托贷款

　　借：委托贷款基金

　　　贷：委托存款

　　如果以前有表外欠息现已还清，同时

　　付出：委托贷款应收未收利息

5．银行收取手续费并支付委托贷款本息

　　商业银行收取委托贷款手续费时，可以按委托贷款的一定比例在结计贷款利息时收取；也可以按委托贷款的一定比例在委托贷款收回时收取。银行可在"中间业务收入"科目下设"委托贷款业务收入"二级科目，核算办理委托贷款业务收取的手续费收入。

　　委托贷款到期日次日终了，银行偿还委托人贷款本金及利息，收取委托贷款手续费。委托贷款手续费收入属于银行提供"经纪代理服务"取得的收入，应将含税收入还原并计算增值税销项税额。会计分录为：

　　借：委托存款

贷：吸收存款——活期存款/活期储蓄存款

　　中间业务收入——委托贷款业务收入

　　应交税费——应交增值税（销项税额）

银行也可在每日日终由系统对未价税分离收入的发生额进行批处理价税分离。

6. 委托贷款逾期及核销

（1）委托贷款本金到期日次日终了，若委托贷款本金没有偿还，则将其转入逾期委托贷款科目下核算。会计分录为：

借：逾期委托贷款

　　贷：委托贷款

结息但没有收到利息的，

收入：委托贷款应收未收利息

（2）对逾期的委托贷款，根据经信贷部门审批同意的委托人的相关核销通知，柜员输入贷款账号、核销金额经授权后提交系统处理。会计分录为：

①核销本金

借：委托贷款基金

　　贷：逾期委托贷款

②核销表外应收未收利息

付出：委托贷款应收未收利息

［例7-1］兴茂公司于2021年1月1日委托工商银行××支行发放贷款100万元，银行将这笔资金贷给乙企业并按季结息，贷款期限1年，年利率8.4%。假设乙企业能够按期付息，到期还本，银行约定2022年1月1日支付兴茂公司委托贷款本息，委托贷款收回时兴茂公司支付银行手续费2万元，金融服务适用增值税税率为6%。

要求：做出工商银行××支行的相关账务处理。

（1）委托贷款发放

借：吸收存款——活期存款（兴茂公司）	1 000 000
贷：委托存款——兴茂公司	1 000 000
借：委托存款——兴茂公司	1 000 000
贷：委托贷款基金——兴茂公司	1 000 000
借：委托贷款——乙企业	1 000 000
贷：吸收存款——活期存款（乙企业）	1 000 000

（2）委托贷款扣收每季度利息

借：吸收存款——活期存款（乙企业）	21 000
贷：委托存款——兴茂公司	21 000

（3）委托贷款还款

借：吸收存款——活期存款（乙企业）	1 000 000
贷：委托贷款	1 000 000

借：委托贷款基金   1 000 000
　贷：委托存款   1 000 000
（4）银行支付委托贷款本息并收取手续费
借：委托存款   1 084 000
　贷：吸收存款——活期存款（兴茂公司）   1 064 000
　　中间业务收入——委托贷款业务收入   18 868
　　应交税费——应交增值税（销项税额）   1 132

第三节　理财业务的核算

一、理财业务的种类

理财业务是指商业银行等金融机构接受投资者委托，按照与投资者事先约定的投资策略、风险承担和收益分配方式，对受托的投资者财产进行投资和管理的金融服务。

根据中国银保监会 2018 年 9 月颁布的《商业银行理财业务监督管理办法》（中国银行保险监督管理委员会令 2018 年第 6 号），理财产品是指商业银行按照约定条件和实际投资收益情况向投资者支付收益、不保证本金支付和收益水平的非保本理财产品。商业银行理财产品财产独立于管理人、托管机构的自有资产，因理财产品财产的管理、运用、处分或者其他情形而取得的财产，均归入银行理财产品财产。商业银行理财产品管理人、托管机构不得将银行理财产品财产归入其自有资产，因依法解散、被依法撤销或者被依法宣告破产等原因进行清算的，银行理财产品财产不属于其清算财产。

（1）商业银行应当根据募集方式的不同，将理财产品分为公募理财产品和私募理财产品。

公募理财产品是指商业银行面向不特定社会公众公开发行的理财产品。公开发行的认定标准按照《中华人民共和国证券法》执行。私募理财产品是指商业银行面向合格投资者非公开发行的理财产品。合格投资者是指具备相应风险识别能力和风险承受能力，投资于单只理财产品不低于一定金额且符合下列条件的自然人、法人或者依法成立的其他组织：具有 2 年以上投资经历，且满足家庭金融净资产不低于 300 万元人民币，或者家庭金融资产不低于 500 万元人民币，或者近 3 年本人年均收入不低于 40 万元人民币；最近 1 年年末净资产不低于 1 000 万元人民币的法人或者依法成立的其他组织；国务院银行业监督管理机构规定的其他情形。私募理财产品的投资范围由合同约定，可以投资于债权类资产和权益类资产等。权益类资产是指上市交易的股票、未上市企业股权及其受（收）益权。

（2）商业银行应当根据投资性质的不同，将理财产品分为固定收益类理财产品、权益类理财产品、商品及金融衍生品类理财产品和混合类理财产品。

固定收益类理财产品投资于存款、债券等债权类资产的比例不低于80%；权益类理财产品投资于权益类资产的比例不低于80%；商品及金融衍生品类理财产品投资于商品及金融衍生品的比例不低于80%；混合类理财产品投资于债权类资产、权益类资产、商品及金融衍生品类资产且任一资产的投资比例未达到前三类理财产品标准。

（3）商业银行应当根据运作方式的不同，将理财产品分为封闭式理财产品和开放式理财产品。

封闭式理财产品是指有确定到期日，且自产品成立日至终止日期间，投资者不得进行认购或者赎回的理财产品。开放式理财产品是指自产品成立日至终止日期间，理财产品份额总额不固定，投资者可以按照协议约定，在开放日和相应场所进行认购或者赎回的理财产品。

商业银行应当通过具有独立法人地位的子公司开展理财业务。暂不具备条件的，商业银行总行应当设立理财业务专营部门，对理财业务实行集中统一经营管理。商业银行开展理财业务，应当确保理财业务与其他业务相分离，理财产品与其代销的金融产品相分离，理财产品之间相分离，理财业务操作与其他业务操作相分离。商业银行应当根据理财业务性质和风险特征，建立健全理财业务管理制度，包括产品准入管理、风险管理与内部控制、人员管理、销售管理、投资管理、合作机构管理、产品托管、产品估值、会计核算和信息披露等。

二、理财产品业务的核算

（一）会计科目设置

1.“存放系统内款项”

“存放系统内款项”是资产类科目，核算银行的下级行存放或上缴上级行的清算备付金、准备金、定期存款、特别存款等款项。科目余额在借方。本科目明细按存放机构、资金性质分类核算，如“存放分行备付金”“存放总行备付金”。

2.“委托理财基金”

“委托理财基金”是负债类科目，核算银行销售委托理财产品而接受客户委托的理财资金。科目余额在贷方。本科目按产品分户核算。

3.“委托理财”

“委托理财”是资产类科目，核算银行使用客户委托理财资金，代客进行理财投资的情况。科目余额在借方。本科目按产品分户核算。

4.“其他资金往来”

“其他资金往来”是资产负债共同类科目，用于核算和反映银行系统内机构之间、银行和系统外机构之间发生的其他资金往来款项。本科目余额轧差反映。

（二）会计核算

商业银行、信托公司等资管产品管理人运营资管产品（包括银行理财产品、资金信托等）过程中发生的增值税应税行为，暂适用简易计税方法，按照3%的征收率缴纳增值税。

1. 理财资金归集

假设以总行资金营运中心作为银行归集理财资金的机构，客户向银行购买理财产品，发行期结束，将资金归集至总行资金营运中心。会计分录为：

（1）支行：

借：吸收存款——活期存款/活期储蓄存款

　　贷：存放系统内款项——存放分行备付金

（2）总行资金营运中心：

借：存放系统内款项——存放总行备付金

　　贷：委托理财基金

2. 理财资金对外投资

理财资金对外投资时，根据相关资金业务交割单等书面凭证，进行账务处理和资金清算。非保本浮动收益委托理财资金对外投资形成的资产属代理业务资产。总行资金营运中心的会计分录为：

借：委托理财基金

　　贷：存放系统内款项——存放总行备付金

总行资金营运中心进行投资时，借记“委托理财”，贷记有关科目；收回投资时，借记有关科目，贷记“委托理财”。

3. 理财产品获取投资收益

非保本浮动收益型理财产品的理财资金投资运作期间收到投资收益的，会计分录为：

借：存放系统内款项——存放总行备付金

　　贷：其他资金往来

4. 理财产品投资终止

理财产品投资终止收回本金和收益的，总行资金营运中心根据交割单等书面凭证，进行账务处理。

借：存放系统内款项——存放总行备付金

借或贷：其他资金往来

　　贷：委托理财基金

5. 返还理财产品本金和收益

理财产品终止时，总行资金营运中心根据理财产品协议，在约定日将理财本金和所实现的收益扣除相关费用后划往各机构客户账户，会计分录为：

（1）总行资金营运中心：

银行扣除理财产品的销售手续费和托管费

借：其他资金往来

　　贷：中间业务收入——理财业务收入

　　　　　　　　　　——托管业务收入

　　　　应交税费——应交增值税（销项税额）

借：委托理财基金

借或贷：其他资金往来

　　贷：存放系统内款项——存放总行备付金

（2）支行：

借：存放系统内款项——存放分行备付金

　　贷：吸收存款——活期存款/活期储蓄存款

6. 管理费用计提与收取

在资产负债表日应计提理财产品管理费，会计分录为：

借：应收理财管理费

　　贷：中间业务收入——理财业务收入

　　　　应交税费——应交增值税（销项税额）

总行资金营运中心在协议约定日或理财产品终止时根据管理费清单实际收到管理费，会计分录为：

借：其他资金往来

　　贷：应收理财管理费

　　　　中间业务收入——理财业务收入（理财管理费计提差额部分）

　　　　应交税费——应交增值税（销项税额）

理财产品若达到与客户收益分享标准的，在返还客户收益后，余额为银行投资运作收益，会计分录为：

借：其他资金往来

　　贷：中间业务收入——资产管理顾问业务收入

　　　　应交税费——应交增值税（销项税额）

［例7-2］工商银行××支行2021年1月1日发行非保本浮动收益型理财产品，产品不保障本金但本金和预期收益受风险因素影响较小。该理财产品期限为1年，计划发行30亿元，托管费率0.02%，销售手续费率0.2%，扣除销售手续费、托管费，产品到期后客户可获得的预期最高年化收益率约4.50%。若产品到期后未达到客户预期最高年化收益率，工商银行××支行不收取投资管理费，在达到客户预期最

高年化收益率的情况下，超出预期最高年化收益率部分的收益作为银行的投资管理费。2022 年 1 月 1 日该理财产品到期，所投资的资产按时收回全额本金，获得年化收益率为 5.50%，工商银行扣除销售手续费、托管费后，返还客户理财产品本金和按预期最高年化收益率 4.50% 计算的收益，收取 0.78% 的投资管理费。假设工商银行以总行资金营运中心作为银行归集理财资金的机构。按照 3% 的征收率缴纳增值税。

要求：对上述经济业务分别做出工商银行××支行和总行资金营运中心的账务处理，忽略总行资金营运中心具体进行投资及收回的分录。

（1）理财资金归集

工商银行××支行：

借：吸收存款——活期存款/活期储蓄存款　　　　3 000 000 000

　　贷：存放系统内款项——存放分行备付金　　　　3 000 000 000

总行资金营运中心：

借：存放系统内款项——存放总行备付金　　　　3 000 000 000

　　贷：委托理财基金　　　　3 000 000 000

（2）理财资金对外投资

总行资金营运中心：

借：委托理财基金　　　　3 000 000 000

　　贷：存放系统内款项——存放总行备付金　　　　3 000 000 000

（3）理财产品投资终止

总行资金营运中心：

借：存放系统内款项——存放总行备付金　　　　3 165 000 000

　　贷：其他资金往来　　　　165 000 000

　　　　委托理财基金　　　　3 000 000 000

（4）银行扣除相关费用，返还理财产品本金和收益

总行资金营运中心：

借：其他资金往来　　　　6 600 000

　　贷：中间业务收入——理财业务收入　　　　5 825 242.72

　　　　　　　　　　——托管业务收入　　　　582 524.27

　　　　应交税费——应交增值税（销项税额）　　　　192 233.01

借：委托理财基金　　　　3 000 000 000

　　其他资金往来　　　　135 000 000

　　贷：存放系统内款项——存放总行备付金　　　　3 135 000 000

支行：

借：存放系统内款项——存放分行备付金　　　　3 135 000 000

　　贷：吸收存款——活期存款/活期储蓄存款　　　　3 135 000 000

（5）收取投资管理费

借：其他资金往来　　　　　　　　　　　　　　　23 400 000

　　贷：中间业务收入——资产管理顾问业务收入　　　22 718 446.6

　　　　应交税费——应交增值税（销项税额）　　　　　681 553.4

（三）报表编制

商业银行应当按照《企业会计准则第 33 号——合并财务报表》（以下简称《合并财务报表准则》）的相关规定，判断是否控制其发行的理财产品。如果商业银行控制该理财产品，应当按照《合并财务报表准则》的规定将该理财产品纳入合并范围。

商业银行发行的理财产品应当作为独立的会计主体，按照《企业会计准则》的相关规定进行会计处理。对于理财产品持有的金融资产或金融负债，应当根据持有目的或意图、是否有活跃市场报价、金融工具现金流量特征等，按照《金融工具确认计量准则》有关金融资产或金融负债的分类原则进行恰当分类。对于理财产品持有的金融资产或金融负债，应当按照《金融工具确认计量准则》《公允价值计量准则》和其他相关准则进行计量。

商业银行是编报理财产品财务报表的法定责任人。如果相关法律法规或监管部门要求报送或公开理财产品财务报表，商业银行应当确保其报送或公开的理财产品财务报表符合《企业会计准则》的要求。

三、咨询顾问类业务的核算

咨询顾问类业务系指银行依靠自身在信息、人才、信誉等方面的优势，收集和整理有关信息，并通过对这些信息以及银行和客户资金运动的记录和分析，形成系统的资料和方案，提供给客户，以满足其业务经营管理或发展需要的服务活动。目前主要包括以下几类业务：

（1）信息咨询业务，包括项目评估、企业信用等级评估、验证企业注册资金、资信证明、企业管理咨询等。

（2）资产管理顾问业务，指为机构投资者或个人投资者提供全面的资产管理服务，包括投资组合建议、投资分析、税务服务、信息提供、风险控制等。

（3）财务顾问业务，包括债券承销业务收入、私募股权融资财务顾问收入、IPO 财务顾问收入、再融资财务顾问收入、并购财务顾问收入、债务融资财务顾问收入、结构化融资财务顾问收入（包括销售管理费、产品管理费等）、银团贷款财务顾问收入（包括牵头费、管理费、代理费、承诺费等）、其他财务顾问收入。

（4）现金管理业务，指商业银行协助企业，科学合理地管理现金账户头寸及活期存款余额，以达到提高资金流动性和使用效益的目的。

上述业务发生时均记入银行的中间业务收入，只是归属的明细科目不同。

第四节　保管箱业务的核算

一、保管箱业务的概述及规定

保管箱是银行为方便客户寄存贵重物品和单证而提供的安全、可靠的保密设施。它可存放金银珠宝、有价证券、契约、合同、书画、重要资料和保密档案等，具有租价适宜、品种齐全以及开箱方式安全可靠等特点。

保管箱业务是指银行以出租保管箱的形式代客户保管贵重物品、重要文件、有价单证等财物的服务性项目。保管箱业务收费根据尺寸和租用期限不同执行不同标准。凡具有完全民事行为能力和合法有效身份证件的个人，以及具有法人资格和合法有效证明文件的单位均可申请租用保管箱。租用保管箱必须签订保管箱租约，明确双方权利与义务。

租箱人或被授权人可在营业时间内，携带租箱时登记的有效身份证件、保管箱钥匙，填写"保管箱开启登记表"，提供保管箱业务密码或指纹信息办理开启手续。租箱人不得自行配制保管箱钥匙，如遗失保管箱钥匙，租箱人必须填写钥匙挂失及补发申请书，并交纳更换钥匙费用。

租箱期满，租用人应及时办理续租或退租手续。退租时，在结清费用、清除箱内物品、交还保管箱全部客户钥匙后，办理退租手续，可凭保证金收据或本租约（原件）取回保证金。若有箱体损坏、钥匙丢失，甲方按公示赔偿标准从保证金中扣收，如果逾期办理退租，应补交逾期租金并按逾期租金的5%缴纳滞纳金，从保证金中扣收，以上不足部分银行享有追索权。保管箱不能擅自转租、分租，保管箱租赁权不能作为质权标的。银行发现租用人或代理人将保管箱转让或转租他人，应终止租约，并对租用人处以一定金额的罚金。

二、保管箱业务的核算

（一）科目设置

（1）在"中间业务收入"科目下设"保管箱业务收入"二级科目，用于核算和反映本行办理保管箱业务收取的手续费收入。收取手续费时，借记有关科目，贷记本科目；期末结转时，借记本科目，贷记"本年利润"科目。本科目余额反映在贷方，期末转入本年利润后无余额。

（2）设置"出租保管箱"表外科目，用于核算和反映本行向客户出租使用保管箱的情况。

（二）会计核算

1. 保管箱租用的处理

租用人与银行签订保管箱租约，填写"保管箱租用申请书"。经办人员收取租金和保证金，登记"保管箱租箱、退箱登记簿"，会计分录为：

借：库存现金

　　或吸收存款——活期存款/活期储蓄存款

　　贷：中间业务收入——保管箱业务收入

　　　　其他应付款——保管箱押金户

　　　　应交税费——应交增值税（销项税额）

银行也可在每日日终由系统对未价税分离收入的发生额进行批处理价税分离。

同时，登记"保管箱租箱、退箱登记簿"，填制表外科目收入凭证，登记表外科目明细账。

收入：出租保管箱

2. 保管箱续租的处理

续租要在期满前一个月内缴纳下期租金，银行经办人收到租用人提交的申请书及有关证件等审核无误后，同意续租，其余处理手续同上，会计分录也同上。经办人员收取续租租金，原资料卡加盖"续租"戳记续用。

3. 保管箱退租的处理

银行经办人收到租用人提交的申请书、押金收据第二联及有关证件等审核无误，并与原申请书留存联核对一致后，经办人员将保证金收据以及保证金退还租用人，并销记"保管箱租箱、退箱登记簿"，会计分录为：

借：其他应付款——保管箱押金户

　　贷：库存现金

　　　　或吸收存款——活期存款/活期储蓄存款

同时，填制表外科目付出凭证，登记表外科目明细账。

付出：出租保管箱

4. 更换印鉴和挂失的处理

租用人因印鉴更换、钥匙丢失申请挂失的，会计分录为：

借：库存现金

　　或吸收存款——活期存款/活期储蓄存款

　　贷：中间业务收入——保管箱业务收入

　　　　应交税费——应交增值税（销项税额）

5. 收取滞纳金的处理

租用人未能按期交纳租金的，银行要向租用人收取滞纳金，会计分录为：

借：库存现金

或吸收存款——活期存款/活期储蓄存款

贷：营业外收入

应交税费——应交增值税（销项税额）

［例7-3］王松到建设银行××支行申请租用保管箱，和银行签订保管箱租约，租期1年，租金500元，保证金1 000元，以现金支付，金融服务适用增值税税率为6%。

建设银行××支行的会计分录为：

借：库存现金　　　　　　　　　　　　　　　　　　　　1 500

　　贷：中间业务收入——保管箱业务收入　　　　　　　　472

　　　　其他应付款——保管箱押金　　　　　　　　　　1 000

　　　　应交税费——应交增值税（销项税额）　　　　　　28

同时，

收入：出租保管箱

［例7-4］王松租用的保管箱到期，王松决定退租，银行经办人收到王松提交的申请书、押金收据第二联及有关证件等审核无误，并与原申请书留存联核对一致后，将保证金收据以及保证金退还王松。

建设银行××支行的会计分录为：

借：其他应付款——保管箱押金　　　　　　　　　　　　1 000

　　贷：库存现金　　　　　　　　　　　　　　　　　　1 000

同时　付出：出租保管箱

 复习思考题

1. 个人理财业务有哪些类型？

2. 委托贷款与银行自有贷款在核算上有何不同？

3. 公募理财产品和私募理财产品有什么不同？

4. 保管箱业务的作用有哪些？未来发展前景如何？

第七章习题

第七章答案

第八章 基金公司业务的核算

本章重点

1. 证券投资基金股票投资和债券投资业务的核算。
2. 证券投资基金申购和赎回业务的核算。

引导案例

公募基金2021年中报披露完毕，各基金公司的盈利和费用明细浮出水面。总体来看，公募基金上半年合计盈利近6 500亿元，处于历史高位。同时，基金管理费、托管费、交易费、销售服务费"四费"，都出现了明显增长，上半年合计金额逼近1 000亿元。其中，"四费"中备受关注的管理费，上半年公募基金合计收取670多亿元，同比增长近七成。比如，收入最高的易方达基金，上半年管理费收入51.07亿元，已接近去年全年56.47亿元的收入，同比大增1.23倍。值得一提的是，基金公司在盈利和费用上出现了明显的两极分化，头部效应很明显。盈利排名前20家基金公司上半年合计赚了4 198亿元，而排名后20家基金公司合计收益不到7亿元。后者是前者的千分之一。

支撑基金公司上半年高盈利一个因素是管理费的大幅增长，上半年管理费收入激增七成。来自天相投顾数据显示，2021年上半年，142个基金管理人合计收取管理费672.95亿元，比去年同期的399.29亿元激增68.54%。其中，上半年混合型基金收取管理费360亿元，占比53%，撑起半壁江山。Wind数据显示，2021上半年管理费费率为 0.298%，在偏股基金占比提升带动下，连续 2 年回升。上半年，基金公司管理费前十名分别是：易方达基金 51.07 亿元、广发基金 36.18 亿元、汇添富基金 34.34 亿元、富国基金 29.16 亿元、华夏基金 27.26 亿元、兴证全球基金 26.62 亿元、南方基金 25.34 亿元、嘉实基金 24.85 亿元、中欧基金 23.51 亿元、景顺长城基金 19.8 亿元。

　　思考： 基金公司为什么会在盈利和费用上出现明显的两极分化？基金公司管理费大幅增长的主要原因是什么？

　　（参考资料：https://m. 21jingji. com/article/20210902/f5aef1e01efa51aebe58f51758fcd0e9.html21 世纪经济报道）

第一节　证券投资基金概述

一、证券投资基金业务概述

（一）证券投资基金的概念

　　证券投资基金是证券市场发展的必然产物。根据《中华人民共和国证券投资基金法》，证券投资基金是指通过公开发售基金份额募集，由基金管理人管理，基金托管人托管，为基金份额持有人的利益以资产组合方式进行证券投资活动。通俗地讲，证券投资基金就是集中众多投资者的资金，交由专业的基金管理公司对股票、债券等进行分散投资，以谋求投资风险的最小化和投资收益的最大化。

　　证券投资基金包括以下四个方面的当事人：基金发起人，基金持有人，基金管理人和基金托管人。基金的发起人通常由经过中国证券监督管理委员会审查批准的证券公司、信托投资公司、基金管理公司担任。基金持有人指持有基金份额的投资人。基金管理人由基金发起人直接或控股成立，在基金设立后，根据法律、法规及基金契约的规定，凭借专业知识和经验，通过科学的投资组合决策，对基金资产进行管理和运用，使基金持有人能够通过基金资产的不断增值而受益。在我国，基金管理人通常以基金管理公司的形式出现，其管理和运用基金资产的水平直接决定了基金的收益水平。基金托管人是指依据"管理与保管分开"的原则对基金资产进行托管的商业银行。

（二）证券投资基金的分类

　　1. 根据投资对象的不同分为股票基金、债券基金、混合基金、货币市场基金

　　股票基金是指以股票为投资对象的投资基金（股票投资比重占 80% 以上），预期风险收益水平较高。股票型基金二级分类主要分成三大类：有严格限制主题的基

金、量化交易的基金、无严格限制主题的基金。债券基金是指以债券为投资对象的投资基金（债券投资比重占 80% 以上），收益率相对稳定。混合基金是指股票和债券投资比率介于以上两类基金之间并可以灵活调控。货币市场基金是指投资安全且具有流动性的货币市场工具，如国库券等，年收益率较低但风险也很低，申购赎回灵活可媲美活期存款。

2. 根据组织形式的不同分为公司型基金和契约型基金

公司型基金指专门为一个基金成立一家股份公司进行专门管理运作。契约型基金本身不成立公司，一般由基金管理公司、基金托管机构和投资者签订基金契约进行具体的管理运作。一家基金管理公司可以管理多支契约型基金。

3. 根据资金募集方式的不同分为公募证券投资基金和私募证券投资基金

公募证券投资基金是向不特定投资者（累计超过 200 人）公开发行收益凭证进行资金募集的基金，在法律和监管部门严格监管下，有信息披露、利润分配、投资限制等行业规范。私募证券投资基金是私下或直接向特定投资者募集的资金（累计超过 200 人，投资于单只私募基金的金额不低于 100 万元且符合下列相关标准的单位和个人：净资产不低于 1 000 万元的单位；金融资产不低于 300 万元或者最近 3 年个人年均收入不低于 50 万元的个人），同时在信息披露、投资限制等方面监管要求较低，方式较为灵活。

二、证券投资基金会计概述

由于证券投资基金当事人所处的位置不同，会计核算的具体内容和方法也会有所不同。同时，作为基金管理人的基金管理公司通常可能管理多只契约型基金，基金管理公司及其管理的契约型基金的会计核算角度也会有所不同，由于篇幅有限，本章仅从公募基金管理人的角度论述契约型开放式证券投资基金的会计核算。

（一）证券投资基金会计核算的特点

按照《中华人民共和国证券投资基金法》（2015 年修订）的规定，依法募集资金，办理基金份额的发售和登记事宜；办理基金备案手续；对所管理的不同基金财产分别管理、分别记账，进行证券投资；按照基金合同的约定确定基金收益分配方案，及时向基金份额持有人分配收益；进行基金会计核算并编制基金财务会计报告；编制中期和年度基金报告；计算并公告基金资产净值，确定基金份额申购、赎回价格；办理与基金财产管理业务活动有关的信息披露事项；按照规定召集基金份额持有人大会；保存基金财产管理业务活动的记录、账册、报表和其他相关资料；以基金管理人名义，代表基金份额持有人利益行使诉讼权利或者实施其他法律行为；国务院证券监督管理机构规定的其他职责。证券投资基金会计采用公允价值计价，因此，证券投资基金业务会计核算有以下几个特点：

第八章 基金公司业务的核算

1. 建立独立的会计核算体系

由于基金管理人可能是专门从事基金运作或兼营基金的金融企业，它必须将自有资产负债与受托经营基金的资产负债分开，独立设账，分别核算；同时，由于每支基金的权益由不同基金持有人所拥有，基金管理人还要保证不同的基金之间在名册登记、账户设置、资金划拨、账簿记录等方面相互独立，为基金投资人买卖基金提供可靠数据。

2. 计算和公告基金单位净值

证券投资基金会计核算的目的是反映证券投资基金的财务状况和基金管理公司的运作业绩，为投资者提供投资决策依据。而反映基金业务经营业绩的最终指标是基金单位净值及其增长速度。所以，基金管理公司应于估值日计算基金净值和基金单位净值，并予以公告。

3. 收益与分配

证券投资基金的收益构成与一般公司不大相同。基金收入主要来源于利息收入、股票、债券等投资收益以及公允价值变动损益等方面。其中，利息收入包括存款、债券、资产支持证券的利息收入及买入返售金融资产收入。基金管理成本的构成也具有深刻的行业特点，包括管理人报酬、托管费、销售服务费、交易费用、利息支出（含卖出回购金融资产支出）等项目。基金收益分配也有特别的规定，如应当采用现金形式，每年至少1次，分配比例不得低于基金净收益的90%。

（二）证券投资基金的会计科目

证券投资基金由于业务上的特殊性，在会计科目的设置上也具有其特点，如表8-1所示。

表8-1　证券投资基金公司特殊科目表

编号	会计科目名称	编号	会计科目名称
	一、资产类	3003	证券清算款
1105	基金投资	3101	远期投资
1106	权证投资		四、所有者权益类
	二、负债类	4001	实收基金
2201	短期借款	4011	损益平准金
2203	应付赎回款		五、损益类
2204	应付赎回费	6101	公允价值变动损益
2206	应付管理人报酬	6302	其他收入
2207	应付托管费	6403	管理人报酬
2208	应付销售服务费	6404	托管费
2209	应付交易费用	6406	销售服务费
	三、共同类	6407	交易费用

(三) 证券投资基金会计报表

证券投资基金会计报表包括：资产负债表，利润表，所有者权益（基金净值）变动表。

(四) 关于基金管理人增值税的处理规定

基金管理人作为资管产品管理人，从 2018 年 1 月 1 日起，在运营资管产品过程中发生的增值税应税行为，需以资管产品管理人为增值税纳税人，缴纳增值税及相应附加税费，暂按 3% 的征收率缴纳增值税。资管产品通常有三种应税行为：管理费、贷款服务、投资。因管理资管产品而固定收取的管理费，应按照"直接收费金融服务"缴纳增值税；运用资管产品资产发放贷款取得利息收入，应按照"贷款服务"缴纳增值税；运用资管产品资产进行投资等，根据取得收益的性质，判断其是否发生增值税应税行为，如对持有期间取得的分配（含持有至到期），凡合同中明确承诺到期本金可全部收回，其取得的收益（固定收益或浮动收益）按"贷款服务"缴纳增值税，反之，投资于非保本产品，持有收益不征增值税。根据财税〔2016〕36 号文，证券投资基金管理人运用资金买卖股票、债券取得的收入免征增值税，对其他业务比如股指期货、国债期货等，应按照规定申报缴纳增值税，该项免税政策仅适用于公募基金，不适用于私募基金、基金专户等。建议在业务操作系统上可以分别设置、分别核算。

第二节　证券投资基金发行及增减变动的核算

证券投资基金的发行也叫基金的募集，指基金发起人在发起设立或扩募基金的申请获得中国证监会批准后，向投资者推销基金单位，募集资金的行为。基金募集期限届满，基金份额总额超过核准的最低募集份额总额，并且基金份额持有人人数符合国务院证券监督管理机构规定的，基金管理人应当自募集期限届满之日起十日内聘请法定验资机构验资，其间，募集的资金应当存入专门账户。在收到验资报告之日起十日内，向国务院证券监督管理机构提交验资报告，办理基金备案手续，并予以公告，基金合同成立。

一、会计科目设置

从基金管理公司的角度出发，核算证券投资基金发行及增减变动的科目主要有"实收基金""应收申购款""应付赎回款""应付赎回费""损益平准金"等科目。

（一）"实收基金"科目

"实收基金"属于权益类科目，核算对外发行基金份额所募集的总金额在扣除平准金分摊部分后的余额。本科目可按不同级/类基金等设置明细账，进行核算。

"实收基金"科目的主要账务处理如下：

（1）基金募集结束，在基金合同生效日按投资者投入的金额，借记"银行存款"等科目，贷记本科目。

（2）基金申购或转换转入确认日，按基金申购款和转换转入款，借记"应收申购款"等科目，按实收基金的余额占基金净值的比例，对基金申购款中含有的实收基金，贷记本科目，按基金申购款与实收基金的差额，贷记"损益平准金"科目。

（3）基金赎回或转换转出确认日，按实收基金的余额占基金净值的比例，对基金赎回款或转换转出款中含有的实收基金，借记本科目，按基金赎回款或转换转出款与实收基金的差额，借记"损益平准金"科目，按应付基金份额持有人赎回款或转换转出款，贷记"应付赎回款"等科目，按赎回费或转换转出费中基本手续费部分，贷记"应付赎回费"科目，按赎回费或转换转出费扣除基本手续费后的余额部分，贷记"其他收入"科目。

（4）基金红利再投资，按基金红利再投资金额，借记"应付利润"科目；按实收基金的余额占基金净值的比例，对基金红利再投资金额中含有的实收基金，贷记本科目；按基金红利再投资金额与实收基金的差额，贷记"损益平准金"科目。

本科目期末贷方余额，反映对外发行基金份额所对应的金额。

（二）"应收申购款"科目

"应收申购款"属于资产类科目，核算应向办理申购业务的机构收取的申购款项和转换转入款项（不含申购费和转换费）。"应收申购款"的主要账务处理：

（1）投资者申购基金或转换转入本基金，确认日按基金申购款和转换转入款，借记本科目；按实收基金和损益平准金的余额占基金净值的比例，将确认有效的申购或转换转入款项分割为两部分，对基金申购款或转换转入款中含有的实收基金，贷记"实收基金"科目，按基金申购款与实收基金的差额，贷记"损益平准金"科目。

办理申购或转换转入业务的机构按规定收取的申购费或转换费，如在投资者申购或转换转入基金时收取的，由办理申购业务的机构直接向投资者收取，不纳入基金会计核算范围；如在基金赎回或转出时收取的，待基金投资者赎回或转换转出时从赎回款或转出款中抵扣。

（2）收到有效申购款或转换转入款时，借记"银行存款"科目，贷记本科目。

本科目期末借方余额，反映尚未收回的有效申购款和转换转入款。

（三）"应付赎回款"科目

本科目属于负债类科目，核算按规定应付基金份额持有人的赎回款和转换转出款。

"应付赎回款"的主要账务处理：

（1）基金份额持有人赎回或转换转出本基金，应在赎回日或转换转出确认日，按实收基金余额占基金净值的比例，对基金赎回款或转换转出款中含有的实收基金，借记"实收基金"科目，按赎回款或转换转出款与实收基金的差额，借记"损益平准金"科目，按应付基金份额持有人赎回款或转换转出款，贷记本科目，按赎回费或转换转出费中基本手续费部分，贷记"应付赎回费"科目，按赎回费或转换转出费扣除基本手续费后的余额部分，贷记"其他收入"科目

（2）支付赎回款或支付转换转出款时，借记本科目，贷记"银行存款"科目。本科目期末贷方余额，反映尚未支付的基金赎回款或转换转出款。

（四）"应付赎回费"科目

"应付赎回费"属于负债类科目，核算按规定计算的应付给办理赎回业务或转换业务的机构的赎回费或转换转出费。"应付赎回费"或转换转出费的主要账务处理：

（1）基金份额持有人赎回或转换转出本基金，应在赎回或转换转出确认日，按实收基金余额占基金净值的比例，对基金赎回款或转换转出款中含有的实收基金，借记"实收基金"科目，按基金赎回款或转换转出款与实收基金的差额，借记"损益平准金"科目，按应付基金份额持有人赎回款或转换转出款，贷记"应付赎回款"科目，按赎回费或转换转出费中基本手续费部分，贷记本科目，按赎回费或转换转出费扣除基本手续费后的余额部分，贷记"其他收入"科目。

（2）支付赎回费或转换转出费时，借记本科目，贷记"银行存款"科目。本科目期末贷方余额，反映尚未支付的基金赎回费用或转换转出费用。

（五）"损益平准金"科目

"损益平准金"属于权益类属于，核算非利润转化而形成的损益平准项目，如申购、转换转入、赎回、转换转出款中所含的未分配利润和公允价值变动损益。

"损益平准金"的主要账务处理：

（1）基金申购、转入确认日，按基金申购款或转换转入款，借记"应收申购款"科目，按实收基金的余额占基金净值的比例，对确认有效的申购款或转换转入款中含有的实收基金，贷记"实收基金"科目，按利润分配（未分配利润）未实现部分的余额占基金净值的比例，贷记或借记本科目（未实现），按其差额，贷记或借记本科目（已实现）。

（2）基金赎回、转出确认日，按实收基金的余额占基金净值的比例，对基金赎回款或转换转出款中含有的实收基金，借记"实收基金"科目，按利润分配（未分配利润）未实现部分的余额占基金净值的比例，借记或贷记本科目（未实现），按应付投资者赎回款或转换转出款，贷记"应付赎回款"科目，按赎回费或转换转出费中基本手续费部分，贷记"应付赎回费"科目，按赎回费或转换转出费中扣除基本手续费后的余额部分，贷记"其他收入"科目，按其差额，借记或贷记本科目（已实现）。

（3）基金红利再投资确认日，按基金红利再投资金额，借记"应付利润"科目，按实收基金的余额占基金净值的比例，对基金红利再投资金额中含有的实收基金，贷记"实收基金"科目，按利润分配（未分配利润）未实现部分的余额占基金净值的比例，贷记或借记本科目（未实现）；按其差额，贷记或借记本科目（已实现）。

期末，应将本科目已实现和未实现余额分别转入"利润分配（未分配利润）"相应明细科目，结转后本科目应无余额。

（六）"应付管理人报酬"科目

"应付管理人报酬"属于负债类科目，用来核算按规定计提的，应付给管理人的报酬，可按管理人报酬的类别进行明细核算。

逐日计提管理人报酬时，借记"管理人报酬"科目，贷记本科目；支付时，借记本科目，贷记"银行存款"科目。本科目期末贷方余额，反映尚未支付给管理人的报酬。

（七）"应付托管费"科目

"应付托管费"属于负债类科目，用来核算按规定计提的，应支付给托管人的托管费。

逐日计提托管费时，借记"托管费"科目，贷记本科目；支付托管费时，借记本科目，贷记"银行存款"科目。本科目期末贷方余额，反映尚未支付给托管人的托管费。

（八）"应付销售服务费"科目

"应付销售服务费"属于负债类科目，用来核算按规定计提的，应支付的销售服务费。

逐日计提销售服务费时，借记"销售服务费"科目，贷记本科目；支付销售服务费时，借记本科目，贷记"银行存款"科目。本科目期末贷方余额，反映尚未支付的销售服务费。

（九）"管理人报酬"科目

"管理人报酬"属于损益类科目，用来核算按规定计提的基金管理人报酬，包括管理费和业绩报酬。可分别按"管理费"和"业绩报酬"进行明细核算。

计提基金管理费和业绩报酬时，借记本科目，贷记"应付管理人报酬"科目；支付基金管理人报酬时，借记"应付管理人报酬"科目，贷记"银行存款"科目。

期末，应将本科目借方余额全部转入"本期利润"科目，结转后本科目应无余额。

（十）"托管费"科目

"托管费"属于损益类科目，用来核算按规定计提的托管费。

计提托管费时，借记本科目，贷记"应付托管费"科目；支付托管费时，借记"应付托管费"科目，贷记"银行存款"科目。

期末，应将本科目的借方余额全部转入"本期利润"科目，结转后本科目应无余额。

二、证券投资基金发行及增减变动的业务核算

（一）开放式基金的认购

投资者在设立募集期内向基金管理人或经中国证监会和中国人民银行审查批准的商业银行或其他机构购买基金的行为称为"认购"。通常，开放式基金自批准之日（招募说明书公告之日）起3个月内净销售额超过2亿元的，最低认购户数达到200人，该基金方可成立。

（二）开放式基金的申购

投资者在基金成立后购买基金称为"申购"。申购开放式基金单位的份额和赎回基金单位的金额，依据申购赎回日基金单位资产净值加、减有关费用计算。基金管理人应当于每个开放日的第二天公告基金单位资产净值。

1. 基金资产净值和基金单位资产净值的计算

基金资产净值是指在某一基金估值时点上，按照公允价格计算的基金资产的总市值扣除负债后的余额，即基金单位持有人的权益。按照公允价格计算基金资产的过程就是基金的估值，基金估值是计算净值的关键。具体公式为：

T日基金资产净值 = T日基金总资产 − T日基金总负债

式中，基金总资产指基金所持有的各类资产，如股票、债券、银行存款等；基金持有的金融资产和承担金融负债通常分类为以公允价值计量且其变动计入当期损益的金融资产和金融负债；基金总负债指基金在运作和融资时形成的负债，如应付

托管费，应付利息等。由于基金所拥有的资产的价值总是随着市场的波动而波动，所以基金资产净值也会不断地变化。决定基金资产净值增减的关键是基金所投资的有价证券市场的涨跌以及基金经理操作的好坏。

基金单位资产净值是某一时点某基金每一份基金单位实际代表的价值，它是反映基金绩效表现的一个重要指标，是开放式基金的交易价格。具体公式为：

T 日基金单位资产净值＝T 日基金资产净值÷T 日发行在外的基金单位总数

2. 申购的核算

开放式基金的投资者在进行申购时，是按购买金额提出申请，而不是按购买份额，所以开放式基金的申购金额里包含了申购费用和净申购金额。申购费率不得超过申购金额的 5%，不纳入基金会计核算范围，可在基金申购时由办理申购业务的机构直接向投资者收取，或在赎回款中扣除。具体的计算方法为：

申购费用＝申购金额×申购费率

净申购金额＝申购金额－申购费用

申购份数＝净申购金额÷申购当日基金单位资产净值

基金管理公司应当在接受基金投资人有效申请起 3 日内收回申购款，在此之前，作为"应收申购款"入账。基金申购确认日按基金申购款，借记"应收申购款"科目；按基金申购款中含有的实收基金，贷记"实收基金"；按基金申购款中含有的未实现利得，贷记"损益平准金（未实现）"科目，其差额，即未分配收益，贷记"损益平准金（已实现）"科目。

［例 8-1］2021 年 12 月 2 日，投资者申购 XJC 开放式基金 90 万元，当日基金单位资产净值为 1.078 1 元，申购费率为 1.2%，按照基金契约规定，高于基金单位 1 元的部分再扣除费用后，将 3/5 作为未实现利得，2/5 作为未分配收益。

核算过程如下：

申购费用＝申购金额×申购费率＝ 900 000×1.2% ＝ 10 800 （元）

净申购金额＝申购金额－申购费用＝ 900 000－10 800 ＝ 889 200 （元）

申购份数＝净申购金额/申购当日基金单位资产净值

　　　　＝ 889 200/1.078 1 ＝ 824 784.34 （份）

损益平准金(未实现)＝（1.078 1－1）×824 784.34×3/5 ＝ 38 649.39(元)

损益平准金(已实现)＝（1.078 1－1）×824 784.34×2/5 ＝ 25 766.27(元)

会计分录为：

借：应收申购款　　　　　　　　　　　　　　　　　889 200

　　贷：实收基金　　　　　　　　　　　　　　　　824 784.34

　　　　损益平准金（未实现）　　　　　　　　　　38 649.39

　　　　损益平准金（已实现）　　　　　　　　　　25 766.27

目前我国基金采取 T+1 交割方式，即在交易日的第二天进行款项交割，则 12 月 3 日款项交割时，基金公司的会计分录为：

| 借：银行存款 | 889 200 | |
| 贷：应收申购款 | | 889 200 |

（三）开放式基金的赎回

开放式基金的赎回是指投资人将已经持有的开放式基金单位份额出售给基金管理人，收回资金的行为。基金的赎回是按份额提出申请的，而不是按金额提出。基金管理人应当自接受基金投资人有效赎回申请之日起 7 个工作日内，支付赎回款项。国务院证券监督管理机构规定基金财产中应当保持适当比例的现金或者政府债券，以备支付基金份额持有人的赎回款项。同时，基金管理人可以根据基金管理运作的实际需要，向投资人收取不超过赎回金额的 3% 的赎回费率。具体的计算公式为：赎回总额 = 赎回份数×赎回当日基金单位净值。

赎回费用 = 赎回总额×赎回费率

赎回金额 = 赎回总额−赎回费用

基金公司在接受投资人有效赎回申请但尚未支付之前作为"应付赎回款"入账；按规定收取的赎回费，其中基本手续费部分归办理赎回业务的机构所有，尚未支付之前作为"应付赎回费"入账；赎回费在扣除基本手续费后的余额归基金公司所有，作为"其他收入"入账。

基金赎回确认日，按基金赎回款中含有的实收基金，借记"实收基金"，按基金赎回款中含有的未实现利得，借记"损益平准金（未实现）"科目；按基金赎回款中含有的未分配收益，借记"损益平准金（已实现）"科目；按应付投资人赎回款，贷记"应付赎回款"科目；按赎回费中基本手续费部分，借记"应付赎回费"科目；按赎回费扣除基本手续费后的余额部分，贷记"其他收入——赎回费"科目。

［例 8-2］沿用例 8-1，2021 年 12 月 2 日，投资者申请赎回 XJC 开放式基金 50 万份，当日基金单位资产净值为 1.399 6 元，赎回费率为 0.5%，应付给代办赎回业务的银行 250 元，同时按照基金契约规定，结转未实现利得119 988 元，未分配收益 79 992 元。核算过程如下：

赎回总额＝赎回份数×赎回当日基金单位净值＝500 000×1.399 6
= 699 800（元）

赎回费用＝赎回总额×赎回费率＝ 699 800×0.5%＝3 499（元）

赎回金额＝赎回总额−赎回费率＝ 699 800−3 499 = 696 301（元）

会计分录：

借：实收基金	500 000	
损益平准金（未实现）	119 988	
损益平准金（已实现）	79 992	
贷：应付赎回款		696 301
应付赎回费		250

其他收入——赎回费　　　　　　　　　　　　　　　　　3 249

2021 年 12 月 3 日款项交割时，基金公司的会计分录为：

借：应付赎回款　　　　　　　　　　　　　　　　696 301

　　贷：银行存款　　　　　　　　　　　　　　　　　696 301

如果在某一开放日，基金净赎回申请超过上一日基金总份额的 10%，即认为发生了巨额赎回，基金管理人在当日接受赎回比例不低于基金总份额的 10% 的前提下，可以对其余赎回申请延期办理。对于当日的赎回申请，应当按单个账户赎回申请量占赎回申请总量的比例，确定当日受理的赎回份额；未受理部分可延迟至下一个开放日办理，并以该开放日当日的基金资产净值为依据计算赎回金。如果连续发生巨额赎回，基金管理人可按照基金契约及招募说明书规定，暂停接受赎回申请，已经接受的赎回申请可以延缓支付赎回款，但不能超过 20 个工作日，并在证监会指定媒体上公告，公告的时间最长不得超过 3 个证券交易日。

 ## 第三节　证券投资基金投资业务的核算

证券投资基金成立以后，根据基金契约及招募说明书的规定运用基金财产以适当的资产组合方式和投资比例进行证券投资。但是，基金财产不得用于下列投资或者活动：承销证券；向他人贷款或者提供担保；从事承担无限责任的投资；买卖其他基金份额（但是国务院另有规定的除外）；向其基金管理人、基金托管人出资或者买卖其基金管理人、基金托管人发行的股票或者债券；买卖与其基金管理人、基金托管人有控股关系的股东或者与其基金管理人、基金托管人有其他重大利害关系的公司发行的证券或者承销期内承销的证券；从事内幕交易、操纵证券交易价格及其他不正当的证券交易活动等

一、会计科目设置

从基金管理公司的角度出发，核算证券投资基金投资业务的科目主要有"证券清算款""应付交易费用""结算备付金""应收股利""应收利息""交易性金融资产""公允价值变动损益"等科目。其中只有"证券清算款""应付交易费用"为基金公司所特有科目，其余科目在前面章节已有介绍，这里不再赘述。

（一）"证券清算款"科目

"证券清算款"属于共同类科目，核算因买卖证券、回购证券、申购新股、配售股票等业务而发生的，应与证券登记结算机构或证券交易对手方办理资金结算的款项。本科目可按不同证券登记结算机构或证券交易对手方等进行明细核算。

基金因买卖证券、回购证券、申购新股、配售股票等业务而发生的，应与证券登记机构或证券交易对手方办理资金结算的款项，比照相关资产或负债类科目的有关规定进行账务处理。

本科目所属明细科目借方余额，反映尚未收回的证券清算款；本科目所属明细科目贷方余额，反映尚未支付的证券清算款。

（二）"应付交易费用"科目

"应付交易费用"属于负债类科目，核算因证券交易而支付的交易费用。本科目可按支付对象进行明细核算。因证券交易而应支付交易费用，比照相关资产或负债类科目的规定进行处理。实际支付交易费用时，借记本科目，贷记"银行存款"科目。本科目期末贷方余额，反映尚未支付的交易费用。

（三）"公允价值变动损益"科目

"公允价值变动损益"属于损益类科目，核算基金持有的采用公允价值模式计量的交易性金融资产、交易性金融负债等公允价值变动形成的应计入当期损益的利得或损失。本科目可按资产的种类进行明细核算。期末，应将本科目余额全部转入"本期利润"科目，结转后本科目应无余额。

二、基金投资业务的核算

（一）股票投资的核算

证券投资基金为证券买卖交易而在证券投资机构存入一定数额的款项时，借记"结算备付金——某证券登记结算机构"科目，贷记"银行存款"科目；从证券登记结算机构收回资金时做相反分录。

1. 买入股票的核算

买入股票，在交易日按股票的公允价值，借记"股票投资（成本）"，按应付的相关费用，借记"交易费用"科目；按应支付的证券清算款，贷记"证券清算款"科目；按应付的交易费用，贷记"应付交易费用"。资金交收日，按实际交收的证券清算款，借记"证券清算款"科目，贷记"银行存款"、"结算备付金"科目。

通过交易所网上申购新股，在申购当日借记"证券清算款（新股申购款）"科目，贷记"证券清算款"科目；交收日，按实际交收的申购款，借记"证券清算款"科目，贷记"银行存款"或"结算备付金"科目；申购新股中签时，按确认的中签金额，借记"股票投资（成本）"科目，贷记"证券清算款"科目；收到退回余额（未中签部分），借记"结算备付金"科目，贷记"证券清算款"。

通过网下申购新股，按实际预缴的申购款，借记"证券清算款"科目，贷记

"银行存款"科目；申购新股确认日，按实际确认的申购新股金额，借记"股票投资（成本）"科目，贷记"证券清算款"科目；如果实际确认的申购新股金额小于已经预交的申购款的，在收到退回余额时，借记"银行存款"科目，贷记"证券清算款"科目；如果实际确认的申购新股金额大于已经预交的申购款的，在补付申购款时，按支付的金额，借记"证券清算款"科目，贷记"银行存款"科目。通过市值配售的，确认日按确认的中签金额，借记"股票投资（成本）"，贷记"证券清算款"科目。

［例8-3］2021年6月25日，XJC基金管理公司自证券市场购入B股票281 046股，购入价格30元/股，应付证券机构佣金7 166元，其他各项费用2 500元，印花税税率为2‰，会计分录为：

6月25日，交易日：

交易费用=7 166+2 500+281 046×30×2‰= 26 528.76（元）

借：股票投资（成本）——B股票	8 431 380	
交易费用	26 528.76	
贷：证券清算款		8 431 380
应付交易费用		26 528.76

6月26日，资金交收日：

借：证券清算款	8 431 380	
贷：结算备付金		8 431 380

2. 卖出股票的核算

卖出股票，在交易日按照应收取的证券清算款，借记"证券清算款"科目，按应付的相关费用，借记"交易费用"科目；按结转的股票投资成本、估值增值或减值，贷记"股票投资（成本）"科目，贷记或借记"股票投资——估值增值"；按应付的交易费用，贷记"应付交易费用"科目；按其差额，贷记或借记"投资收益——股票投资收益"科目。同时，将原计入该卖出股票的公允价值变动损益转出，借记或贷记"公允价值变动损益"科目，借记或贷记"投资收益——股票投资收益"科目。

资金交收日，按实际交收的证券清算款，借记"银行存款"或"结算备付金"等科目，贷记"证券清算款"科目。卖出股票的成本按移动加权平均法逐日结转。

［例8-4］沿用例8-3，12月28日，XJC基金管理公司以49.45元/股的价格卖出B股票281 046股，应付证券机构佣金11 813元，其他各项费用3 500元，印花税税率为2‰，会计分录为：

12月28日，交易日：

交易费用=11 813+3 500+281 046×49.45×2‰= 43 108.45（元）

借：证券清算款	13 897 724.7	
交易费用	43 108.45	

贷：股票投资（成本）——B 股票	8 431 380
应付交易费用	43 108. 45
投资收益——债券投资收益	5 466 344. 7

12 月 29 日，资金交收日：

借：结算备付金	13 897 724. 7
贷：证券清算款	13 897 724. 7

3. 持股期间分派股利的核算

（1）股票股利的核算。持有股票期间获得股票股利（包括送红股和公积金转增股本），应于除权除息日，按股权登记日持有的股数及送股或转增比例，计算确定增加的股票数量，在股票投资账户"数量"栏进行记录。因持有股票而享有的配股权，配股除权日在配股缴款截止日之后的，在除权日按所配的股数确认未流通部分的股票投资，与已流通部分分别核算。

（2）现金股利的核算。持有股票期间上市公司宣告发放现金股利，应于除权除息日，借记"应收股利"或"银行存款""结算备付金"等科目，贷记"投资收益——股利收益"科目。

（二）债券投资的核算

债券投资的核算可根据基金种类的不同而有所不同，以下主要介绍非货币市场基金在做债券投资时的核算方法：

1. 买入债券的核算

买入债券，在交易日按债券的公允价值（不含支付价款中所包含的应收利息），借记"债券投资（成本）"，按应付的相关费用，借记"交易费用"科目，按支付价款中包含的应收利息（若有），借记"应收利息"科目；按应支付的金额，贷记"证券清算款"科目；按实际支付的金额，贷记"银行存款"科目；按应支付的交易费用，贷记"应付交易费用"等科目。

资金交收日，按实际交收的金额，借记"证券清算款"科目，贷记"银行存款"或"结算备付金"科目。

[例8-5] 2021 年 7 月 1 日，XJC 基金管理公司自证券市场购入 A 债券 10 万份，含息价每份 105 元，其中每份含息 3. 5 元（设该债券发行日为 2021 年 1 月 1 日，期限 3 年，面值 100 元，年利率 7%，每年付息一次），支付各种手续费 2 000 元，7 月 2 日为资金交收日。（注：本题与例 8-6、例 8-7 前后关联）

会计分录为：

7 月 1 日，交易日：

借：债券投资（成本）——A 债券	10 150 000
应收利息	350 000
交易费用	2 000

　　　　贷：证券清算款　　　　　　　　　　　　　　　　　　　10 500 000

　　　　　　应付交易费用　　　　　　　　　　　　　　　　　　　　　2 000

　　7月2日，资金交收日：

　　　　借：证券清算款　　　　　　　　　　　　　　　　　　　　10 500 000

　　　　　贷：结算备付金　　　　　　　　　　　　　　　　　　　10 500 000

　　2. 债券持有期间利息收入的核算

　　持有债券期间，每日确认利息收入，按债券投资的票面利率计算的利息，借记"应收利息"科目，贷记"利息收入——债券利息收入"科目。如票面利率与实际利率出现重大差异，应按实际利率计算利息收入。债券派息日，按应收利息，借记"证券清算款"科目，贷记"应收利息"科目；资金交收日，按收到的金额，借记"银行存款"或"结算备付金"科目，贷记"证券清算款"。

　　［例8-6］沿用例8-5债券按月计提应收利息。

　　应收利息 ＝ 10 000 000×7%×1/12 ＝ 58 333.33（元）

　　7月31日会计分录：

　　　　借：应收利息　　　　　　　　　　　　　　　　　　　　　58 333.33

　　　　　贷：利息收入——债券利息收入　　　　　　　　　　　　58 333.33

　　如果该债券合同中明确承诺到期本金可全部收回，XJC基金管理公司对该项债券拟持有至到期，则持有期间的利息应缴纳增值税。上述分录应为：

　　　　借：应收利息　　　　　　　　　　　　　　　　　　　　　58 333.33

　　　　　贷：利息收入——债券利息收入　　　　　　　　　　　　 56 634.3

　　　　　　应交税费——应交增值税（销项税额）　　　　　　　 1 699.03

　　8月31日会计分录同上。

　　3. 卖出债券的核算

　　卖出债券，在交易日按应收或实收的金额，借记"证券清算款"或"银行存款"科目，按应付的相关费用，借记"交易费用"科目，按结转的债券投资成本、估值增值或减值，贷记"债券投资（成本）"科目，贷记或借记"债券投资——估值增值"；按应收或实收价款中包含的应收利息（若有），贷记"应收利息"科目；按应付的交易费用，贷记"应付交易费用"科目；按其差额，贷记或借记"投资收益——债券投资收益"科目。同时，将原计入该卖出股票的公允价值变动损益转出，借记或贷记"公允价值变动损益"科目，借记或贷记"投资收益——债券投资收益"科目。

　　资金交收日，按实际交收的证券清算款，借记"银行存款"或"结算备付金"等科目，贷记"证券清算款"科目。卖出债券的成本按移动加权平均法逐日结转。

　　［例8-7］沿用例8-5、例8-6，2021年8月31日，XJC基金管理公司以含息价107元/份价格卖出10万张，应支付手续费2 100元。9月1日为资金交收日。

　　8月31日，交易日：

借：证券清算款		10 700 000
交易费用		2 100
贷：债券投资（成本）——A 债券		10 150 000
应付交易费用		2 100
应收利息		466 666.66
投资收益——债券投资收益		83 333.34

9 月 1 日，资金交收日：

借：结算备付金		10 700 000
贷：证券清算款		10 700 000
借：应付交易费用		2 100
贷：银行存款		2 100

（三）证券投资估值增值的核算

基金公司募集到的资金被投资于各类金融资产后，它们的价值随着证券市场每天都在波动。为了能客观准确地反映基金资产是否增值，同时也能更好地计算基金单位资产净值以方便基金单位在市场上的交易，基金公司就必须对基金资产作适时的估值。大部分基金的估值日是每个开放日。

估值日对持有的股票、债券估值时，如为估值增值，按当日与上一日估值增值的差额，借记"股票投资——估值增值"或"债券投资——估值增值"，贷记"公允价值变动损益"科目；如为估值减值，做相反的会计分录。

［例8-8］沿用例8-3、例8-5，2021 年 7 月 30 日，XJC 基金管理公司持有的 A 债券公允价值为含息价 112 元/张，B 股票的收盘价为 25 元/股。

7 月 30 日 A 债券估值增值为：$100\ 000 \times [(112-3.5)-(105-3.5)] = 700\ 000$（元）

借：债券投资——估值增值		700 000
贷：公允价值变动损益		700 000

B 股票估值增值为：$(25-30) \times 281\ 046 = -1\ 405\ 230$（元）

借：公允价值变动损益		1 405 230
贷：股票投资——估值增值		1 405 230

（四）买入返售金融资产和卖出回购金融资产款的核算

1. 买入返售金融资产的核算

基金公司可以在国家规定的固定场所按照返售协议约定先买入票据，证券等金融资产，再按固定价格返售来实现资金的融出。这类业务可按金融资产的类别，分"质押式"和"买断式"进行明细核算。本书只介绍"质押式"的业务核算。

当基金公司根据返售协议买入证券等金融资产，按应付或实际支付的金额，借记"买入返售金融资产"，贷记"证券清算款"或"银行存款"等科目；资金交收日，按实际交收金额，借记"证券清算款"等科目，贷记"银行存款"或"结算备付金"科目。

返售前，按实际利率逐日计提利息时，借记"应收利息"科目，贷记"利息收入——买入返售金融资产"科目。合同利率与实际利率差异较小的，也可采用合同利率来计算确定利息收入。

返售日，应按应收或实际收到的金额，借记"证券清算款"或"银行存款"等科目，按其账面余额，贷记"买入返售金融资产"和"应收利息"科目，按其差额，贷记"利息收入——买入返售金融资产"科目；资金交收日，按实际交收金额，借记"银行存款"或"结算备付金"科目，贷记"证券清算款"等科目

[例8-9] 2021年5月8日，XJC基金管理公司从某证券登记结算公司买入返售金融资产1 000万元，手续费200元，3日后返售，利息24 591元，（相关交易费用计入初始成本，于返售日按账面余额结转），XJC基金管理公司的会计分录为：

5月8日记录该笔业务：

借：买入返售金融资产——3日返售证券	10 000 200
贷：证券清算款——某证券登记结算公司	10 000 200

5月8日、9日、10日分别计提：

借：应收利息	8 197
贷：利息收入——买入返售金融资产	8 197

5月11日，证券到期返售：

借：证券清算款——某证券登记结算公司	10 024 791
贷：买入返售金融资产——3日返售证券	10 000 200
应收利息	24 591

2. 卖出回购金融资产款的核算

基金公司可以在国家规定的固定场所按照回购协议约定先卖出票据，证券等金融资产，再按固定价格买入来实现资金的融入。这类业务可按卖出回购证券的类别，分"质押式"和"买断式"进行明细核算。本书只介绍"质押式"的业务核算。

基金公司根据回购协议卖出证券，按应收或实收的金额，借记"证券清算款"或"银行存款"等科目，贷记"卖出回购金融资产款"。

融资期限内，采用实际利率逐日计提融资利息支出，借记"利息支出"科目，贷记"应付利息"科目。合同利率与实际利率差异较小的，也可采用合同利率来计算确定利息支出。

到期回购时，按账面余额，借记"卖出回购金融资产款"；按已提未付利息，借记"应付利息"科目；按应付或实际支付的金额，贷记"证券清算款"或"银行存款"等科目；按其差额，借记"利息支出"科目。

复习思考题

1. 证券投资基金有哪些当事人？

2. 证券投资基金会计核算的特点是什么？

3. 开放式基金在申购方面有何规定？如何进行核算？

4. 证券投资基金进行股票投资时的核算包括哪些方面？如何进行？

第八章习题　　　　　　第八章答案

第九章　信托公司业务的核算

本章重点

1. 信托的概念与特征。
2. 信托存款与委托存款业务的核算。
3. 信托贷款与委托贷款业务的核算。
4. 信托损益的核算。

引导案例

　　1979年，新中国第一家信托投资公司——中国国际信托投资公司成立，随着改革开放的不断深入，无论是信托规模还是信托质量都有了质的飞跃，特别是2012年党的十八大胜利召开，我国国民经济步入高速增长的上升通道，这一年，我国信托业管理的信托资产规模再创新高，达到7.5万亿元，首次超过保险行业管理的资产总规模，成为我国金融业中的第二大子行业。到2017年党的十九大召开之际，我国信托业发展进入一个全新的发展阶段，各项经营指标都上了一个新台阶，全行业管理的信托资产规模达到历史最高点的26.25万亿元，十年间增长了近60倍。此后，信托行业进入转型发展期，在监管趋严和转型压力加大等因素的影响下，行业规模持续回落。截至2020年年末，信托资产总规模降至20.49万亿元，进一步由高速增长向高质量发展转变。

　　2018年中国信托业年会首次提出服务信托的概念，标志着信托业务的正式转型。2020 年，信托业把服务信托作为转型发展的新方向加以推进，服务实体经济成效显著，近半数信托资金直接投向实体经济。根据中国信托登记有限责任公司提供的资料，截至 2020 年年末，全行业服务信托累计存续的初始募集规模已超过 4 万亿元，其中资产证券化产品在所有以服务信托为主要内涵的特色业务产品规模中的占比到年末已涨至近五成，体现出信托机制在账户管理、财产独立、风险隔离等方面的制度优势和蓬勃生命力。从 2020 年以来中国信托登记有限责任公司登记系统新增的数据来看，特色业务发展逐渐趋向服务信托：资产证券化产品为代表的服务信托规模占比已从年初的 30.13% 上升至年末的 46.58%，其他特色业务如消费信托和小微金融信托的规模占比至第四季度则呈现波动下降的趋势；从信托投资方向来看，工商企业成为年度信托资金最主要投向，投向金融机构的信托资金规模也有增长，2020 年投向工商企业的信托资金月度平均规模占比超三成，是信托资金最主要的投向，投向基础产业和房地产的信托产品的年度平均规模占比各近一成左右，相较年初其年末规模占比有明显下降。投向金融机构的信托资金规模占比与年初相比上涨近一倍，随着四季度信托产品初始募集规模的增加，信托资金流向金融机构的趋势也同比显现。

从上面这些数据可以看出，我国当前信托业务加速转型，侧重服务于实体经济，相信我国经济在新冠肺炎的影响下仍可高速增长。

思考：目前信托业的发展面临什么样的挑战？信托的存贷款业务和银行的存贷款业务有什么异同点？

（参考资料：http://www.xtxh.net/xtxh/industry/46557.htm 中国信托业协会）

第一节　信托投资业务概述

一、信托的概念与特征

信托是指委托人基于对受托人的信任，将其财产委托给受托人，由受托人按委托人的意愿以自己的名义，为收益人的利益或者特定目的进行管理或者处分的行为。它是以信任为基础，以财富积累为前提，以财产使用管理的效益为目的的一种经济行为。

从信托的定义我们可以看出信托的几个基本特征：①信托关系成立的基础是委托人对受托人的信任；②信托的对象是财产权，委托人将其合法所得的财产权委托给受托人，这里的财产权包括民法中的物权、债权、知识产权以及其他无形财产权；③信托的运作方式是受托人按委托人的意愿以自己的名义进行活动，受托人管理信托财产，必须恪尽职守，履行诚实、信用、谨慎、有效管理的义务；④信托的目的是以受益人的利益为特定目的，委托人与受益人可以是同一人，也可不是同一人。

正因为以上几个基本特征，使信托关系区别于一般所说的委托、代理、交易、投资、债权债务关系，既使之有别于自有资产的管理，也有别于代理管理财产，成为一种具有严格条件和要求的财产管理方式。

二、信托业务核算应注意的事项

所谓信托业务，是指信托公司以营业和收取报酬为目的，以受托人身份承诺信托和处理信托事务的经营行为。在对信托业务进行核算时，应注意以下事项：

（一）关于信托资产管理方面的规定

信托投资公司因接受信托而取得的财产以及因信托资产的管理、处分或者其他情形而取得的财产叫信托资产。信托资产与委托人的自由财产和受托人的固有财产相区别，不受委托人财务状况的恶化，甚至破产的影响。信托资产不属于信托投资公司的自有财产，也不属于信托投资公司对收益人的负债。信托投资公司终止时，信托资产不属于其清算资产。

（二）关于信托资产核算方面的规定

1. 信托投资公司的自有资产与信托资产应分开管理、分别核算

信托投资公司必须将信托财产与其固有财产分别管理、分别记账，并将不同委托人的信托财产分别管理、分别记账。

2. 信托投资公司使用的特殊会计科目

信托投资公司特殊的会计科目如表9-1所示。

表9-1　信托投资公司特殊的会计科目

编号	会计科目名称
	一、资产类
1321	代理业务资产
	二、负债类
2314	代理业务负债
	三、共同类
	四、所有者权益
	信托赔偿准备金
	五、损益类
	业务及管理费

（三）信托投资公司缴纳增值税的相关规定综述

我国实行"营改增"后，《财税部 国家税务总局关于明确金融 房地产开发 教

育辅助服务等增值税政策的通知》（财税〔2016〕140 号）、《财税部 国家税务总局关于资管产品增值税政策有关问题的补充通知》（财税〔2017〕2 号）及《财税部 国家税务总局关于资管产品增值税有关问题的通知》（财税〔2017〕56 号）等有关金融企业缴纳增值税相关文件应运而生，使得金融行业的增值税问题得到了一定程度上的明确，在此做一个简单说明。

《财税部 国家税务总局关于全面推开营业税改征增值税试点的通知》（财税〔2016〕36 号，下面简称 36 号文）文中，将金融服务相关的应税行为分为四大类：一是直接收费金融服务；二是贷款服务；三是金融商品转让；四是保险服务。信托资管业务涉及的主要为前三类。

1. 直接收费金融服务

根据 36 号文，直接收费金融服务，是指为金融业务提供相关服务，并且收取费用的业务活动，包括提供资产管理、信托管理、基金管理等服务。其中，以资管产品管理人收取的管理费即销售额，如为一般纳税人适用 6% 的税率，如为小规模纳税人则适用 3% 的税率。

2. 贷款服务

此"贷款服务"并不仅指狭义的发放贷款，其范围包括各种占用、拆借资金取得的收入及以货币资金投资收取的固定利润或保底利润。金融产品持有期间的利息收入、买入返售金融商品利息收入都属于需要按照贷款服务缴纳增值税的范畴。除有免征情况外，均须按照贷款服务缴纳增值税，适用 3% 征收率的简易征收方法。

3. 金融商品转让

金融商品转让，是指转让外汇、有价证券、非货物期货和其他金融商品所有权的业务活动，也包括基金、信托、理财产品等各类资产管理产品和各种金融衍生品。常见的按"金融商品转让"缴纳增值税的投资类型包括买卖（未持有至到期）债券、股票等有价证券；买卖（未持有至到期）基金、信托、银行理财等资管产品。此类适用 3% 的征收率。

4. 特殊情况处理

（1）资管产品管理人（包括银行、信托公司、公募基金管理公司及其子公司、证券公司及其子公司、期货公司及其子公司、私募基金管理人、保险资产管理公司、专业保险资产管理机构、养老保险公司）。运营资管产品过程中发生的增值税应税行为暂适用简易计税方法，按照 3% 的征收率缴纳增值税。

（2）持有金融商品取得的保本收益按贷款服务以 3% 的征收率简易计税，转让收益则按照金融商品转让差额计征。非保本型投资持有期间收益无须缴纳增值税，仅就转让收益差额纳税。

● 第二节　信托存款与委托存款业务的核算

一、信托存款与委托存款的概述

（一）信托存款

信托存款是信托投资公司在特定的资金来源范围内吸收的存款，不具体指定使用对象和用途的资金。信托存款是信托投资公司经营业务的重要资金来源。信托存款与一般银行存款相比，具有存期较长、数额较大、利率较高、用途有一定限制、不能随意提取本金等特点。信托存款的资金来源一般是那些游离于生产和流通环节之外的非经营性资金，并且委托人对其有自主支配权，而并非生产和流通领域的暂时闲置资金和预算内资金。按照我国相关法律规定，信托投资公司不准以各种名义吸收信托存款，否则将会冲击其他金融行业，甚至可能扰乱整体金融秩序。

按照 2020 年 5 月银保监会制定的《信托公司资金信托管理暂行办法（征求意见稿）》，信托投资公司资产管理产品的投资者分为不特定社会公众和合格投资者两大类。资金信托面向合格投资者以非公开方式募集，投资者人数不得超过两百人。合格投资者是指具备相应风险识别和风险承受能力，投资于单只资金信托不低于一定金额且符合下列条件的自然人、法人和其他组织：

（1）具有两年及两年以上投资经历，且满足家庭金融净资产不低于三百万元人民币，或者家庭金融资产不低于五百万元人民币，或者近三年本人年均收入不低于四十万元人民币。

（2）最近一年年末净资产不低于一千万元人民币的境内法人或者依法成立的其他组织。

（3）基本养老金、社会保障基金、企业年金等养老基金，慈善基金等依法成立的社会公益基金。

（4）合格境外机构投资者（QFII），人民币合格境外机构投资者（RQFII）。

（5）接受国务院金融监督管理机构监管的机构依法发行的资产管理产品。

（6）国务院银行业监督管理机构视为合格投资者的其他情形。

信托存款每笔资金都单独管理，独立核算。信托投资公司对信托存款的运用效益决定信托存款的收益，并且其收益由信托投资公司按合同规定支付给委托人本人或委托人指定的第三人。

信托存款与信托货币资金十分相似，其委托人对信托资金不指定运用范围，由信托投资公司负责管理运用并负责保本付息。委托人保本之外，收取固定收益。信托投资公司的收益则来自支付委托利息外的资金营运的多余收入，而不是收取的手续费。

(二) 委托存款

委托存款是指信托投资公司接受客户委托，按指定的对象和用途，代为运用和管理而吸收的存款资金，主要是指按客户的要求和指定的单位进行贷款或投资，而收到客户存入的款项。其营运收益扣除一定信托报酬后全部归委托人所有的信托业务。

二、信托存款的核算

客户在办理信托存款时，首先要提出申请，填写"存款委托书"后，信托投资公司应审查项目资金来源，审查符合规定后，与客户签订"信托存款协议书"，写明信托存款金额、期限、信托受益支付方法、指定受益人、手续费率等。信托投资公司为委托人开立账户，委托人将信托存款划转到信托投资公司为其开立的银行账户内，信托投资公司相应签发存款凭证给委托人。

(一) 会计科目设置

为全面反映和监督信托存款业务的情况，信托投资公司应设置"吸收存款""应付利息"和"利息支出"等科目进行相应的核算。这些科目的相关内容详见本书第二章。

(二) 信托存款的账务处理

1. 开户

信托公司接受客户委托，为客户开立信托存款账户时，会计分录为：

借：银行存款

　　贷：吸收存款——××单位信托存款户

2. 计息

信托存款是定期存款，原则上按现行税法规定，金融企业支付的存款利息不能在进项税额中抵扣，在期满后一次性还本付息，但在存款期内根据权责发生制原则定期计算应付利息，相应的会计分录为：

借：利息支出——信托存款利息支出

　　贷：应付利息——××单位户

3. 到期支取

存款单位在信托存款期满后，凭信托存款单向信托投资公司提取存款，并结清利息。如果存款单位因各种客观原因要提前支取，与信托投资公司协商后，可提前支取，但利率按银行同期活期存款利率计算，会计分录为：

借：吸收存款——××单位信托存款户

应付利息——××单位户

利息支出——信托存款利息支出

　　贷：银行存款

　　[例9-1] 2021年3月1日，东方信托投资公司收到A公司存入信托存款800万元，存期1年，年利率5%，采取利随本清的结息方式，2022年3月1日A公司前来支取存款本金。

　　2021年3月1日，东方信托投资公司接受A公司存款的会计分录为：

借：银行存款	8 000 000
贷：吸收存款——信托存款（A公司）	8 000 000

　　2022年3月1日支付A公司到期存款的会计分录为：

借：吸收存款——信托存款（A公司）	8 000 000
利息支出——信托存款利息支出	400 000
贷：银行存款	8 400 000

三、委托存款的核算

　　委托人与信托投资公司商定办理委托业务后，双方应签订"委托存款协议书"，标明存款的资金来源、金额、期限及双方的责任等。信托投资公司根据协议书为客户开立委托存款账户，由客户将委托存款资金存到信托投资公司为其开立的银行账户里，信托投资公司则向客户开出"委托存款单"。

（一）会计科目设置

　　由于在委托存款业务活动中，信托投资公司扮演的是纯粹的代理业务，为了全面反映和监督委托存款业务的情况，信托投资公司应设置"代理业务负债"科目来进行相应的核算。本科目属负债类科目，核算信托投资公司不承担风险的代理业务收到的款项，包括受托投资资金和受托贷款资金。贷方反映信托投资公司代客户向指定的单位或项目进行贷款或投资而收到客户存入的款项，借方反映归还的委托资金，期末贷方余额反映尚未归还的委托存款资金。本科目可按委托单位、资产管理类别等进行明细核算。

（二）委托存款的账务处理

　　1. 开户

　　信托公司接受客户委托，为客户开立委托存款账户时，会计分录为：

借：银行存款

　　贷：代理业务负债——××单位委托存款户

由于在委托存贷款业务中，信托公司扮演的角色只是中间人，以收取委托人手续费为盈利模式。至于手续费的会计核算，我们将在后面的委托贷款业务中一并讲解。

2. 支取

委托人可随时支取委托存款，但只能限制在委托存款余额与委托贷款余额的轧差数之内。信托投资公司收到委托人支取委托存款的通知后，将款项划入委托人的银行账户。会计分录为：

借：代理业务负债——××单位委托存款户

　　贷：银行存款

第三节　信托贷款与委托贷款业务的核算

一、信托贷款与委托贷款的概述

（一）信托贷款

信托贷款是指信托投资公司运用自有资金、信托存款或筹集的其他资金，对自行审定的企业和项目自主发放贷款的业务。贷款的对象、用途、期限和利率等都由信托投资公司根据国家政策自行确定，贷款的风险责任也由信托投资公司承担。它的性质和用途与银行贷款相似，但更灵活、方便、及时。

信托贷款的用途主要是解决企业某些正当、合理，而银行限于制度规定无法支持的资金需求。信托贷款业务主要有联营投资信托贷款、技术改造信托贷款、补偿贸易信托贷款、住房信托贷款等。

（二）委托贷款

委托贷款，是指信托投资公司接受委托人委托，在委托人存入的委托存款额度内，按委托人指定的对象、用途、期限、利率及金额发放贷款，监督使用并到期收回本息的业务。由于信托资金的运用对象、运用范围等均由委托人事先指定，信托投资公司对委托贷款能否达到预期收益以及到期能否收回不负任何经济责任。

委托贷款实际上相当于企业之间的资金拆借，但是由于在我国《贷款通则》中被明令禁止，在没有实际贸易背景下，不允许不同法人实体之间的资金进行转移，因此只能通过委托贷款来实现企业间的资金相互融通。对于银行来说，委托贷款是银行的中间业务，银行起到了牵线搭桥的作用，通过帮助企业完成委托贷款，银行可以从中收取一定的手续费来增加自己的业务收入。

（三）信托贷款与委托贷款的区别

委托贷款的对象和用途由委托人指定，而信托贷款的对象和用途由信托投资公司自行选定；国家对委托贷款的管理较松，而对信托贷款的管理则与银行贷款一样偏严。和银行贷款相比，信托贷款的利率有一定的浮动幅度，因此，信托投资公司可以在国家政策允许的条件下，对一些企业特殊而合理的资金需要给予支持。

二、信托贷款的核算

在办理信托贷款时，借款单位应先向信托投资公司提出申请，由信托投资公司进行审查。审查合格后，由借款单位出具借据，并按要求出具贷款担保，然后与信托投资公司签订"信托借款合同"，合同写明贷款的金额、期限、利率等。贷款到期，信托投资公司收回本息。如借款单位确有困难不能还款，应在到期前提出申请，有担保的还需原担保单位承诺担保，然后经信托投资公司审查同意办理一次续展，续展期最长不超过半年。

（一）会计科目设置

为全面反映和监督信托贷款业务的情况，信托投资公司应设置"贷款""应收利息""利息收入"等科目来进行相应的核算。这些科目的相关内容详见本书第三章。

（二）信托贷款的账务处理

（1）发放贷款时，按实际发放的金额做如下会计分录：

借：贷款——××单位信托贷款户

　　贷：银行存款

由于信托贷款与银行贷款性质类同，故增值税按6%档起。

（2）期末计算贷款利息，通常情况下，信托投资公司按季根据每个借款单位的借款积数分别计算利息。由于信托贷款与银行贷款性质类同，故增值税按6%征收。会计分录如下：

借：应收利息——××单位户

　　其他应收项——××单位户

　　贷：利息收入——信托贷款利息收入

　　　　应交税费——应交增值税（销项税额）

（3）到期收回贷款本息时，按实际收到的金额做会计分录：

借：银行存款

　　贷：贷款——××单位信托贷款户

　　　　应收利息——××单位户

　　　　其他应收款——××单位户

［例9-2］东方信托投资公司（一般纳税人）贷放给B公司信托贷款500万元，年利率6%，期限1年，采取利随本清的结息方式。

发放贷款时的会计分录为：

借：贷款——信托贷款（B公司）   5 000 000

    贷：银行存款   5 000 000

到期收回贷款本利的会计分录为：

借：银行存款   5 300 000

    贷：贷款——信托贷款（B公司）   5 000 000

        利息收入[①]——信托贷款利息收入   283 018.87

        应交税费——应交增值税（销项税额[②]）   16 981.32

三、委托贷款的核算

在办理委托贷款时，由委托人向信托投资公司提出办理委托贷款的申请，信托投资公司审查同意后与委托人签订"委托贷款合同"。委托人按合同向信托投资公司交存委托基金，信托投资公司为其开立委托存款户，专项存储。信托投资公司按委托人指定的对象或项目、金额、期限及利率等发放贷款，并督促借款单位按期归还贷款。

委托期满，信托投资公司将已收回的委托贷款和尚未发放的委托存款退回委托人，并收取规定的手续费，一般按委托贷款金额、借款期限、违约行为等约定条款按比例向委托人收取手续费。需要注意的是，如有到期未收回的委托贷款，信托投资公司应保留相应委托存款资金，待委托贷款全部收回时再予以全部归还。

（一）会计科目设置

为全面反映和监督委托贷款业务的情况，信托投资公司应设置"代理业务资产""手续费及佣金收入"等科目来进行相应的核算。

1. "代理业务资产"科目

本科目属资产类科目，核算信托投资公司不承担风险的代理业务形成的资产，包括受托理财业务进行的证券投资和受托贷款。借方反映委托贷款或委托投资的发放，贷方反映委托贷款或委托投资的收回，期末借方余额反映信托投资公司代理业务资产的价值。本科目可按委托单位、资产管理类别、贷款对象，分别按"成本"或"本金""已实现未结算损益"进行明细核算。

2. "手续费及佣金收入"科目

本科目属损益类科目，核算信托投资公司收取的手续费，贷方反映手续费收入，会计期末将贷方发生额结转至"本年利润"科目贷方，结转之后应无余额。本科目应按手续费及佣金收入类别进行明细核算。

---

① 利息收入 = 300 000÷（1+6%）= 283 018.87

② 销项税额 = 283 018.87×6% = 16 981.32

（二）委托贷款的账务处理

（1）收到委托单位的委托资金时，会计分录为：

借：银行存款

　　贷：代理业务负债——××单位户

（2）发放贷款。委托贷款的发放，事先要由委托人通过书面形式通知信托投资公司，内容包括：贷款单位名称、贷款用途、金额、时间、利率等。借款单位按规定要向信托投资公司报送有关资料，并填写借据，签订借款合同。然后，信托投资公司将贷款款项划到借款单位的银行账户里。会计分录为：

借：代理业务资产——××单位户（本金）

　　贷：银行存款

（3）收取手续费。在实务中，信托投资公司一般在发放贷款时会向委托单位按双方协商的比例收取手续费。由于委托贷款属信托投资公司的资管项目，按财税〔2017〕56号文件规定，资产管理运营业务暂适用简易计税方法，即按3%的增收率缴纳增值税。会计分录为：

借：银行存款

　　贷：手续费及佣金收入——委托贷款手续费收入

　　　　应交税费——应交增值税（销项税额）

（4）结息。信托投资公司负债在合同规定时间向贷款单位收取利息，以便在委托贷款到期时支付给委托方。会计分录为：

借：银行存款

　　贷：代理业务负债——××单位户（代收利息）

（5）到期收回本金。会计分录为：

借：银行存款

　　贷：代理业务资产——××单位户（本金）

（6）终止委托。信托投资公司结清委托单位的本金及代收的利息。会计分录为：

借：代理业务负债——××单位户

　　代理业务负债——××单位户（代收利息）

　　贷：银行存款

[例9-3] 东方信托投资公司接受C公司委托，贷放给D公司委托贷款100万元，贷款期限1年，年利率为10%，采取利随本清的结息方式。双方约定，东方信托投资公司在发放贷款时按照贷款金额的5%收取手续费。

东方信托投资公司收到C公司存款时的会计分录为：

借：银行存款　　　　　　　　　　　　　　　　　　　1 000 000

　　贷：代理业务负债——C公司　　　　　　　　　　　　　1 000 000

东方信托投资公司向 D 单位放款时的会计分录为：

借：代理业务资产——D 公司（本金）　　　　　　　　　　1 000 000
　　贷：银行存款　　　　　　　　　　　　　　　　　　　　1 000 000

东方信托投资公司收到 C 公司支付手续费时的会计分录为：

借：银行存款　　　　　　　　　　　　　　　　　　　　　　50 000
　　贷：手续费及佣金收入——委托贷款手续费收入　　　　　48 543.69
　　　　应交税费——应交增值税（销项税额）　　　　　　　1 456.31

贷款到期收回 D 公司本息时的会计分录为：

借：银行存款　　　　　　　　　　　　　　　　　　　　　　1 100 000
　　贷：代理业务资产——D 公司（本金）　　　　　　　　　1 000 000
　　　　代理业务负债——C 公司（代收利息）　　　　　　　100 000

东方信托投资公司与 C 公司终止委托业务，结清本金及代收利息时的会计分录为：

借：代理业务负债——C 公司　　　　　　　　　　　　　　　1 000 000
　　代理业务负债——C 公司（代收利息）　　　　　　　　　100 000
　　贷：银行存款　　　　　　　　　　　　　　　　　　　　1 100 000

第四节　信托投资与委托投资业务的核算

一、信托投资与委托投资的概述

（一）信托投资

信托投资，是指信托投资公司以投资者身份，直接参与企业的投资及其经营成果的分配，并承担相应的经济责任的业务，其资金主要来源于信托投资公司的自有资金及各种信托存款。换言之，是信托投资公司以自有资金或未指定使用对象和范围的信托存款进行投资。

信托投资公司对现有项目进行审查初选，在初选项目上进行评估，然后对可否投资提出结论性意见。决定投资后，信托投资公司与被投资单位签订投资合同，合同一般应写明投资的内容、规模、方式，各方收益的分配方法等。信托投资公司将认定的投资资金按期足额划入合资企业账户，并定期或不定期对资金的使用进行检查，促使投资项目按时施工、按时投产、按时竣工，并尽快产生效益。信托投资的收益全部归信托投资公司，风险便由其承担。

（二）委托投资

委托投资，是指委托人将资金事先存入信托投资公司作为委托投资基金，委托信托投资公司按其指定的对象、方式进行投资，并对资金的使用情况、被投资企业的经营管理和利润分配等进行管理和监督的业务。信托投资公司要对受托资金进行单独管理，单独核算，按期结清损益，在扣除规定的费用之外，损益归委托人所有。委托投资既可以直接投资于企业，也可用于购买股票、债券等有价证券。在委托投资中，委托人一般是投资项目的出资人，需要按规定向信托投资公司交存足额的投资资金，届时得到投资收益并承担投资风险。

二、信托投资的核算

（一）会计科目设置

为全面反映和监督信托投资业务的情况，信托投资公司应设置"交易性金融资产""持有至到期投资""可供出售金融资产""长期股权投资"和"投资收益"等科目来进行相应的核算。这些科目的相关内容详见本书第八章。

（二）信托投资的账务处理

信托投资的特点是用自有资金和未指明用途的信托存款对外进行投资，投资收益或损失均由信托投资公司承担，所以其对外投资、获得收益以及出售信托投资的会计核算方法与一般企业相同，在此不做更多阐述。

三、委托投资的核算

（一）会计科目设置

委托投资是信托投资公司受委托人委托，以其交存的资金向指定的单位、项目进行投资，并负责监督资金的使用、被投资企业经营状况及利润分配等。委托投资的收益全部归委托人所有，信托投资公司一般只收取一定比例的手续费，投资风险也由委托人承担。为全面反映和监督信托投资业务的情况，信托投资公司应设置"代理业务资产""代理业务负债""手续费及佣金收入"等科目来进行相应的核算。

（二）委托投资的账务处理

（1）信托投资公司接受委托，收到委托投资资金时，会计分录为：

借：银行存款

　　贷：代理业务负债——××单位户

（2）信托投资公司将资金对外投资时，会计分录为：

借：代理业务资产——××单位户（成本）

贷：银行存款

（3）收取手续费。因委托投资属信托投资公司的资管项目，按相关规定，资产管理运营业务暂适用简易计税方法，即按3%的增收率缴纳增值税。会计分录为：

借：银行存款

　　贷：手续费及佣金收入——委托贷款手续费收入

　　　　应交税费——应交增值税（销项税额）

（4）分红。委托投资分得的红利先划到信托投资公司的银行账户，并按协议规定的时间转入委托人的委托存款账户。会计分录为：

借：银行存款

　　贷：代理业务负债——××单位户（代收分红）

（5）到期收回投资。会计分录为：

借：银行存款

　　贷：代理业务资产——××单位户（本金）

（6）终止委托。信托投资公司结清委托单位的投资资金及代收的分红。会计分录为：

借：代理业务负债——××单位户

　　代理业务负债——××单位户（代收分红）

　　贷：银行存款

［例9-4］东方信托投资公司接受E公司委托，存入委托资金100万元，用于购买F公司股票100万元，1年后分得股利10万元，不久将该股票出售，出售时的价格为150万元。双方约定东方信托投资公司在收回投资时按照出售股票金额的5%收取手续费。

东方信托投资公司接受委托，收到委托投资资金时，会计分录为：

借：银行存款　　　　　　　　　　　　　　　　　　　1 000 000

　　贷：代理业务负债——E公司　　　　　　　　　　　　　1 000 000

东方信托投资公司购买股票时，会计分录为：

借：代理业务资产——F公司（成本）　　　　　　　　1 000 000

　　贷：银行存款　　　　　　　　　　　　　　　　　　　1 000 000

东方信托投资公司收到E公司支付手续费时的会计分录为：

借：银行存款　　　　　　　　　　　　　　　　　　　50 000

　　贷：手续费及佣金收入——委托贷款手续费收入　　　　48 543.69

　　　　应交税费——应交增值税（销项税额）　　　　　　1 456.31

东方信托投资公司收到投资红利时的会计分录为：

借：银行存款　　　　　　　　　　　　　　　　　　　100 000

　　贷：代理业务负债——E公司（代收分红）　　　　　　100 000

东方信托投资公司出售股票，收回投资时的会计分录为：

借：银行存款　　　　　　　　　　　　　　　　　　　　1 500 000
　　贷：代理业务资产——F公司（成本）　　　　　　　　　1 000 000
　　　　代理业务负债——E公司（代收转让收益）　　　　　 500 000

东方信托投资公司与E公司终止委托业务，结清投资本金及收益时的会计分录为：

借：代理业务负债——E公司　　　　　　　　　　　　　　1 000 000
　　代理业务负债——E公司（代收分红）　　　　　　　　　 100 000
　　代理业务负债——E公司（代收转让收益）　　　　　　　 500 000
　　贷：银行存款　　　　　　　　　　　　　　　　　　　1 600 000

 第五节　信托损益的核算

一、信托收入的核算

信托收入是指信托投资公司在信托财产管理、运用或处分过程中产生的经济利益。根据信托财产运用方式的不同，信托收入主要包括信托投资获得的投资收益、信托贷款或拆出信托资金获得的利息收入、信托租赁形成的租赁收入、信托投资公司办理代理、咨询等中介业务形成的手续费及佣金收入等。

信托投资公司发生信托收入时，会计分录为：

借：银行存款等
　　贷：利息收入
　　　　手续费及佣金收入
　　　　投资收益等

信托收入的具体核算方法在本章前几节已有详细阐述，在此不再赘述。

二、信托费用的核算

信托费用是指信托投资公司为了取得信托收入而发生的各种直接或间接的支出。信托费用分为可直接归集于某项信托资产的费用和不可直接归集于某项信托资产的费用。前者属于因办理某项信托资产业务而发生的费用，可直接归集于该项信托资产，由该项信托资产承担；后者不属于因办理某项信托资产业务而发生的费用，不可直接归集于该项信托资产，由信托投资公司承担。

（一）发生的由某项信托资产业务承担的费用

这些费用包括利息费用，投资交易过程中的手续费、投资损失等，其会计分录为：

借：利息支出

　　投资收益等

　　贷：银行存款等

其具体核算方法在本章前几节已有详细阐述，在此不再详述。

（二）发生的由信托投资公司承担的费用

为了全面反映和核算此项内容，信托投资公司需设置"业务及管理费"科目来进行核算。本科目主要用于核算信托投资公司在业务经营及管理工作中发生的各种费用。该科目借方登记业务及管理费的发生额，会计期末，将该科目的借方余额全部转入到"本年利润"科目中去，期末无余额。该科目应当按照费用支出类别进行明细核算。

发生业务及管理费时，其会计分录为：

借：业务及管理费

　　贷：银行存款等

三、信托业务赔偿的处理

信托投资公司在从事信托业务使受益人或公司受到损失的，应按损失产生原因的不同分别处理。

（一）属于信托公司违反信托目的、违背管理职责、管理信托事务不当造成信托资产损失的，以信托赔偿准备金赔偿

按照我国《信托投资公司管理办法》第四十九条的规定，信托投资公司每年应当从税后利润中提取5%作为信托赔偿准备金，但该赔偿准备金累计总额达到公司注册资本的20%时，可不再提取。

为了全面反映和核算信托赔偿准备金的提取与使用情况，应增设"信托赔偿准备金"科目，该科目属所有者权益类科目，用于核算信托投资公司按规定从净利润中提取的信托赔偿准备金，贷方登记信托赔偿准备金的提取，借方登记信托赔偿准备金的使用，本科目期末贷方余额，反映信托投资公司的信托赔偿准备金。

（1）提取信托赔偿准备金时的会计分录为：

借：利润分配

　　贷：信托赔偿准备金

（2）用信托赔偿准备金进行赔偿时的会计处理为：

借：信托赔偿准备金

　　贷：银行存款等

（二）属于委托人自身原因导致对其信托资产司法查封、冻结，且需要以其信托资产对第三人进行补偿的

发生此种情况时，仅以其信托资产（扣除原约定费用和对未到期信托资产进行处置的违约金及相关费用后的资产）为限。

四、信托损益的结转

会计期末，将信托收入和信托费用转入"本年利润"科目，会计分录为：

借：利息收入
　　手续费及佣金收入
　　投资收益等
　贷：本年利润
借：本年利润
　贷：利息支出
　　　投资收益
　　　业务及管理费等

期末，信托投资公司应将未分配给受益人和委托人的信托收益结转为待分配信托收益，会计分录为：

借：本年利润
　贷：利润分配

 复习思考题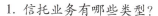

1. 信托业务有哪些类型？
2. 信托存款与委托存款存在哪些异同点？
3. 信托贷款与委托贷款存在哪些异同点？
4. 信托投资与委托投资存在哪些异同点？

第九章习题

第九章答案

第十章 期货公司与期货交易所业务的核算

本章重点

1. 期货业务的概念。
2. 期货公司期货经纪业务的核算。
3. 期货交易所业务的核算。

引导案例

2020年中国期货市场高速发展，市场规模屡创新高，运作质量不断提升，市场呈现"机构化"的新趋势，专业化程度不断提高，期货资产管理业务和风险管理业务焕发出勃勃生机，两项创新业务的快速增长为期货公司转型发展赋予了新动能。

受新冠肺炎疫情影响，全球金融市场动荡加剧，企业避险需求上升，期货市场的风险管理已成为企业的"避风港"，中国上市公司中已有超过600家企业通过期货市场套期保值规避价格风险。疫情期间，面对企业普遍存在的高库存、难销售，产业链运转不畅，原材料和现金流紧张问题，期货交易所和期货公司采取多种服务手段，通过期货交割、期转现、仓单交易及仓单服务等多种方式，帮助企业盘活库存、缓解现金流压力，以及仓单采购和销售。同时，期货风险管理子公司围绕抗疫生产企业需求，积极创新服务产品，为相关企业量身定制的"口罩期权""手套期权"等金融服务产品，已成为助力企业"战役复产"的典型案例。在 WITI 原油期货"负油价"影响下，上海原油期货的风险管理和应急能力经受考验，展现较强的韧性和自有修复能力，获得国内外各方的肯定。

2020 年，期货市场排除疫情影响，加快新品种上市步伐，全年新上市 12 个新品种，包括 4 个商品期货品种、8 个商品期权品种。截至 2020 年年末，中国期货市场上市品种数量已达 90 个，为广大实体企业提供有效的避险工具。各期货交易所持续优化交易制度，全面推广做市机制，已实施做市制度的期货、期权品种达 65 个，做市品种流动性和活跃合约连续性显著提升。玉米、铁矿石、铜等对 CPI、PPI 有重要影响的期货品种，为国家宏观经济调控提供重要的价格参考。玉米等农产品期货价格已成为保险公司为农业定制农产品价格保险的重要定价依据。"期货价格+升贴水"的定价模式推动了我国贸易方式的变革。

思考： 期货业务在国民经济中发挥怎样的作用？期货公司的主要业务是什么？

（参考资料：瑞达期货股份有限公司 2020 年年度报告）

 第一节　期货业务概述

一、期货交易概述

期货交易，是指采用公开的集中交易方式或者国务院期货监督管理机构批准的其他方式进行的以期货合约或者期权合约为交易标的的交易活动。

期货交易最早出现在美国，20 世纪 90 年代初在中国萌芽，凭借期货的风险对冲功能和高风险、高收益的投资属性，期货市场规模持续扩大。目前，我国的主要期货交易所包括上海期货交易所、郑州商品交易所、大连商品交易所、中国金融期货交易所等。

期货市场受到国民经济发展、宏观经济状况和国际期货市场行情等多种因素影响。宏观经济的周期性通过期货市场传导到期货公司，如果宏观经济陷入衰退导致期货市场和股票市场交投不活跃，期货公司的各项业务可能受到不利影响，进而影响期货公司的盈利状况。此外，期货行业的周期性特征还和交易品种有关。我国期货交易品种主要包括农产品、金属产品及能源化工产品等商品期货和金融期货。在商品期货产品中，农产品具有比较明显的季节性，其他品种则受经济周期波动影响，具有较为明显的经济周期性。在金融期货产品中，国债期货和股指期货分别与利率市场和证券市场紧密相关，具有与上述市场较为相近的周期性。

二、期货业务的相关概念

（一）期货合约

期货合约是指期货交易场所统一制定的、规定在将来某一特定的时间和地点交割一定数量标的物的标准化合约。期货合约包括商品期货合约和金融期货合约及其他期货合约。商品期货合约，是指以农产品、工业品、能源和其他商品及其相关指数产品为标的物的期货合约。金融期货合约，是指以有价证券、利率、汇率等金融产品及其相关指数产品为标的物的期货合约。

（二）保证金

保证金是指期货交易者按照规定交纳的资金或者提交的价值稳定、流动性强的标准仓单、国债等有价证券，用于结算和保证履约。保证金分为结算准备金与交易保证金。

（三）结算

结算是指根据期货交易所公布的结算价格对交易双方的交易结果进行的资金清算和划转。我国期货交易所实行当日无负债结算制度。

（四）浮动盈亏

浮动盈亏又称持仓盈亏，是结算会员或期货投资者持仓合约随着合约价格波动所形成的潜在盈利或亏损，是反映期货交易风险的一个重要指标。

（五）平仓

平仓是指期货交易者买入或者卖出与其所持合约的品种、数量和交割月份相同但交易方向相反的合约，了结期货交易的行为。

（六）交割

交割是指合约到期时，按照期货交易所的规则和程序，交易双方通过该合约所载标的物所有权的转移，或者按照规定结算价格进行现金差价结算，了结到期未平仓合约的过程。前者称为实物交割，后者称为现金交割。目前，商品期货基本上采取实物交割方式。

三、投资期货的目的

投资者投资期货一般出于两个目的，一是在期货市场上投机套利以获取收益；二是通过期货市场进行套期保值，通过风险对冲防范利率、汇率、交易价格等市场风险。举例如下：

（一）投机

[例10-1] 甲公司预计铝的期货价格会上涨，于是在 2021 年 3 月 1 日通过期货

公司在期货交易所买入 9 月的铝期货合约 20 手，每手 5 吨计 100 吨，成交价为 14 000 元/吨，并存入保证金 70 000 元，保证金比率为 5%。6 月 22 日，铝的期货价格升至 15 000 元/吨，甲公司将持有的 20 手合约全部卖出平仓，假设不考虑手续费及保证金追加，甲公司获利 =（15 000−14 000）×5×20 = 100 000 元。

（二）套期保值

[例 10-2] 2021 年 1 月 5 日，甲公司与乙公司签订协议，约定甲公司（销售方）向乙公司（购买方）销售铜 10 吨，每吨售价为当日市场价 100 万元，合计 1 000 万元，4 月 20 日交货，货款于交付之日支付。当日，甲公司并无足量的铜，需要在 4 月 20 日之前将 10 吨铜购入。甲公司担心 1 月 5 日至 4 月 20 日这段时间铜的市场价格上涨，决定在期货市场通过套期保值业务防范价格上涨带来的风险，操作方法如下：

甲公司在期货市场上买入 4 月份交割的铜期货合约 10 手（以手为单位，交易数量不得低于 1 手），每手 1 吨，共 10 吨，成交价为 130 万元/吨。进入交割月份后（4 月），甲公司保证金由最初的 5% 提升至 20%（进入交割月，保证金的比例会提升）。2 月份以来，铜价一直在上涨，4 月 12 日，铜现货价已达 115 万元/吨，期货价格也升至 150 万元/吨，甲公司于 4 月 12 日在现货市场以每吨 115 万元买入 10 吨，交付给乙公司，同日将期货市场的期货合约以 150 万元/吨的价格平仓（即卖出），结束套期保值。交易情况如表 10-1 所示。

表 10-1　套期保值业务的盈利

	现货市场	期货市场
1 月 5 日	按照 100 万元/吨与乙公司签订铜购销合同，约定 4 月向乙公司交货 10 吨	以 130 万元/吨的价格买进 10 手（每手 1 吨）4 月份交割的期货合约，支付保证金 65 万元
4 月 12 日	现货市场铜价格涨至 115 万元/吨，买入 10 吨用于交货，花费 1150 万元	甲公司以 150 万元/吨的价格将 10 手 4 月份到期的合约卖出平仓，收入 1 500 万元
结果	现货市场每吨成本上升 15 万元，共亏损 150 万元 利润 = 1 000−1 150 = −150 万元（亏损）	甲公司收回现金 =（150−130）×10+保证金 利润 =（150 万元/吨−130 万元/吨）×10 手 ×1 吨/手 = 200 万元
	因此，甲公司期货市场盈利 200 万元，现货市场亏损 150 万元，通过套期保值业务冲抵了市场的价格风险，且略有盈利	

注：

①甲公司买入期货合约时，仅需按比例支付保证金，无须支付全部买价；卖出期货合约时，期货交易所会进行盈亏结算，然后将盈利金额转入期货投资者账户。如果期货合约持有期间发生浮亏，投资人需及时补充保证金，若未及时补充保证金的，交易所将会强制平仓。

②假设交割月份最后一个交易日为 4 月 20 日，若甲公司一直未卖出期货合约的，则需在 4 月 20 日到期时进行实物交割，即将保证金金额补充至 1 300 万元并购入 10 吨铜。该交易被称为"交割平仓与清算"。如果在 4 月 20 日最后交易日之前卖出期货合约，则被称为"对冲平仓与清算"。

第二节 期货经纪业务的核算

一、期货公司概述

期货公司是最为常见的期货经营机构。期货公司依法经国务院期货监督管理机构许可后，方可从事期货经纪业务，即接受客户委托，以自己的名义为客户进行期货交易，交易结果由客户承担。期货公司不得从事或者变相从事期货自营业务。期货公司从事的主要业务通常为：期货经纪业务、期货投资咨询业务、资产管理业务，并可能通过子公司开展风险管理业务、境外金融服务业务和公募基金业务。

期货交易是双向交易机制，期货市场作为提供风险管理工具的衍生品市场，期货行业的发展与经济发展预期的不确定性、市场价格的波动和企业的套期保值需求是密切相关的，不确定性越强，价格波动越大，套期保值的需求就越强烈，市场的交易量也就越大。期货公司作为连接期货市场和投资者的桥梁和纽带，担负着在市场一线服务投资者的重任，其业务发展自然也受到期货市场自身运行规律的影响。

二、期货公司的期货经纪业务特点

期货经纪业务指的是，期货公司接受客户委托，按照客户的指令，代理客户买卖期货合约、办理结算和交割手续，并且交易结果由客户承担的经营活动，是期货公司的一项中介业务。期货公司通过推广期货市场投资知识和技巧，为客户提供参与期货交易的通道，赚取手续费及相关收入。

常见的期货经纪业务包括商品期货经纪业务及金融期货经纪业务。商品期货是指标的物为实物商品的期货合约。商品期货经纪是指期货公司接受客户要求，代理客户进行商品期货交易的业务。金融期货是指以金融工具为标的物的期货合约。金融期货经纪是指代理客户进行金融期货交易的业务。

经纪业务手续费收入为期货公司向客户收取的交易净手续费（扣减公司应付交易所交易手续费），作为手续费净收入在与客户办理每日款项清算时确认。手续费减收在交易所资金结算完成时根据收取手续费减收净额确认。

三、会计科目设置

期货公司特殊科目表见表 10-2。

表 10-2 期货公司特殊科目表

资产类	期货保证金存款、应收货币保证金、应收质押保证金、应收结算担保金、应收风险损失款、应收佣金、期货会员资格投资

表10-2(续)

负债类	应付货币保证金、应付质押保证金、应付手续费、应付佣金、期货风险准备金、应付期货投资者保障基金
所有者权益类	一般风险准备
损益类	手续费收入、佣金收入、佣金支出、提取期货风险准备金

(一) 期货保证金存款

本科目核算期货公司收到客户或分级结算制度下全面结算会员收到非结算会员缴存的货币保证金及期货公司存入期货保证金账户的款项。本科目可按银行存款账户进行明细核算。

期货保证金存款的主要账务处理包括：

（1）期货公司收到客户或分级结算制度下全面结算会员收到非结算会员缴存的货币保证金时，按缴存的货币保证金金额，借记本科目，贷记"应付货币保证金"科目。期货公司向客户或分级结算制度下全面结算会员向非结算会员划出货币保证金时，按划出的货币保证金金额，借记"应付货币保证金"科目，贷记本科目。

（2）期货公司向期货保证金账户存入资金时，按存入的资金金额，借记本科目，贷记"银行存款"科目。期货公司从期货保证金账户划回资金时，按划回的资金金额，借记"银行存款"科目，贷记本科目。

本科目期末借方余额，反映期货公司收到客户或分级结算制度下全面结算会员收到非结算会员缴存的货币保证金金额及存入期货保证金账户的款项。

(二) 应收货币保证金

本科目核算期货公司向期货结算机构（指期货交易所或分级结算制度下的特别结算会员和全面结算会员，下同）划出的货币保证金，以及期货业务盈利形成的货币保证金。本科目可按期货结算机构进行明细核算。

应收货币保证金的主要账务处理包括：

（1）期货公司向期货结算机构划出货币保证金时，按划出的货币保证金金额，借记本科目，贷记"期货保证金存款"科目。期货公司从期货结算机构划回货币保证金时，按划回的货币保证金金额，借记"期货保证金存款"科目，贷记本科目。

（2）期货公司收到期货结算机构划回的货币保证金利息时，按划回的利息金额，借记本科目，贷记"利息收入"科目。

（3）客户或非结算会员期货合约实现盈利时，期货公司按结算单据列明的盈利金额，借记本科目，贷记"应付货币保证金"科目。客户或非结算会员期货合约发生亏损时，期货公司按期货结算机构结算单据列明的亏损金额，借记"应付货币保证金"科目，贷记本科目。

（4）期货公司代理买方客户进行期货实物交割的，按支付的交割货款金额（商品期货实物交割的金额含增值税额，下同），借记"应付货币保证金"科目，贷记本科目。期货公司代理卖方客户进行期货实物交割的，按收到的交割货款金额，借记本科目，贷记"应付货币保证金"科目。

（5）期货公司向期货结算机构支付代收的手续费时，按划转的手续费金额，借记"应付手续费"科目，贷记本科目。

（6）期货公司收到期货结算机构返还的手续费时，按收到返还的手续费金额，借记本科目，贷记"手续费收入"科目。

（7）期货公司向期货结算机构交纳杂项费用时，按支付的有关费用金额，借记"业务及管理费"科目，贷记"银行存款"、本科目等科目。

本科目期末借方余额，反映期货公司从期货结算机构尚未收回的货币保证金金额。

（三）应收质押保证金

本科目核算期货公司代客户向期货交易所办理有价证券充抵保证金业务形成的可用于期货交易的保证金。本科目可按期货结算机构进行明细核算。

应收质押保证金的主要账务处理包括：

1. 全员结算制度

全员结算制度下，期货公司代客户向期货交易所办理有价证券充抵保证金业务的，应当分别情况进行会计处理：

（1）客户委托期货公司向期货交易所提交有价证券办理充抵保证金业务时，期货公司按期货交易所核定的充抵保证金金额，借记本科目，贷记"应付质押保证金"科目。

（2）有价证券价值发生增减变化，期货交易所相应调整核定的充抵保证金金额时，期货公司按调整增加数，借记本科目，贷记"应付质押保证金"科目；按调整减少数，借记"应付质押保证金"科目，贷记本科目。

（3）期货交易所将有价证券退还给客户时，期货公司按期货交易所核定的充抵保证金金额，借记"应付质押保证金"科目，贷记本科目。

（4）客户到期不能及时追加保证金，期货交易所处置有价证券时，期货公司按期货交易所核定的充抵保证金金额，借记"应付质押保证金"科目，贷记本科目。按处置有价证券所得款项金额，借记"应收货币保证金"科目，贷记"应付货币保证金"科目。

2. 分级结算制度

分级结算制度下，全面结算会员和交易结算会员代客户直接向期货交易所办理有价证券充抵保证金业务的，会计处理参照前述规定。非结算会员代客户向期货交易所办理有价证券充抵保证金业务的，应当分别情况进行处理：

（1）非结算会员代客户通过特别结算会员或全面结算会员向期货交易所申请办理有价证券充抵保证金业务时，非结算会员按期货交易所核定的充抵保证金金额，借记本科目（特别结算会员或全面结算会员），贷记"应付质押保证金"科目。全面结算会员按期货交易所核定的充抵保证金金额，借记本科目（期货交易所），贷记"应付质押保证金"科目。

（2）有价证券价值发生增减变化，期货交易所相应调整核定的充抵保证金金额时，非结算会员按调整增加数，借记本科目（特别结算会员或全面结算会员），贷记"应付质押保证金"科目；按调整减少数，借记"应付质押保证金"科目，贷记本科目（特别结算会员或全面结算会员）。

（3）期货交易所将有价证券退还给客户时，非结算会员按期货交易所核定的充抵保证金金额，借记"应付质押保证金"科目，贷记本科目（特别结算会员或全面结算会员）。全面结算会员按期货交易所核定的充抵保证金金额，借记"应付质押保证金（非结算会员）"科目，贷记本科目（期货交易所）。

（4）客户到期不能及时追加保证金，期货交易所处置有价证券时，非结算会员按期货交易所核定的充抵保证金额，借记"应付质押保证金"科目，贷记本科目（特别结算会员或全面结算会员）。按处置有价证券所得款项金额，借记"应收货币保证金（特别结算会员或全面结算会员）"科目，贷记"应付货币保证金"科目。全面结算会员按期货交易所核定的充抵保证金金额，借记"应付质押保证金"科目，贷记本科目（期货交易所）。按处置有价证券所得款项金额，借记"应收货币保证金"科目，贷记"应付货币保证金（非结算会员）"科目。

本科目期末借方余额，反映期货公司尚未收回的有价证券充抵保证金业务形成的可用于期货交易的保证金。

（四）应收结算担保金

本科目核算分级结算制度下结算会员（包括全面结算会员和交易结算会员，下同）按照规定向期货交易所缴纳的结算担保金。本科目可按期货交易所进行明细核算。

应收结算担保金的主要账务处理如下：

（1）结算会员向期货交易所划出结算担保金时，按划出的结算担保金额，借记本科目，贷记"银行存款"科目。结算会员从期货交易所划回结算担保金时，按划回的结算担保金额，借记"银行存款"科目，贷记本科目。结算会员收到期货交易所划回的结算担保金利息时，按期货交易所划回的利息金额，借记"银行存款"科目，贷记"利息收入"科目。

（2）结算会员的结算担保金被期货交易所动用抵御其他违约会员的风险时，结算会员按期货交易所分摊的金额，借记"其他应收款"，贷记本科目；同时结算会员应按向期货交易所追加的结算担保金额，借记本科目，贷记"银行存款"科目。

期货交易所向违约会员追索成功后，结算会员按收回金额中应享有的份额，借记本科目，贷记"其他应收款"科目。被动用的结算担保金最终确定无法收回时，结算会员应按确定无法收回的金额，借记"业务及管理费"，贷记"其他应收款"科目。

（3）结算会员划回多余的结算担保金，按划回的结算担保金额，借记"银行存款"，贷记本科目。

本科目期末借方余额，反映结算会员尚未从期货交易所收回的结算担保金额。

（五）应收风险损失款

本科目核算期货公司为客户垫付尚未收回的风险损失款。本科目可按客户进行明细核算。

应收风险损失款的主要账务处理如下：

（1）期货公司代客户向期货结算机构垫付罚款时，按垫付的罚款金额，借记本科目，贷记"应收货币保证金"科目。期货公司从客户货币保证金中划回垫付的罚款支出时，按划回的罚款金额，借"应付货币保证金"科目，贷记本科目。

（2）客户因自身原因造成的风险损失，按客户货币保证金余额，借记"应付货币保证金"科目，按期货公司代为垫付的款项金额，借记本科目，贷记"应收货币保证金"科目。

（3）客户期货业务发生穿仓时，期货公司应首先全额冲销客户的保证金，在客户以货币保证金交易的情况下，按冲销的保证金金额，借记"应付货币保证金"科目，贷记"应收货币保证金"科目；在客户以质押保证金交易的情况下，借记"应付质押保证金"科目，贷记"应收质押保证金"科目；按期货公司代为垫付的款项金额，借记本科目，贷记"应收货币保证金""银行存款"等科目。

（4）期货公司向客户收回垫付的风险损失款时，按收回垫付的风险损失款金额，借记"银行存款"科目，贷记本科目。期货公司按规定核销难以收回垫付的风险损失款时，按核销的风险损失款金额，借记"期货风险准备金"科目，贷记本科目。

本科目期末借方余额，反映期货公司为客户垫付尚未收回的风险损失款。

（六）应收佣金

本科目核算期货公司应收取的与其经营活动相关的佣金。本科目可按佣金支付对象进行明细核算。

应收佣金的主要账务处理如下：

（1）期货公司确认佣金收入的当期，按应收取的佣金金额，借记本科目，贷记"佣金收入"科目。

（2）实际收到佣金时，按收到的佣金金额，借记"银行存款"等科目，贷记本科目。

本科目期末借方余额，反映期货公司应收取的与其经营活动相关的佣金款项。

（六）期货会员资格投资

本科目核算期货公司为取得会员制期货交易所会员资格以交纳会员资格费形式对期货交易所的投资。本科目可按期货交易所进行明细核算。

期货会员资格投资的主要账务处理如下：

（1）期货公司为取得会员制期货交易所会员资格交纳会员资格费时，按交纳的会员资格费金额，借记本科目，贷记"银行存款"科目。

（2）期货公司转让或被取消上述会员资格，按收到的转让款项或期货交易所实际退还的会员资格费金额，借记"银行存款"科目，按期货公司会员资格投资的账面价值，贷记本科目，按其差额，借记或贷记"投资收益"科目。

本科目期末借方余额，反映期货公司对会员制期货交易所的会员资格投资。

（七）应付货币保证金

本科目核算期货公司收到客户或分级结算制度下全面结算会员收到非结算会员缴存的货币保证金，以及期货业务盈利形成的货币保证金。本科目可按客户或分级结算制度下非结算会员进行明细核算。

应付货币保证金的主要账务处理如下：

（1）期货公司收到客户或分级结算制度下全面结算会员收到非结算会员划入的货币保证金时，按划入的货币保证金金额，借记"期货保证金存款"科目，贷记本科目。期货公司向客户或分级结算制度下全面结算会员向非结算会员划出货币保证金时，按划出的货币保证金金额，借记本科目，贷记"期货保证金存款"科目。

（2）客户期货合约实现盈利时，期货公司按期货结算机构结算单据列明的盈利金额，借记"应收货币保证金"科目，贷记本科目。客户期货合约发生亏损时，期货公司按期货结算机构结算单据列明的亏损金额，借记本科目，贷记"应收货币保证金"科目。

（3）期货公司代理买方客户进行期货实物交割的，按支付的交割货款金额（商品期货实物交割金额含增值税额，下同），借记本科目，贷记"应收货币保证金"科目。期货公司代理卖方客户进行期货实物交割的，按收到的交割货款金额，借记"应收货币保证金"科目，贷记本科目。

（4）期货公司因错单合约平仓产生的亏损，按结算单据列明的金额，借记"期货风险准备金"科目，贷记本科目。期货公司因错单合约平仓实现的盈利，按结算单据列明的金额，借记本科目，贷记"营业外收入"科目。

（5）期货公司向客户或分级结算制度下全面结算会员向非结算会员收取手续费时，按收取的手续费金额，借记本科目，按期货结算机构享有的手续费金额，贷记"应付手续费"科目，按自身享有的手续费金额，贷记"手续费收入"科目。

本科目期末贷方余额，反映期货公司尚未支付的货币保证金金额。

（八）应付质押保证金

本科目核算期货公司代客户向期货交易所办理有价证券充抵保证金业务形成的可用于期货交易的保证金。本科目可按客户（或分级结算制度下非结算会员）和有价证券类别进行明细核算。

应付质押保证金的主要账务处理如下：

1. 全员结算制度

全员结算制度下，期货公司代客户向期货交易所办理有价证券充抵保证金业务的，应当分别情况进行会计处理：

（1）客户委托期货公司向期货交易所提交有价证券办理充抵保证金业务时，期货公司按期货交易所核定的充抵保证金金额，借记"应收质押保证金"，贷记本科目。

（2）有价证券价值发生增减变化，期货交易所相应调整核定的充抵保证金金额时，期货公司按调整增加数，借记"应收质押保证金"，贷记本科目；按调整减少数，借记本科目，贷记"应收质押保证金"科目。

（3）期货交易所将有价证券退还给客户时，期货公司按期货交易所核定的充抵保证金金额，借记本科目，贷记"应收质押保证金"科目。

（4）客户到期不能及时追加保证金，期货交易所处置有价证券时，期货公司按期货交易所核定的充抵保证金金额，借记本科目，贷记"应收质押保证金"科目；按处置有价证券所得款项金额，借记"应收货币保证金"科目，按垫付的款项金额，借记"应收风险损失款"科目，贷记"应付货币保证金"科目。

2. 全员结算制度

分级结算制度下，全面结算会员和交易结算会员代客户向期货交易所办理有价证券充抵保证金业务的，会计处理参照前述的规定。非结算会员代客户向期货交易所办理有价证券充抵保证金业务的，应当分别情况进行处理：

（1）非结算会员代客户通过特别结算会员或全面结算会员向交易所申请办理有价证券充抵保证金业务时，非结算会员按期货交易所核定的充抵保证金金额，借记"应收质押保证金（特别结算会员或全面结算会员）"科目，贷记本科目。全面结算会员按期货交易所核定的充抵保证金金额，借记"应收质押保证金（期货交易所）"科目，贷记本科目。

（2）有价证券价值发生增减变化，期货交易所相应调整核定的充抵保证金金额时，非结算会员按调整增加数，借记"应收质押保证金（特别结算会员或全面结算会员）"，贷记本科目；按调整减少数，借记本科目，贷记"应收质押保证金（特别结算会员或全面结算会员）"。

（3）期货交易所将有价证券退还给客户时，非结算会员按期货交易所核定的充抵保证金金额，借记本科目，贷记"应收质押保证金（特别结算会员或全面结算会员）"。全面结算会员按期货交易所核定的充抵保证金金额，借记本科目（非结算会员），贷记"应收质押保证金（期货交易所）"。

（4）客户到期不能及时追加保证金，期货交易所处置有价证券时，非结算会员按期货交易所核定的充抵保证金金额，借记本科目，贷记"应收质押保证金（特别结算会员或全面结算会员）"，按处置有价证券所得款项金额，借记本科目（特别结算会员或全面结算会员），贷记"应付货币保证金"科目。全面结算会员按期货交易所核定的充抵保证金金额，借记本科目，贷记"应收质押保证金（期货交易所）"科目，按处置有价证券所得款项金额，借记"应收货币保证金"科目，贷记"应付货币保证金（非结算会员）"科目。

本科目期末贷方余额，反映期货公司代客户向期货交易所办理有价证券充抵保证金业务形成的可用于期货交易的保证金额。

（九）应付手续费

本科目核算期货公司为期货结算机构代收尚未支付的手续费。本科目可按期货结算机构进行明细核算。

应付手续费的主要账务处理如下：

（1）期货公司向客户或分级结算制度下全面结算会员向非结算会员收取手续费时，按收取的手续费金额，借记"应付货币保证金"科目，按期货结算机构享有的手续费金额，贷记本科目，按自身享有的手续费金额，贷记"手续费收入"科目。

（2）期货公司向期货结算机构支付代收的手续费时，按支付的手续费金额，借记本科目，贷记"应收货币保证金"科目。

本科目期末贷方余额，反映期货公司为期货结算机构代收尚未支付的手续费。

（十）应付佣金

本科目核算期货公司应支付的与其经营活动相关的佣金。本科目可按佣金支付对象进行明细核算。

应付佣金的主要账务处理包括：

（1）期货公司应付佣金时，按应付佣金金额，借记"佣金支出"科目，贷记本科目。

（2）实际支付佣金时，按支付佣金金额，借记本科目，贷记"银行存款""现金"等科目。

本科目期末贷方余额，反映期货公司应付未付的佣金。

（十一）期货风险准备金

本科目核算期货公司按规定以手续费收入的一定比例提取的期货风险准备金。

期货风险准备金的主要账务处理如下：

（1）期货公司按规定以手续费收入的一定比例提取期货风险准备金时，按提取的期货风险准备金额，借记"提取期货风险准备金"科目，贷记本科目。

（2）期货公司因自身原因造成的损失，按应由当事人负担的金额，借记"其他应收款"科目，按应由期货公司负担的金额，借记本科目，按应向期货结算机构或客户划转的金额，贷记"应收货币保证金""应付货币保证金"等科目。

（3）期货公司按规定核销难以收回垫付的风险损失款时，按核销的风险损失款金额，借记本科目，贷记"应收风险损失款"科目。

本科目期末贷方余额，反映期货公司提取的期货风险准备金额。

（十二）应付期货投资者保障基金

本科目核算期货公司按规定提取的期货投资者保障基金。

期货投资者保障基金的主要账务处理如下：

（1）期货公司按规定提取期货投资者保障基金时，按提取的期货投资者保障基金额，借记"业务及管理费"科目，贷记本科目。

（2）实际缴纳期货投资者保障基金时，借记本科目，贷记"应收货币保证金"科目。

本科目期末贷方余额，反映期货公司提取的期货投资者保障基金。

（十三）一般风险准备

本科目核算期货公司按规定以本年实现净利润的一定比例提取的一般风险准备。

一般风险准备的主要账务处理如下：

（1）期货公司按规定以本年实现净利润的一定比例提取一般风险准备时，按提取的一般风险准备额，借记"利润分配——提取一般风险准备"科目，贷记本科目。

（2）期货公司发生风险损失，使用一般风险准备弥补的，借记本科目，贷记"利润分配——一般风险准备补亏"科目。

本科目期末贷方余额，反映期货公司提取的一般风险准备。

（十四）手续费收入

本科目核算期货公司向客户收取的交易手续费、代理结算手续费、交割手续费和有价证券充抵保证金业务手续费收入，以及期货公司收到期货交易所返还、减收的手续费收入。本科目可按交易手续费、代理结算手续费、交割手续费、有价证券充抵保证金业务手续费、交易所手续费返还、交易所手续费减免等类别进行明细核算。

手续费收入的主要账务处理如下：

（1）期货公司向客户或分级结算制度下全面结算会员向非结算会员收取手续费时，按收取的手续费金额，借记"应付货币保证金"科目，按期货结算机构享有的手续费金额，贷记"应付手续费"科目，按自身享有的手续费金额，贷记本科目。

（2）期货公司收到期货结算机构返还的手续费时，按收到返还的手续费金额，借记"应收货币保证金"科目，贷记本科目。

（3）期货公司收到期货结算机构减收的手续费时，按减收的手续费金额，借记"应付手续费"科目，贷记本科目。

期末，应将本科目的余额转入"本年利润"科目，结转后本科目无余额。

（十五）佣金收入

本科目核算期货公司确认的佣金收入。本科目可按佣金收入类别进行明细核算。

佣金收入的主要账务处理如下：

（1）期货公司确认的佣金收入，借记"应收佣金"，贷记本科目。

（2）实际收到佣金时，借记"银行存款"等科目，贷记"应收佣金"科目。

期末，应将本科目的余额转入"本年利润"科目，结转后本科目无余额。

（十六）佣金支出

本科目核算期货公司发生的与其经营活动相关的佣金支出。

佣金支出的主要账务处理是：期货公司发生的与其经营活动相关的佣金支出，借记本科目，贷记"银行存款""库存现金""应付佣金"等科目。

期末，应将本科目的余额转入"本年利润"科目，结转后本科目无余额。

（十七）提取期货风险准备金

本科目核算期货公司按规定以手续费收入的一定比例提取的期货风险准备金。

提取期货风险准备金的主要账务处理是，期货公司按规定以手续费收入的一定比例提取期货风险准备金时，按提取的期货风险准备金额，借记本科目，贷记"期货风险准备金"科目。期末，应将本科目的余额转入"本年利润"科目，结转后本科目无余额。

四、期货公司期货经纪业务的核算

（一）向期货交易所交纳会员资格费

1. 取得交易所的会员资格时

借：期货会员资格投资

　　贷：银行存款

2. 转让会员资格时

借：银行存款

贷：期货会员资格投资

投资收益

3. 被取消会员资格

借：银行存款

投资收益

贷：期货会员资格投资

（二）向期货交易所交纳席位占用费与席位使用费

借：应收席位费

管理费用——席位使用费

贷：银行存款

（三）期货保证金

期货公司收到客户保证金：

借：期货保证金存款

贷：应付货币保证金

退回保证金时，做相反的会计分录。

（四）结算盈亏

每个交易日，当期货交易所与期货公司进行平仓盈亏或浮动盈亏的结算时，期货公司也将及时与客户进行结算。

客户当日结算盈利：

借：应收货币保证金——期货交易所

贷：应付货币保证金——××客户

客户当日结算亏损，做相反的会计分录。

在结算中，如果期货公司与期货交易所的结算金额与客户结算金额产生差异的，计入"结算差异"科目借方或贷方。

（五）交割

对于以实物交割了结的合约，先按交割结算价作对冲平仓处理，按上述"结算盈亏"进行账务处理。代理买方客户进行实物交割的，依据交易所提供交割单据，按实际划转支付的交割货款金额（含增值税额），借记"应付保证金"科目，贷记"应收保证金"科目。代理卖方客户进行实物交割的，依据交易所交割单据，按实际划转收到的交割货款，借记"应收保证金"科目，贷记"应付保证金"科目。

（六）期货风险准备金

期货公司需按规定提取风险准备金，根据《商品期货交易财务管理暂行规定》（财商字〔1997〕44 号）规定，期货公司可按代理手续费收入减去应付期货交易所手续费后的净收入的 5% 提取交易损失准备金，当交易损失准备金达到相当于期货经纪机构注册资本的 10 倍时，不再提取。期货公司对于提取的风险准备金应按规定管理和使用，不得挪作他用。

1. 提取风险准备金

借：营业费用——提取期货风险准备

　　贷：期货风险准备

2. 因期货公司责任造成错单合约亏损等风险损失

借：期货风险准备

　　贷：应付保证金——××客户

根据《财政部、国家税务总局关于证券行业准备金支出企业所得税税前扣除有关政策问题的通知》（财税〔2017〕23 号），自 2016 年 1 月 1 日起至 2020 年 12 月 31 日止，期货公司从其收取的交易手续费收入减去应付期货交易所手续费后的净收入的 5% 提取的期货公司风险准备金，准予在企业所得税税前扣除；期货公司从其收取的交易手续费中按照代理交易额的亿分之五至亿分之十的比例（2016 年 12 月 8 日前按千万分之五至千万分之十的比例）缴纳的期货投资者保障基金，在基金总额达到有关规定的额度内，准予在企业所得税税前扣除。上述准备金如发生清算、退还，应按规定补征企业所得税。截至 2021 年 12 月 8 日，相关部门未出台新政策。

（七）手续费收入

1. 期货公司收取客户手续费

借：应付保证金——××客户

　　贷：手续费收入

　　　　应付账款——代收手续费

　　　　应交税费——应交增值税（销项税额）

2. 向期货交易所支付代收的手续费

借：应付账款——代收手续费

　　贷：应收保证金——交易所

期货公司取得的手续费收入应按"商务辅助服务——经纪代理服务"计算缴纳增值税。企业所得税方面，根据《国家税务总局关于企业所得税应纳税所得额若干税务处理问题的公告》（国家税务总局公告 2012 年第 15 号）规定，因期货公司主要收入来源于佣金、手续费，因此，其发生的营业成本（包括手续费及佣金支出），准予在企业所得税前据实扣除，不受佣金手续费扣除比例的限制。

第三节 期货交易所业务的核算

一、期货交易所概述

期货交易所，是买卖期货合约的场所，是期货市场的核心。交易所本身不进行交易活动，是非营利机构。但是，交易所仍然需要进行利益核算，是一个财务独立的营利组织，它在为交易者提供一个公开、公平、公正的交易场所和有效监督服务基础上实现合理的经济利益，包括会员会费收入、交易手续费收入、信息服务收入及其他收入。它所制定的一套制度规则为整个期货市场提供了一种自我管理机制，使期货交易的"公开、公平、公正"原则得以实现。我国的期货交易所不以营利为目的，负责期货会员的入会、退会，期货的交易与结算。本节内容介绍期货交易所业务核算，旨在促进读者对期货公司业务及会计核算的理解。

期货交易所可以实行全员结算制度或者会员分级结算制度。目前，上海期货交易所、郑州商品交易所、大连商品交易所实行全员结算制度，中国金融期货交易所实行会员分级结算制度。

实行全员结算制度的期货交易所会员均具有与期货交易所进行结算的资格。实行全员结算制度的期货交易所会员由期货公司会员和非期货公司会员组成。期货公司会员按照中国证监会批准的业务范围开展相关业务；非期货公司会员不得从事《期货交易管理条例》规定的期货公司业务。实行全员结算制度的期货交易所对会员结算，会员对其受托的客户结算。

实行会员分级结算制度的期货交易所会员由结算会员和非结算会员组成。结算会员具有与期货交易所进行结算的资格，非结算会员不具有与期货交易所进行结算的资格。期货交易所对结算会员结算，结算会员对非结算会员结算，非结算会员对其受托的客户结算。结算会员由交易结算会员、全面结算会员和特别结算会员组成。全面结算会员、特别结算会员可以为与其签订结算协议的非结算会员办理结算业务。交易结算会员不得为非结算会员办理结算业务。

实行会员分级结算制度的期货交易所应当建立结算担保金制度。结算担保金包括基础结算担保金和变动结算担保金。结算担保金由结算会员以自有资金向期货交易所缴纳。结算担保金属于结算会员所有，用于应对结算会员违约风险。期货交易所应当按照有关规定管理和使用，不得挪作他用。

二、期货交易所使用的特殊会计科目

交易所在办理商品期货业务时，应在现行会计制度的基础上，设置以下会计科目：

（一）应付保证金

"应付保证金"科目，核算交易所收到会员划入的各种保证金。本科目应设置以下两个明细科目：

（1）结算准备金。本明细科目核算会员划入交易所尚未被合约占用的保证金。本明细科目应按会员进行明细核算。

（2）交易保证金。本明细科目核算会员划入交易所已被合约占用的保证金。本明细科目应按会员进行明细核算。

本科目期末贷方余额，反映会员结余的保证金。

（二）会员盈亏

"会员盈亏"科目，核算会员期货合约当日发生的盈亏。本科目借方反映会员的净盈利额；贷方反映会员的净亏损额。本科目无余额。

（三）应付席位费

"应付席位费"科目，核算交易所向会员收到的因其在基本席位之外增设席位而支付的席位占用费。本科目期末贷方余额，反映交易所向会员收取的席位占用费余额。本科目应按会员进行明细核算。

（四）应付交割款

"应付交割款"科目，核算应付给买方或卖方会员的实物交割款项。

（五）交割货物

"交割货物"科目，核算实物交割时卖方会员违约而由交易所征购货物的价值；或买方会员违约，交易所从卖方会员接管并进行拍卖货物的价值。

（六）风险准备

"风险准备"科目，核算交易所按规定提取的期货风险准备。本科目期末贷方余额，反映交易所结余的期货风险准备。

（七）应收风险损失款

"应收风险损失款"科目，核算交易所在违约会员保证金不足时，向受损会员实际垫付的风险损失款项。本科目期末借方余额，反映交易所向受损会员垫付的风险损失款项余额。本科目应按会员进行明细核算。

（八）手续费收入

"手续费收入"科目，核算交易所按规定向会员收取的交易、交割等手续费。

（九）年会费收入

"年会费收入"科目，核算交易所按规定向会员收取的年会费。

（十）管理费用——提取风险准备、管理费用——监管费

在"管理费用"科目下增设"提取风险准备"和"监管费"两个明细科目，核算交易所按规定提取的期货风险准备和向期货监管部门交纳的监管费。

三、期货交易所业务的会计核算

（一）接受会员投资和收取席位占用费

1. 会员资格费

期货交易所将会员交纳的会员资格费作为注册资本，因不以营利为目的，其实现的税后净利润不得用于分配。

（1）收取会员资格费。

借：银行存款

  贷：实收资本——××会员

    资本公积

（2）取消某会员资格。

借：实收资本——××会员

  贷：营业外收入

    银行存款——××会员

会员资格费作为期货交易所的资本金，不征增值税，但期货交易所取消会员资格时确认的营业外收入需计入应纳税所得额。

2. 席位费

交易席位是会员进行期货交易的通道。会员入会的，需一次性交纳会员席位占用费，并在以后按年支付席位使用费。

（1）收取会员席位费。

借：银行存款

  贷：应付席位费——××会员

    主营业务收入（使用费）

    应交税费——应交增值税（销项税额）

席位占用费日后需退还给会员，故不征增值税，对席位使用费应按照"销售无形资产"缴纳增值税。

（2）返还会员席位占用费。

借：应付席位费——××会员

  贷：银行存款

（二）收取结算担保金

结算担保金是期货交易所收取的用于应对结算会员违约风险的共同担保资金。交易所将担保金存入银行同时取得存款利息收入，并按结算会员缴存的比例划转部分至结算会员。

（1）收到会员缴存的结算担保金。

借：期货保证金存款——结算担保金

　　贷：应付结算担保金——××会员

（2）取得银行存款利息收入。

借：期货保证金存款——结算担保金

　　贷：利息收入——结算担保金利息

应分摊给会员的利息收入作：

借：利息收入——结算担保金利息

　　贷：应付结算担保金——××会员

因担保金非交易所的自有资金，因此，交易所取得的一部分担保金银行存款利息收入属于交易所提供服务的收取的价外费用，需与其所提供的服务一并计算缴纳增值税。会员取得的银行存款利息收入免征增值税。

（三）收取保证金

交易所向会员收取的保证金分为结算准备金与交易保证金。结算准备金是会员为结算存于期货交易所专门账户的资金，是未被期货合约占用的保证金；交易保证金是被期货合约占用的保证金，以保障会员持仓合约履行。期货交易所向会员收取的保证金，属于会员所有，除用于会员的交易结算外，严禁挪作他用。

（1）收到结算保证金。

借：期货保证金存款

　　贷：应付保证金——结算准备金——××会员

（2）交易所根据会员的持仓情况，将交易保证金与应收取的手续费从结算保证金中划转，交易所收取的交易手续费按"商务辅助服务——经纪代理服务"计算缴纳增值税。

借：应付保证金——结算准备金——××会员

　　贷：应付保证金——交易保证金——××会员

　　　　手续费收入——交易手续费收入

　　　　应交税费——应交增值税（销项税额）

（3）收到银行划转的会员保证金存款利息，按进账单列明的金额，借记"银行存款"科目，按应付会员的利息，贷记"应付保证金——结算准备金"科目，银行划转的利息同应付会员利息的差额，贷记"财务费用"科目。

借：银行存款

  贷：应付保证金——结算准备金

   财务费用

（四）开仓和平仓

会员开仓时，交易所应按开仓合约占用的保证金进行会计确认

借：应付保证金——结算准备金

  贷：应付保证金——交易保证金

对会员合约实现的平仓盈利：

借：会员盈亏

  贷：应付保证金——结算准备金

平仓亏损作相反的会计分录。

对会员已平仓合约占用的交易保证金予以划转时，按实际划转的款项进行会计确认

借：应付保证金——交易保证金

  贷：应付保证金——结算准备金

（五）交割

在最后交易日，交易所首先应按交割结算价对交割合约予以平仓，并按上述平仓规定进行会计处理。

1. 以商品期货为例，交易所对买方结算会员账务处理

平仓后，交易所向买方会员收取交割货款（含增值税，下同）时，若从保证金账户划转，借记"应付保证金——结算准备金"科目，贷记"应付交割款——买方会员"科目；会员通过银行直接划入交割货款，借记"银行存款"科目，贷记"应付交割款——买方会员"科目；向买方会员转交交割仓单时，借记"应付交割款——买方会员"科目，借记"交割货款"科目。

（1）按最后交易日的交割结算价将合约对冲平仓。

借：会员盈亏

  贷：应付保证金——结算准备金——买方会员

（2）划转交割货款。

①若从保证金账户划转：

借：应付保证金——结算准备金

  贷：应付交割款——买方会员

②若会员通过银行直接划入交割货款：

借：银行存款

  贷：应付交割款——买方会员

（3）收取交割手续费。

借：应付保证金——结算准备金

　　贷：手续费收入

　　　　应交税费——应交增值税（销项税额）

（4）向买方会员转交交割仓单。

借：应付交割款——买方会员

　　贷：交割货款

2. 交易所对卖方结算会员账务处理

收到卖方会员交来的交割仓单，借记"交割货款"科目，贷记"应付交割款——卖方会员"科目；向卖方会员划转交割货款时，借记"应付交割款——卖方会员"科目，贷记"应付保证金——结算准备金"等科目。

（1）按最后交易日的交割结算价将合约对冲平仓。

借：应付保证金——结算准备金——卖方会员

　　贷：会员盈亏

（2）收到卖方会员交来的交割仓单。

借：交割货款

　　贷：应付交割款——卖方会员

（3）支付交割货款。

借：应付交割款——卖方会员

　　贷：应付保证金——结算准备金——卖方会员

（4）收取交割手续费。

借：应付保证金——结算准备金——卖方会员

　　贷：手续费收入

　　　　应交税费——应交增值税（销项税额）

（5）退还保证金。

借：应付保证金——交易保证金——卖方会员

　　贷：应付保证金——结算准备金——卖方会员

根据《国家税务总局关于下发〈货物期货征收增值税具体办法〉的通知》（国税发〔1994〕244 号）规定，交割时采取由期货交易所开具发票的，以期货交易所为纳税人。期货交易所增值税按次计算，其进项税额为该货物交割时供货会员单位开具的增值税专用发票上注明的销项税额。交割时采取由供货的会员单位直接将发票开给购货会员单位的，以供货会员单位为纳税人。

（六）收取年会费

期货交易所向会员提供期货交易服务，按年收取年会费。

借：应付保证金——结算准备金

　　贷：年会费收入

　　　　应缴税费——应交增值税（销项税额）

期货交易所收取的年会费应按"金融服务——直接收费金融服务"计算缴纳增值税。

(七) 风险准备金与投资者保障基金

期货交易所根据《期货交易管理条例》（国务院令第 489 号）、《期货交易所管理办法》（证监会令第 42 号）等规定，提取风险准备金弥补交易中发生的风险损失；根据《期货投资者保障基金管理暂行办法》（证监会令第 38 号），提取期货投资者保障基金。

借：管理费用——提取期货风险准备

　　贷：期货风险准备

借：管理费用——提取期货投资者保障基金

　　贷：期货投资者保障基金

根据《财政部、国家税务总局关于证券行业准备金支出企业所得税税前扣除有关政策问题的通知》（财税〔2017〕23 号），自 2016 年 1 月 1 日起至 2020 年 12 月 31 日止，期货交易所按向会员收取手续费收入的 20% 计提的风险准备金，在风险准备金余额达到有关规定的额度内，准予在企业所得税税前扣除；按其向期货公司会员收取的交易手续费的 2%（2016 年 12 月 8 日前按 3%）缴纳的期货投资者保障基金，在基金总额达到有关规定的额度内，准予在企业所得税税前扣除。上述准备金如发生清算、退还，应按规定补征企业所得税。截至 2021 年 12 月 8 日，相关部门未出台新政策。

 复习思考题

1. 期货公司在其经纪业务的核算中要确认哪些资产和负债？为什么？
2. 期货公司在其经纪业务的核算中主要确认哪些收入和费用？
3. 期货交易所在办理商品期货业务时，要确认哪些资产和负债？
4. 期货交易所在办理商品期货业务时，主要确认哪些收入和费用？

第十章习题

第十章答案

第十一章　保险公司业务的核算

本章重点

1. 保险公司业务的类别。
2. 寿险原保险业务的相关会计核算。
3. 非寿险原保险业务的相关会计核算。
4. 再保险的相关会计核算。

引导案例

2021年7月，河南出现历史罕见的暴雨天气。"这次河南暴雨发生后，车险行业面临了巨大考验。在空前的理赔查勘定损压力下，摆在保险公司面前的难题也很多，比如如何处理车险综合改革前未投保发动机涉水险的理赔诉求，如何界定部分车主在车辆涉水熄火后再次点火的情况，针对新能源车涉水后的查勘和定损实务，以及（推定）全损车辆的残值处理等。"瑞士再保险中国区车责意核保部负责人坦言。

截至7月28日，河南保险行业初步估损金额98.04亿元，其中车险估损金额64.12亿元。中国人保预计赔付总额超20亿元，中国平安、中国人寿预计各自赔付总额均超10亿元，中国太保预计赔付总额超7亿元，中华联合预计赔付总额2.4亿元……保险公司相关理赔救援工作有序开展。截至8月3日，河南保险行业初步估损112.21亿元，已决赔款18.51亿元。

思考：保险公司在国民经济中发挥怎样的作用？保险公司的收入和成本主要来自哪些交易和事项？

（参考资料：http://www.21jingji.com/article/20210806/herald/6609bacb1ffe27 bdf769334869ceeae2.html 21 世纪经济报道）

第一节　保险公司业务概述

一、保险公司业务概述

保险公司的保险业务分为原保险业务和再保险业务两大类。原保险业务是保险公司通过向投保人收取保费，对约定可能发生的事故因其发生所造成的财产损失承担赔偿保险金责任，或者当保险人死亡、伤残、疾病或者达到约定的年龄、期限时承担给付保险金责任的业务。

其中原保险业务又可分为寿险与非寿险两类。根据保险界的国际惯例，保险公司按寿险和非寿险实行分险经营。《中华人民共和国保险法》（2015 年）规定："保险人不得兼营人身保险和财产保险；但是经营财产保险业务的保险公司经国务院保险监督管理机构批准，可以经营短期健康保险业务和意外伤害保险业务。"

由于保险公司主要从事风险经营，为加强风险管理、均衡业务、稳定经营，需要将超过自身业务承受能力的一部分风险责任转嫁给其他保险公司来分担，由此产生再保险业务。

二、保险合同概述

保险公司主要经营对象是保险合同，保险公司承担的被保险人保险风险是通过与投保人签订保险合同来体现的。保险合同中的保险人是指与投保人订立保险合同，并承担赔偿或者给付保险金责任的保险公司。对于原保险合同，投保人是指与保险公司订立原保险合同，并按照合同约定负有支付保险费义务的自然人、法人或其他组织；对于再保险合同，投保人是指与保险公司（再保险接受人）订立再保险合同，并按照合同约定负有支付保险费义务的保险公司。

保险合同的本质特征是承担被保险人的保险风险，这也是保险合同区别于其他合同的关键。保险人承担的保险风险是被保险人已经存在的风险，其表现形式有多种。例如，可能对被保险人财产造成损害或毁坏的火灾的发生或不发生、被保险人是否能够生存到合同约定的年龄、被保险人是否会患合同约定的重大疾病等。如果保险人承担了被保险人的保险风险，双方签订的合同是保险合同；如果保险人没有承担被保险人的保险风险，承担的是其他风险，如金融工具价格、商品价格、汇率、费率指数、信用等级、信用指数等可能发生变化的风险，则双方签订的合同不是保险合同。

根据《保险合同相关会计处理规定》（2009），保险人与投保人签订的合同，使保险人既承担保险风险又承担其他风险的，应当分别按下列情况进行处理：

第一，保险风险部分和其他风险部分能够区分，并且能够单独计量的，应当将保险风险部分和其他风险部分进行分拆。保险风险部分，确定为保险合同；其他风险部分，不确定为保险合同。

第二，保险风险部分和其他风险部分不能够区分，或者虽能够区分但不能够单独计量的，如果保险风险重大，应当将整个合同确定为保险合同；如果保险风险不重大，不应当将整个合同确定为保险合同。

保险人与投保人签订的需要进行重大保险风险测试的合同，应当在合同初始确认日进行重大保险风险测试。测试结果表明，发生合同约定的保险事故可能导致保险人支付重大附加利益的，即认定该保险风险重大（不具有商业实质的除外）。附加利益，是指保险人在发生保险事故时的支付额，超过不发生保险事故时的支付额的金额。

确定为保险合同的，应当按照《企业会计准则第 25 号——原保险合同》《企业会计准则第 26 号——再保险合同》等进行处理；不确定为保险合同的，应当按照《企业会计准则第 22 号——金融工具确认和计量》《企业会计准则第 37 号——金融工具列报》等进行处理。

2020 年 12 月，财政部修订发布了《企业会计准则第 25 号——保险合同》，在境内外同时上市的企业，以及在境外上市并采用国际财务报告准则或企业会计准则编制财务报表的企业，自 2023 年 1 月 1 日起执行；其他执行企业会计准则的企业自 2026 年 1 月 1 日起执行。新保险合同准则在保险服务收入确认、保险合同负债计量等方面作了较大修改。

三、保险公司会计概述

（一）资产

保险公司的产品是无形的信用承诺，故存货项目较少，而且公司在收到投保人缴纳的保费后，为了实现在一定期限内滞留保险公司内的资金的保值、增值，绝大部分要运用于投资方面，故以各种债券和上市公司股票为主的有价证券、不动产、抵押贷款、保单贷款等投资资产构成了保险公司资产的主体。

（二）负债

保险公司经营的对象是保单，其一经签发就具有法律效力，一旦保险标的或被保险人发生意外事故或保险期满，公司就负有赔偿或给付的义务，因此负债项目对于保险公司来说较一般行业更为重要。对保险公司来讲，各项业务计提的准备金是负债中比例最大的部分。《保险公司财会工作规范》（2012）要求，保险公司财务报告准备金负债计量由公司董事会负责。

（三）所有者权益

为了防范风险，保险公司在提足各项准备金的基础上，在向投资者分配利润之前，经公司董事会或相关主管部门的批准，按一定比例从税后利润提取总准备金，用于特大自然灾害发生的赔款支出等，此资金专款专用。这是由保险行业较高的经营风险决定的。

（四）损益

保险公司的收入包括保险业务收入和其他业务收入，主要来源于保费收入。成本主要包括发生的手续费或佣金支出、赔付成本以及提取的各种责任准备金。

表 11-1 列示了根据 2006 年《会计准则应用指南》，保险公司设置的特殊科目。

表 11-1　保险公司特殊科目表

编号	会计科目名称	编号	会计科目名称
	一、资产类	2611	保户储金
1122	应收保费	2621	独立账户负债
1123	预付赔付款		三、共同类
1201	应收代位追偿款		四、所有者权益
1211	应收分保账款		五、成本类
1212	应收分保合同准备金		六、损益类
1303	保户质押贷款	6031	保费收入
1451	损余物资	6201	摊回保险责任准备金
1541	存出资本保证金	6202	摊回赔付支出
1821	独立账户资产	6203	摊回分保费用
	二、负债类	6501	提取未到期责任准备金
2202	应付赔付款	6502	提取保险责任准备金
2203	预收保费	6511	赔付支出
2203	预收赔付款	6521	保单红利支出
2251	应付保单红利	6531	退保金
2261	应付分保账款	6541	分出保费
2601	未到期责任准备金	6542	分保费用
2602	保险责任准备金		

● 第二节　财产保险公司原保险业务的核算

一、财产保险公司的业务特点

财产保险合同是以财产及其有关利益为保险标的的保险合同。这里的"财产保险"是广义的，它既包括狭义的财产保险，即以有形财产为标的的保险；又包括以农业、责任、保证、信用等无形资产即"有关利益"为标的的保险。本节所涉及的为广义的财产保险。

另外，《保险法》虽然把短期健康保险业务和意外伤害保险业务归入人身保险业务，并要求"同一保险人不得同时兼营财产保险业务和人身保险业务"；但是，由于短期健康保险业务和意外伤害保险业务和人寿保险有着较大的差别，具有与财产保险相同的补偿性质和精算基础，多数国家允许财产保险公司经营这两个险种。《会计准则第 25 号——原保险合同》中对收入、成本、准备金的计提也以寿险、非寿险为界限，而不是以人身保险、财产保险为界限。在该准则规定下，短期健康保险业务和意外伤害保险业务与财产保险业务的会计处理相同。综上考虑，本节在介绍财产保险公司业务时，均包括短期健康保险业务和意外伤害保险。

财产保险公司主要业务包括：财产险、货物运输保险、运输工具保险、农业保险、工程保险、责任保险、保证保险、意外伤害保险、短期健康保险等，其中短期健康保险是指保险期限在 1 年或 1 年以下的以被保险人的疾病、分娩所致残疾或死亡为保险标的的保险。

二、会计科目设置

（一）"保费收入"科目

"保费收入"是损益类科目，核算企业保险业务取得的收入。可按保险合同和险种进行明细核算。企业确认的原保险合同保费收入，借记"应收保费""预收保费""银行存款""库存现金"等科目，贷记本科目。非寿险原保险合同提前解除的，按原保险合同约定计算确定的应退还投保人的金额，借记本科目，贷记"库存现金""银行存款"等科目。

（二）"应收保费"科目

"应收保费"是资产类科目，核算保险公司按照原保险合同约定应向投保人收取的保费，应按照投保人进行明细核算，类似于一般企业的"应收账款"科目。保险公司发生应收保费，按应收金额，借记本科目；按确认的营业收入，贷记"保费收入"科目。收回应收保费时，借记"银行存款"等科目，贷记本科目。

（三）"预收保费"科目

"预收保费"是负债类的科目，核算保险公司收到未满足保费收入确认条件的保险费，按投保人进行明细核算。类似于一般企业的"预收账款"。保险公司收到预收的保费，借记"银行存款""库存现金"等科目，贷记本科目。确认保费收入，借记本科目，贷记"保费收入"科目。

（四）"保户储金"科目

"保户储金"是负债类的科目，核算保险企业收到投保人以储金本金增值作为保费收入的储金。保险公司收到投保人投资型保险业务的投资款，可将本科目改为"2611 保户投资款"。保险公司应向投保人支付的储金或投资款的增值，也在本科目核算。本科目可按投保人进行明细核算。

企业收到投保人交纳的储金，借记"银行存款""库存现金"等科目，贷记本科目。向投保人支付储金做相反的会计分录。本科目期末贷方余额，反映企业应付未付投保人储金。

（五）"赔付支出"科目

"赔付支出"是损益类的科目，核算保险企业支付的原保险合同赔付款项和再保险合同赔付款项。本科目可按保险合同和险种进行明细核算。企业在确定支付赔付款项金额或实际发生理赔费用的当期，借记本科目，贷记"银行存款""库存现金"等科目。承担赔付保险金责任应当确认的代位追偿款，借记"应收代位追偿款"科目，贷记本科目。承担赔偿保险金责任后取得的损余物资，应按同类或类似资产的市场价格计算确定的金额，借记"损余物资"科目，贷记本科目。

（六）"应付赔付款"科目

"应付赔付款"是负债类科目，类似一般企业的"应付账款"，核算保险企业应支付但尚未支付的赔付款项。

（七）"预付赔付款"科目

"预付赔付款"是资产类科目，类似于一般企业的"预付账款"，核算保险企业从事保险业务预先支付的赔付款，应按照保险人或受益人进行明细核算。

（八）"应收代位追偿款"科目

"应收代位追偿款"是资产类科目，核算保险企业按照原保险合同约定承担赔付保险金责任后确认的代位追偿款。本科目可按被追偿单位（或个人）进行明细核算。

企业承担赔付保险金责任后确认的代位追偿款，借记本科目，贷记"赔付支出"科目。收回应收代位追偿款时，按实际收到的金额，借记"库存现金""银行存款"等科目；按其账面余额，贷记本科目；按其差额，借记或贷记"赔付支出"科目。已计提坏账准备的，还应同时结转坏账准备。本科目期末借方余额，反映企业已确认尚未收回的代位追偿款。

（九）"损余物资"科目

"损余物资"是资产类科目，核算保险企业按照原保险合同约定承担赔偿保险金责任后取得的损余物资成本。本科目可按损余物资种类进行明细核算。

企业承担赔偿保险金责任后取得的损余物资，按同类或类似资产的市场价格计算确定的金额，借记本科目，贷记"赔付支出"科目。处置损余物资时，按实际收到的金额，借记"库存现金""银行存款"等科目；按其账面余额，贷记本科目上；按其差额，借记或贷记"赔付支出"科目。本科目期末借方余额，反映企业承担赔偿保险金责任后取得的损余物资成本。

（十）"未到期责任准备金"科目

"未到期责任准备金"是负债类科目，类似于一般企业的"递延收益"科目，核算保险企业提取的非寿险原保险合同未到期责任准备金。本科目可按保险合同进行明细核算。

企业确认原保费收入、分保费收入的当期，应按保险精算确定的未到期责任准备金，借记"提取未到期责任准备金"科目，贷记本科目。资产负债表日，按保险精算重新计算确定的未到期责任准备金与已确认的未到期责任准备金的差额，借记本科目，贷记"提取未到期责任准备金"。原保险合同提前解除的，按相关未到期责任准备金余额，借记本科目，贷记"提取未到期责任准备金"科目。本科目期末贷方余额，反映企业的未到期责任准备金。

（十一）"提取未到期责任准备金"科目

"提取未到期责任准备金"是损益类科目，核算保险企业提取的非寿险原保险合同未到期责任准备金和再保险合同分保未到期责任准备金。本科目可按保险合同和险种进行明细核算。

企业确认原保费收入、分保费收入的当期，应按保险精算确定的未到期责任准备金，借记本科目，贷记"未到期责任准备金"科目。资产负债表日，按保险精算重新计算确定的未到期责任准备金与已确认的未到期责任准备金的差额，借记"未到期责任准备金"，贷记本科目。原保险合同提前解除的，按相关未到期责任准备金余额，借记"提取未到期责任准备金"科目，贷记本科目。

(十二)"保险责任准备金"科目

"保险责任准备金"是负债类的科目,核算保险企业提取的原保险合同保险责任准备金,对于经营非寿险业务的财产保险公司来说,该科目核算的是非寿险原保险合同的未决赔款准备金,也可以单独设置"未决赔款准备金",代替该科目。本科目可按保险责任准备金类别、保险合同进行明细核算。

投保人发生非寿险保险合同约定的保险事故当期,企业应按保险精算确定的未决赔款准备金,借记"提取保险责任准备金"科目,贷记本科目。对保险责任准备金进行充足性测试,应按补提的保险责任准备金,借记"提取保险责任准备金"科目,贷记本科目。原保险合同保险人确定支付赔付款项金额或实际发生理赔费用的当期,应按冲减的相应保险责任准备金余额,借记本科目,贷记"提取保险责任准备金"科目。

(十三)"提取保险责任准备金"科目

"提取保险责任准备金"是损益类科目,核算保险企业提取的原保险合同保险责任准备金。对于经营非寿险的财产保险公司而言,该科目核算企业提取的未决赔款准备金。企业也可以单独设置"提取未决赔款准备金"科目,替代该科目。本科目可按保险责任准备金类别、险种和保险合同进行明细核算。

投保人发生非寿险保险合同约定的保险事故当期,企业应按保险精算确定的未决赔款准备金,借记本科目,贷记"保险责任准备金"科目。对保险责任准备金进行充足性测试,应按补提的保险责任准备金,借记本科目,贷记"保险责任准备金"科目。原保险合同保险人确定支付赔付款项金额或实际发生理赔费用的当期,应按冲减的相应保险责任准备金余额,借记"保险责任准备金"科目,贷记本科目。

(十四)"应交税费——应交增值税"科目

"应交税费——应交增值税"是负债类科目,相关内容详见本书第三章。

三、业务核算

(一)非寿险原保险合同收入的核算

非寿险原保险合同保费收入,是销售非寿险保险产品并承担相应的保险责任而取得的收入,是财产保险公司的主要收入项目。根据《企业会计准则》,只有同时满足以下条件,才能确认非寿险原保险保费收入:①原保险合同成立并承担相应的保险责任;②与原保险合同相关的经济利益很可能流入;③与原保险合同相关的收入能够可靠地计量。

条件①"原保险合同成立并承担相应的保险责任",类似于销售商品收入的确认条件之"企业已将商品所有权上的主要风险和报酬转移给购货方"。原保险合同成立，是指原保险合同已经签订；承担相应保险责任，是指保险在原保险合同生效时开始承担约定的保险责任。例如某运输工具保险合同签订日为 2016 年 12 月 1 日，合同约定，保险责任起讫时间为 2017 年 1 月 1 日至 12 月 31 日。那么合同成立是为 2017 年 12 月 1 日，而合同生效日为 2017 年 1 月 1 日。该保险公司在 2017 年 1 月 1 日前收到的相关款项，不应确认为保费收入，而应确认为一笔负债。

条件②的应用与一般企业的收入确认相同。

条件③"与原保险合同相关的收入能够可靠地计量"，虽然与一般企业收入确认条件之一"收入的金额能够可靠地计量"的表述相似，但在应用上有较大的不同。这是非寿险原保险保费收入确认和一般企业收入确认条件的主要区别。非寿险原保险合同的保险期间一般较短（通常为一年或短于一年），保费通常一次性收取。由于即使在分期收取保费的情况下，投保人一般也不能单方面取消合同，保险人（保险公司）在签订原保险合同时通常即可认为保费收回的可能性大于不能收回的可能性。因此，《企业会计准则第 25 号——原保险合同》明确规定，"对于非寿险原保险合同，应当根据原保险合同约定的保费总额"确定保费收入金额。《保险行业新会计准则实施指南（征求意见稿）》补充规定："保费收入的确认，关键视其是否满足保费收入确认条件，而不是视其是否一次性收取或分期收取。如果在起保日即承担全部保险风险，就应在起保日根据原保险合同约定的保费总额全额确认保费收入；否则，应在承担相应保险风险时确认保费收入。"

［例 11-1］2021 年 11 月 1 日，诚毅财产保险公司与某企业签订了一份工程保险合同，保险金为 6 000 000 元，保险期间为 1 年，保费 636 000 元。合同规定，诚毅公司自 2021 年 11 月 1 日起承担保险责任。若合同约定保费于 2021 年 11 月 1 日全额收取，且诚毅公司于 2021 年 11 月 1 日收到保费 636 000 元，并开具增值税专用发票，则诚毅公司会计分录为：

借：银行存款　　　　　　　　　　　　　　　　　　　636 000
　　贷：保费收入　　　　　　　　　　　　　　　　　　600 000
　　　　应交税费——应交增值税（销项税额）　　　　　 36 000

若合同规定，诚毅公司自 2022 年 5 月 1 日起承担保险责任，而诚毅财产保险公司在 2021 年 11 月 1 日即收到保费 636 000 元，于 2022 年 5 月 1 日开具增值税专用发票，则诚毅公司会计分录为：

2021 年 11 月 1 日

借：银行存款　　　　　　　　　　　　　　　　　　　636 000
　　贷：预收保费　　　　　　　　　　　　　　　　　　636 000

2022 年 5 月 1 日

借：预收保费　　　　　　　　　　　　　　　　　　　636 000
　　贷：保费收入　　　　　　　　　　　　　　　　　　600 000
　　　　应交税费——应交增值税（销项税额）　　　　　 36 000

(二) 非寿险原保险合同准备金的核算

非寿险原保险合同准备金包括未到期责任准备金、未决赔款准备金。

未到期责任准备金，是指保险人为尚未终止的非寿险保险责任提取的准备金。保险人按原保险合同约定的保费总额确认保费收入的情况下，为了真实地反映保险人当期已赚取的保费收入，保险人应当在确认非寿险保费收入的当期，按照保险精算确定的金额，提取未到期责任准备金，将保费收入调整为已赚取的保费收入，并确认未到期责任准备金负债。并在之后的每个资产负债表日，重新调整未到期责任准备金。从性质上讲，未到期责任准备金属于未赚取的保费收入，确认未到期责任准备金就是确认未赚取的保费收入。

[例 11-2] 沿用例 11-1，2021 年 11 月 30 日，诚毅公司应计算并提取未到期责任准备金。

借：提取未到期责任准备金（600 000÷12×11）　　　　　　550 000
　　贷：未到期责任准备金　　　　　　　　　　　　　　　　　　　550 000

2021 年 12 月 31 日，诚毅公司应调整未到期责任准备金 50 000 元。

借：未到期责任准备金（600 000÷12×1）　　　　　　　　　50 000
　　贷：提取未到期责任准备金　　　　　　　　　　　　　　　　　　50 000

未决赔款准备金，是指保险人为非寿险保险事故已发生尚未结案的赔案提取的准备金。由于在保险事故发生之前，保险人承担的向受益人赔付保险金的责任是一种潜在义务，是满足负债的确认条件。而保险事故一旦发生，保险人承担的向受益人赔付保险金的责任变成一种现实的义务，满足了负债的确认条件，应确认为负债。因此，保险人应当在非寿险保险事故发生的当期，按照保险精算确定的金额，提取未决赔款准备金，并确认未决赔款准备金负债。

未决赔款准备金包括已发生已报案未决赔款准备金、已发生未报案未决赔款准备金和理赔费用准备金。保险人至少应当于每年年度终了，对未决赔款准备金进行充足性测试。保险人按照保险精算重新计算确定的相关准备金金额超过充足性测试日已提取的相关准备金余额的，应当按照其差额补提相关准备金；保险人按照保险精算重新计算确定的相关准备金金额小于充足性测试日已提取的相关准备金余额的，不调整相关准备金。

[例 11-3] 沿用例 11-1，2022 年 3 月 18 日，该投保的工程出险。2022 年 3 月 31 日，承保的诚毅保险公司根据保险精算部门确定的金额，为该保险事故计提了未决赔款准备金 80 000 元。

借：提取保险责任准备金　　　　　　　　　　　　　　　　　80 000
　　贷：保险责任准备金　　　　　　　　　　　　　　　　　　　　80 000

（三）非寿险原保险合同成本的核算

原保险合同成本，是指原保险合同发生的、会导致所有者权益减少的、与向所有者分配利润无关的经济利益的总流出。非寿险原保险合同成本主要包括发生的手续费或佣金支出、赔付成本以及提取的未决赔款准备金。

对于手续费或佣金支出等保单取得成本，《企业会计准则》采用将其在发生时直接计入当期损益，即费用化的处理方法。赔付成本包括保险人支付的赔款、给付以及在理赔过程中发生的律师费、诉讼费、损失检验费、相关理赔人员薪酬等理赔费用。根据《财政部　国家税务总局关于全面推开营业税改征增值税试点的通知》（财税〔2016〕36号）附件2《营业税改征增值税试点有关事项的规定》第一条（二）第三项的规定，被保险人获得的保险赔付是不征收增值税项目。

［例11-4］沿用例11-3，4月12日，诚毅保险公司会计部门收到业务部门交来赔款计算书和被保险人签章的赔款收据，应赔款88 000元，经审核，开出转账支票支付赔款。保险公司确认赔付款项后，冲减相应的保险责任准备金。

借：赔付支出　　　　　　　　　　　　　　　　　　　　　　88 000
　　贷：银行存款　　　　　　　　　　　　　　　　　　　　　　　　88 000
借：保险责任准备金　　　　　　　　　　　　　　　　　　　　80 000
　　贷：提取保险责任准备金　　　　　　　　　　　　　　　　　　　80 000

《企业会计准则指南附录——会计科目和主要账务处理》中指出，原保险合同保险人确定支付赔付款项金额或实际发生理赔费用的当期，应按冲减的相应保险责任准备金余额，借记"保险责任准备金"，贷记"提取保险责任准备金"科目。但是，在《企业会计准则讲解》中又提出，在实务中，保险人在确定了实际应支付赔偿款项金额的当期，应当按照确定支付的赔偿款项金额，冲减相应的保险责任准备金余额。而由于保险精算部门是根据有效保单定期计算未决赔款准备金余额，已决保单没有包括在有效保单内，故而在资产负债表日，会计部门根据保险精算结果按差额确认未决赔款准备金时，已经自动将已决保单相关的未决赔款准备金转销。在应冲减的金额方面，本书采取《会计科目和主要账务处理》中的处理方法。

［例11-5］2021年甲企业投保的机器发生爆炸，承保的诚毅保险公司认为该事故是机器设计错误引起的，不在投保范围内，拒绝支付赔偿金。甲企业向法院上诉。法院判定诚毅公司必须支付赔偿金，并承担相关的诉讼费、律师费共计50 000元。

借：赔付支出　　　　　　　　　　　　　　　　　　　　　　50 000
　　贷：银行存款　　　　　　　　　　　　　　　　　　　　　　　　50 000
借：保险责任准备金　　　　　　　　　　　　　　　　　　　　50 000
　　贷：提取保险责任准备金　　　　　　　　　　　　　　　　　　　50 000

通常情况下，保险人承担赔偿保险金责任时，一般将取得的有关财产折价给受益人，该财产不属于保险人的损余物资，应当将其从应支付的赔偿款项中扣除。如果保险人没有将取得的有关财产折价给受益人，则该资产属于保险人的损余物资。

[例11-6]张某投保的面包车发生火灾。经计算，保险公司赔偿原告张某损失45 000元，汽车残值归保险公司所有，残值约500元。

借：损余物资   500

  贷：赔付支出   500

保险企业按照原保险合同约定承担赔付保险金责任后，可确认应收代位追偿款。《企业会计准则》明确规定，代位追偿款在满足一定条件时应确认为一项资产，直接冲减赔付支出。

[例11-7]诚毅保险公司承保了A公司的货物运输险，A公司让承运人B公司运输货物，运输途中，B公司过错导致货物运输毁损，货物损失20万元，诚毅保险公司向A公司赔偿20万元，同时取得向B公司代位追偿的权利。2个月后诚毅保险公司收到追偿款。

借：赔付支出   200 000

  贷：银行存款   200 000

借：应收代位追偿款   200 000

  贷：赔付支出   200 000

借：银行存款   200 000

  贷：应收代位追偿款   200 000

第三节　人身保险公司原保险业务的核算

一、人身保险业务特点

人身保险是以人的生命或身体作为保险标的的一种保险。人身保险按照保险范围，可分为人寿保险、意外伤害保险和健康保险三大类。其中健康保险又分为短期健康保险和长期健康保险两类。在会计核算上，意外伤害保险、短期健康保险具有与财产保险类似的规律，它们共同被划分为非寿险业务，相关内容已在第二节中介绍；而人寿保险（死亡保险、生存保险、两全保险）、年金保险、长期健康保险具有类似的规律，它们共同被划分为寿险业务。本节只介绍寿险业务的核算。

寿险与非寿险相比有着截然不同的性质与特征。①寿险保障的风险从整体上说具有一定的稳定性；而从个体上说又具有变动性。②寿险一般采用长期性业务。保险期限少则几年，多则十几年或几十年以至终身。③寿险具有储蓄性。在寿险中，在它还没有履行保险义务期间，保险人每年收取的保险费超过其当时需要支付的保险金。这个超过部分是投保人提前交给保险人，用于履行未来义务的资金。它相当于投保人存在保险人处的长期性储蓄存款。

相应的，寿险会计核算也有其显著的特点，主要表现在：寿险会计核算依靠保险精算；责任准备金核算占有重要地位；关心远期比关心近期更重要；盈利计算有其特殊性。

二、会计科目设置

寿险原保险合同核算使用的科目大致与非寿险原保险合同业务相同，其区别主要在于寿险保险合同准备金包括寿险责任准备金、长期健康险责任准备金，分别由未到期责任准备金和未决赔款准备金组成（《保险合同相关会计处理规定》，2009）。寿险业务不使用"未到期责任准备金"与"提取未到期责任准备金"这两个科目。寿险业务的"保险责任准备金"科目所核算的寿险保险合同准备金，具有责任准备金和偿付准备金双重性质。

根据财税 36 号文的附件 3《营业税改征增值税试点过渡政策的规定》，保险公司开办的一年期以上人身保险产品取得的保费收入免征增值税。

（一）"保险责任准备金"科目

"保险责任准备金"是负债类的科目。对于经营寿险业务的人身保险公司来说，该科目核算的是寿险原保险合同的寿险责任准备金、长期健康险责任准备金，也可以单独设置"寿险责任准备金""长期健康险责任准备金"科目。本科目可按保险责任准备金类别、保险合同进行明细核算。

企业确认寿险保费收入，应按保险精算确定的寿险责任准备金、长期健康责任准备金，借记"提取保险责任准备金"科目，贷记本科目。寿险原保险合同提前解除的，应按相关寿险责任准备金、长期健康险责任准备金余额，借记本科目，贷记"提取保险责任准备金"科目。

（二）"提取保险责任准备金"科目

对于经营寿险的人身保险公司而言，该科目核算企业提取的寿险责任准备金、长期健康责任准备金。企业也可以单独设置"提取寿险责任准备金""提取长期健康责任准备金"等科目，替代该科目。

企业确认寿险保费收入，应按保险精算确定的寿险责任准备金、长期健康责任准备金，借记本科目，贷记"保险责任准备金"科目。寿险原保险合同提前解除的，应按相关寿险责任准备金、长期健康险责任准备金余额，借记"保险责任准备金"科目，贷记本科目。

三、业务核算

(一) 寿险原保险合同收入的核算

寿险保费收入确认的条件以及核算所使用的科目与非寿险业务保费收入相似，但是在计量方面有较大的不同。寿险原保险合同的保险期间一般较长，保费通常分期收取，一次性趸交较少，投保人可以单方面取消合同，保费的收回存在不确定性。因此，对于分期收取保费的寿险原保险合同，保险人应当根据当期应收取的保费确定保费金额；对于一次性收取保费的寿险原保险合同，保险人应当根据一次性应收取的保费确定保费收入金额。

[例11-8] 2021年1月1日，延平保险公司与张某签订一份定期寿险合同，采用分期付款方式。保险金额500 000元，保险期间从2021年1月1日零时至2030年12月31日24时；保费总额为40 000元，分10期于每年1月1日等额收取。当天，延平公司收到张某交来的保费4 000元。

借：银行存款   4 000
  贷：保费收入   4 000

[例11-9] 延平保险公司收到银行转来的收账通知，系某企业交来的团体养老金保险，合计为500 000元。相关的保险合同已签订并生效，合同约定保险金额为7 000 000元，保费500 000元，一次性缴清。

借：银行存款   500 000
  贷：保费收入   500 000

(二) 寿险原保险合同责任准备金的核算

针对人寿保险和长期健康保险两类寿险业务，保险公司应该分别计提寿险责任准备金、长期健康险责任准备金。

寿险责任准备金，是指保险公司对人寿保险业务为承担未来保险责任而按规定提存的准备金。从实质上来看，寿险责任准备金本质就是将早期多收的保费提存出来，用以弥补晚期少收的保费，以便将来履行给付的义务。也就是说，寿险责任准备金具有责任准备金和偿付准备金双重性质。寿险责任准备金的计算包括过去法和将来法，应于期末按保险精算结果入账。

长期健康险是介于短期健康险与普通寿险之间的一类业务，其责任准备金有类似于寿险责任准备金的性质。

保险人在确认寿险原保险合同的保费收入的当期，应根据精算部门计算确定的寿险责任准备金、长期健康险责任准备金金额，确认保险责任准备金负债，同时确认保险责任准备金，计入当期损益。并至少在每年年度终了，对保险责任准备金进行充足性测试，根据测试结果调整相关保险责任准备金额。

［例11-10］2021年11月5日，延平人寿保险公司签订一份寿险保单，并于即日生效。经精算部门计算确定，该寿险保单应计提寿险责任准备金32 000 000元。

借：提取保险责任准备金　　　　　　　　　　　　　　　32 000 000

　　贷：保险责任准备金　　　　　　　　　　　　　　　　　32 000 000

［例11-11］2021年12月31日，经精算部门计算确定，上述寿险保单应计提寿险责任准备金应为35 000 000元，需要调整相关保险责任准备金额。

借：提取保险责任准备金　　　　　　　　　　　　　　　　3 000 000

　　贷：保险责任准备金　　　　　　　　　　　　　　　　　3 000 000

《保险合同相关会计处理规定》（2009）在保险合同准备金计量方面提出新的会计政策，适用于寿险和非寿险业务核算：

第一，保险人在确定保险合同准备金时，应当将单项保险合同作为一个计量单元，也可以将具有同质保险风险的保险合同组合作为一个计量单元。

第二，保险合同准备金应当以保险人履行保险合同相关义务所需支出的合理估计金额为基础进行计量。

第三，保险人在确定保险合同准备金时，应当考虑边际因素，并单独计量。

第四，保险人在确定保险合同准备金时，应当考虑货币时间价值的影响。

第五，原保险合同现金流量和与其相关的再保险合同现金流量应当分别估计，并应当将从再保险分入人摊回的保险合同准备金确认为资产。

第六，保险人在确定保险合同准备金时，不得计提以平滑收益为目的的巨灾准备金、平衡准备金、平滑准备金等。

（三）寿险原保险合同成本的核算

寿险原保险合同成本主要包括发生的手续费或佣金支出、赔付成本以及提取的保险责任准备金。保险人在确认保费收入当期，已提取了保险责任准备金，计入当期损益。保险人在确定了实际支付给付款项金额的当期，首先，应当将确定支付的给付款项金额，计入当期赔付支出；其次，应当按照确定支付的给付款项金额，冲减相应的保险责任准备金。

1. 满期给付

满期给付指寿险业务被保险人生存到保险期满，按保险合同条款约定支付给被保险人或受益人的保险金。

［例11-12］2021年9月30日，延平保险公司的一项人寿保险业务保险期满，被保险人持有关证件向延平公司申请领取保险金50 000元。审核无误后全额给付。

借：赔付支出　　　　　　　　　　　　　　　　　　　　　50 000

　　贷：库存现金　　　　　　　　　　　　　　　　　　　　50 000

借：保险责任准备金　　　　　　　　　　　　　　　　　　50 000

　　贷：提取保险责任准备金　　　　　　　　　　　　　　　50 000

2. 死亡给付、伤残给付、医疗给付

死亡给付指寿险业务被保险人在保险期内发生保险责任范围内的死亡事故，公司按保险合同条款约定支付给被保险人或受益人的保险金。伤残给付是指寿险和长期健康险业务被保险人在保险期内发生保险责任范围内的伤残事故，公司按保险合同条款约定支付给被保险人或受益人的保险金。医疗给付指寿险和长期健康险业务被保险人在保险期内发生保险责任范围内的医疗事故，公司按保险合同条款约定支付给被保险人或受益人的保险金。

［例11-13］2021年11月20日，延平公司的一位长期健康保险的被保险人王某，因病接受医疗，医疗费共计60 000元，王某向延平公司申请领取保险金。审核无误后全额给付。

借：赔付支出	60 000	
贷：银行存款		60 000
借：保险责任准备金	60 000	
贷：提取保险责任准备金		60 000

3. 年金给付

年金给付是指寿险业务被保险人生存至保险条款规定的年限，公司按保险合同条款约定支付被保险人的保险金。

［例11-14］延平公司的年金保户李某，现已到合同约定年金领取的年限。本月李某持有关保单向延平公司申领年金900元。审核无误后全额给付。

借：赔付支出	900	
贷：银行存款		900
借：保险责任准备金	900	
贷：提取保险责任准备金		900

第四节　再保险业务的核算

一、再保险业务特点

（一）再保险合同

再保险合同，是指一个保险人（再保险分出人）分出一定的保费给另一个保险人（再保险接受人），再保险接受人对再保险分出人由原保险合同所引起的赔付成本及其他相关费用进行补偿的保险合同。进行再保险，可以分散保险人的风险，有利于其控制损失，稳定经营。在再保险关系中，直接接受保险业务的保险人称为原保险人，也叫再保险分出人或分出公司；接受分出保险责任的保险人称为再保险接受人，也叫再保险人或分入公司。

（二）会计处理特点

1. 权责发生制原则

再保险合同确认、计量和报告的基本原则是权责发生制。对其而言，权责发生制意味着在确认原保险合同资产、负债和损益的当期，应当根据合同，确认相应的再保险合同负债、资产和损益，而无论相关的款项是否已经收付。也就是说，应采用预估法而不是账单法对再保险合同进行核算。

对再保险分出人来说，应当在确认原保险合同保费收入的当期，按照相关再保险合同的约定，计算确定分出保费、应向再保险接受人摊回的分保费用，同时确认应收分保未到期责任准备金；在提取原保险合同未决赔款准备金、寿险责任准备金、长期健康险责任准备金的当期，按照相关再保险合同的约定，确认相应的应收分保准备金资产；在确定支付赔付款项金额或实际发生理赔费用的当期，按照相关再保险合同的约定，计算确定应向再保险接受人摊回的赔付成本等。

对再保险接受人来说，应当采用预估等合理的方法，及时确认分保费收入，从而根据相关再保险合同的约定，计算确定应当向再保险分出人摊回的分保费用，并及时评估有关责任准备金。

2. 再保险合同与原保险合同独立处理

"再保险合同与原保险合同独立处理"是再保险合同会计处理的另一项基本原则，是指虽然再保险合同的确定依赖于原保险合同，但在会计处理上，再保险合同的各个经济事项都必须独立于原保险合同单独地确认、计量和报告，不能与原保险合同的会计事项合并确认、计量和报告。

《企业会计准则第26号——再保险合同》第五条规定，"再保险分出人不应当将再保险合同形成的资产与有关原保险合同形成的负债相互抵销，再保险分出人不应当将再保险合同形成的收入或费用与有关原保险合同形成的费用或收入相互抵销"。

3. 再保险合同债权、债务不得抵销

为真实、完整地反映保险公司的财务状况，再保险合同形成的债权、债务应单独确认、计量和报告，不得随意抵销。这一原则有两层含义：

（1）再保险分出人可能同时又是再保险接受人。其与同一再保险合同人同时有分出和分入业务时，分出与分入业务分别形成的债权，债务应单独确认，不得相互抵销，不得以抵销后的净额列报。即再保险合同双方应按照各自在不同再保险合同中所处的不同角色，分别确认其对对方的债权和债务。

（2）同一笔分保业务产生的债权和债务不得相互抵销。对于一笔分保业务，再保险分出人对再保险接受人会同时产生应收分保账款和应付分保账款。再保险分出人应将其单独列示，不得相互抵销。

但是，如果债权和债务的结算时点相同或者双方在合同中约定可以抵销，保险公司可以以抵销后的净额列示再保险合同产生的资产和负债。

4. 增值税政策

根据财税〔2016〕68号文，再保险服务的增值税政策如下：①境内保险公司向境外保险公司提供的完全在境外消费的再保险服务，免征增值税。②试点纳税人提供再保险服务（境内保险公司向境外保险公司提供的再保险服务除外），实行与原保险服务一致的增值税政策。再保险合同对应多个原保险合同的，所有原保险合同均适用免征增值税政策时，该再保险合同适用免征增值税政策。否则，该再保险合同应按规定缴纳增值税。

由于目前尚无再保险服务分入保费、分出保费、摊回手续费等相关增值税业务的行业细则，因此本节例题暂不考虑增值税的影响。

二、会计科目设置

（一）延用原保险核算的科目

1. "赔付支出"科目

在再保险业务中，本科目由再保险接受人设置，再保险接受人收到分保业务账单的当期，应按账单标明的分保赔付款项金额，借记本科目，贷记"应付分保账款"。

2. "未到期责任准备金"科目

在再保险业务中，本科目由再保险接受人设置，核算再保险接受人提取的再保险合同分保未到期责任准备金。主要账务处理类似原保险业务。

3. "提取未到期责任准备金"科目

在再保险业务中，本科目由再保险分出人设置。在确认非寿险原保险合同保费收入的当期，按相关再保险合同约定计算确定的相关应收分保未到期责任准备金金额，借记"应收分保合同准备金"科目，贷记本科目。

资产负债表日，调整原保险合同未到期责任准备金金额的，按相关再保险合同约定计算确定的应收分保未到期责任准备金的调整金额，借记本科目，贷记"应收分保合同准备金"科目。

4. "保险责任准备金"科目

在再保险业务中，本科目由再保险接受人设置，核算再保险接受人提取的再保险合同保险责任准备金。主要账务处理类似原保险业务。

5. "提取保险责任准备金"科目

在再保险业务中，本科目由再保险接受人设置，核算再保险接受人提取的再保险合同保险责任准备金。主要账务处理类似原保险业务。

（二）再保险单独使用的科目

1. "应收分保账款"科目

"应收分保账款"是资产类科目，再保险分出人和再保险分入人均应设置本科目，核算企业从事再保险业务应收取的款项。在再保险分出人和再保险分入人双方的会计核算中，本科目有着不同的核算内容。

对于再保险分出人而言，该科目主要核算应向分入人摊回的分保费用和赔付支出。

对于再保险接受人而言，"应收分保账款"主要核算应向分出人收取的保费、存在分出人处的保证金。

本科目期末有借方余额，反映企业从事再保险业务应收取的款项。

2. "分出保费"科目

"分出保费"是损益类科目，由再保险分出人设置使用。按要素划分，本科目是费用类科目，核算企业（再保险分出人）向再保险接受人分出的保费。

企业在确认原保险合同保费收入的当期，应按再保险合同约定计算确定的分出保费金额，借记本科目，贷记"应付分保账款"。在原保险合同提前解除的当期，应按再保险合同约定计算确定的分出保费的调整金额，借记"应付分保账款"，贷记本科目。对于超额赔款再保险等非比例再保险合同，应按再保险合同约定计算确定的分出保费金额，借记本科目，贷记"应付分保账款"。调整分出保费时，借记或贷记本科目，贷记或借记"应付分保账款"。

期末，应将本科目余额转入"本年利润"借方，结转后本科目无余额。

3. "应收分保合同准备金"科目

"应收分保合同准备金"是资产类科目，由再保险分出人设置使用。本科目核算企业（再保险分出人）从事再保险业务确认的应收分保未到期责任准备金以及应向再保险接受人摊回的保险责任准备金。再保险分出人也可以单独设置"应收分保未到期责任准备金""应收分保未决赔款准备金""应收分保寿险责任准备金""应收分保长期健康险责任准备金"等科目，替代本科目。

本科目期末借方余额，反映企业从事再保险业务确认的应收分保合同准备金余额。

4. "摊回保险责任准备金"科目

"摊回保险责任准备金"是损益类科目，按要素分类则属于收入类。本科目由再保险分出人设置使用，核算企业（再保险分出人）从事再保险业务应向再保险接受人摊回的保险责任准备金，包括未决赔款准备金、寿险责任准备金、长期健康险责任准备金。企业（再保险分出人）也可以单独设置"摊回未决赔款准备金""摊回寿险责任准备金""摊回长期健康险责任准备金"等科目。

"摊回保险责任准备金"的主要账务处理如下：

（1）企业在提取原保险合同保险责任准备金的当期，应按相关再保险合同约定计算确定的应向再保险接受人摊回的保险责任准备金，借记"应收分保合同准备金"，贷记本科目。

对原保险合同保险责任准备金进行充足性测试补提保险责任准备金，应按相关再保险合同约定计算确定的应收分保保险责任准备金的相应增加额，借记"应收分保合同准备金"，贷记本科目。

（2）在确定支付赔付款项金额或实际发生理赔费用而冲减原保险合同相应保险责任准备金余额的当期，应按相关应收分保保险责任准备金的相应冲减金额，借记本科目，贷记"应收分保合同准备金"。

（3）在寿险原保险合同提前解除而转销相关寿险责任准备金、长期健康险责任准备金余额的当期，应按相关应收分保保险责任准备金余额，借记本科目，贷记"应收分保合同准备金"。

期末，应将本科目余额转入"本年利润"，结转后本科目无余额。

5. "应付分保账款"科目

"应付分保账款"是负债类科目，再保险分出人与再保险接受人均需设置使用本科目，核算企业从事再保险业务应付未付的款项。在再保险分出人与再保险接受人双方的会计核算中，本科目的核算内容有所不同。

再保险分出人"应付分保账款"主要核算应向再保险接受人支付的分出保费、接受人存入的保证金，其内容对应于再保险接受人"应收分保账款"的核算内容。

再保险接受人"应付分保账款"主要核算应向分出人支付的分保费用、赔付支出，其内容对应于分出人"应收分保账款"的核算内容。

再保险分出人、再保险接受人结算分保账款时，按应付分保账款金额，借记本科目，按应收分保账款金额，贷记"应收分保账款"；按其差额，借记或贷记"银行存款"。

本科目期末有贷方余额，反映企业从事再保险业务应付未付的款项。

6. "摊回赔付支出"科目

"摊回赔付支出"是损益类科目，按要素分类属于收入类。本科目由再保险分出人设置使用，核算企业（再保险分出人）向再保险接受人摊回的赔付成本。企业（再保险分出人）也可以单独设置"摊回赔款支出""摊回年金给付""摊回满期给付""摊回死伤医疗给付"等科目。

企业在确定支付赔付款项金额或实际发生理赔费用而确认原保险合同赔付成本的当期，应按相关再保险合同约定计算确定的应向再保险接受人摊回的赔付成本金额，借记"应收分保账款"，贷记本科目。在因取得和处置损余物资、确认和收到应收代位追偿款等而调整原保险合同赔付成本的当期，应按相关再保险合同约定计算确定的摊回赔付成本的调整金额，借记或贷记本科目，贷记或借记"应收分保账款"。对于超额赔款再保险等非比例再保险合同，计算确定应向再保险接受人摊回的赔付成本的，应按摊回的赔付成本金额，借记"应收分保账款"，贷记本科目。

期末，应将本科目余额转入"本年利润"贷方，结转后本科目无余额。

7. "摊回分保费用"科目

"摊回分保费用"是损益类科目，按要素分类属于收入类。本科目由再保险分出人设置使用，核算企业（再保险分出人）向再保险接受人摊回的分保费用。

企业在确认原保险合同保费收入的当期，应按相关再保险合同约定计算确定的应向再保险接受人摊回的分保费用，借记"应收分保账款"，贷记本科目。计算确定应向再保险接受人收取的纯益手续费的，应按相关再保险合同约定计算确定的纯益手续费，借记"应收分保账款"，贷记本科目。在原保险合同提前解除的当期，应按相关再保险合同约定计算确定的摊回分保费用的调整金额，借记本科目，贷记"应收分保账款"。

期末，应将本科目余额转入"本年利润"贷方，结转后本科目无余额。

8. "分保费用"科目

"分保费用"是损益类科目，按要素分类属于费用类。本科目由再保险接受人设置使用，核算企业（再保险接受人）向再保险分出人支付的分保费用。

企业在确认分保费收入的当期，应按再保险合同约定计算确定的分保费用金额，借记本科目，贷记"应付分保账款"。收到分保业务账单，按账单标明的金额对分保费用进行调整，借记或贷记本科目，贷记或借记"应付分保账款"。计算确定应向再保险分出人支付的纯益手续费的，应按再保险合同约定计算确定的纯益手续费，借记本科目，贷记"应付分保账款"。期末，应将本科目余额转入"本年利润"借方，结转后本科目无余额。见表11-2。

表11-2　再保险分出人与分入人使用的科目表

分保业务	分出人	分入人
确认分保保费	分出保费、应付分保账款	保费收入、应收分保账款
计算分保费用	摊回分保费用、应收分保账款	分保费用、应付分保账款
未到期责任准备金	应收分保合同准备金、提取未到期责任准备金	（同原保险合同）
保险责任准备金	应收分保合同准备金、摊回保险责任准备金	（同原保险合同）
分保赔付成本	应收分保账款、摊回赔付支出	分保费用、应付分保账款

三、业务核算

（一）分出业务

[例11-15] 沿用例11-1，诚毅财产保险公司将该工程保险合同的40%分保给敬贤保险公司，分保手续费率为25%。诚毅公司分录如下：

借：分出保费 240 000

  贷：应付分保账款 240 000

借：应收分保账款 60 000

  贷：摊回分保费用 60 000

［例11-16］沿用例11-2、例11-15，在确认分出保费的当期（2021年11月30日），诚毅公司应确认对敬贤公司的应收分保未到期责任准备金。

借：应收分保合同准备金（550 000×40%） 220 000

  贷：提取未到期责任准备金 220 000

2021年12月31日，诚毅公司应调整应收分保未到期责任准备金。

借：提取未到期责任准备金（50 000×40%） 20 000

  贷：应收分保合同准备金 20 000

《企业会计准则》规定，再保险分出人不应当将再保险合同形成的资产与有关原保险合同形成的负债相互抵销。这里再保险分出人诚毅公司应确认"应收分保合同准备金"，而不是冲减在原保险合同中确认的"未到期责任准备金"。

［例11-17］沿用例11-3，出险当期，诚毅公司确认对敬贤公司的应收分保未决赔款准备金。

借：应收分保合同准备金（80 000×40%） 32 000

  贷：摊回保险责任准备金 32 000

应收分保未到期责任准备金实质属于分出的未赚保费，确认应收分保未到期责任准备金是对当期分出保费的调整，并非收入的实现。提取未到期责任准备金（含分保未到期责任准备金）和确认应收分保未到期责任准备金的最终结果都是对当期自留保费（原保险合同保费收入+分保费收入-分出保费后的金额）的调整，即将当期的自留保费调整为已赚保费。因此，确认应收分保未到期责任准备金时应作冲减提取未到期责任准备金处理，通过"提取未到期责任准备金"科目集中反映将当期自留保费调整为已赚保费的调整金额。而应收分保未决赔款准备金等应收保险责任准备金表示再保险分出人预期从再保险接受人处获得补偿的金额具有收入性质，确认时应作为摊回相应准备金处理。

［例11-18］沿用例11-4，诚毅公司确认对敬贤公司的摊回赔付支出。

借：应收分保账款（88 000×40%） 35 200

  贷：摊回赔付支出 35 200

借：摊回保险责任准备金（80 000×40%） 32 000

  贷：应收分保合同准备金 32 000

［例11-19］沿用例11-18，诚毅公司与敬贤公司就该分保业务结算资金。

借：应付分保账款 240 000

  贷：应收分保账款（60 000+35 200） 95 200

   银行存款 144 800

［例11-20］年末结转损益类科目：

借：本年利润　　　　　　　　　　　　　　　　　　　　240 000

　贷：分出保费　　　　　　　　　　　　　　　　　　　240 000

借：摊回分保费用　　　　　　　　　　　　　　　　　　60 000

　　摊回赔付支出　　　　　　　　　　　　　　　　　　35 200

　贷：本年利润　　　　　　　　　　　　　　　　　　　95 200

（二）分入业务

沿用例11-15、例11-16、例11-17、例11-18，敬贤公司所作的业务核算如下：

［例11-21］确认分保费收入及分保手续费。

借：应收分保账款　　　　　　　　　　　　　　　　　240 000

　贷：保费收入　　　　　　　　　　　　　　　　　　240 000

借：分保费用　　　　　　　　　　　　　　　　　　　60 000

　贷：应付分保账款　　　　　　　　　　　　　　　　60 000

［例11-22］提取、调整未到期责任准备金。

2016年11月30日，

借：提取未到期责任准备金　　　　　　　　　　　　　220 000

　贷：未到期责任准备金　　　　　　　　　　　　　　220 000

2016年12月31日，

借：未到期责任准备金　　　　　　　　　　　　　　　20 000

　贷：提取未到期责任准备金　　　　　　　　　　　　20 000

［例11-23］提取保险责任准备金。

借：提取保险责任准备金　　　　　　　　　　　　　　32 000

　贷：保险责任准备金　　　　　　　　　　　　　　　32 000

［例11-24］确定分保赔付支出、冲减保险责任准备金。

借：赔付支出　　　　　　　　　　　　　　　　　　　35 200

　贷：应付分保账款　　　　　　　　　　　　　　　　35 200

借：保险责任准备金　　　　　　　　　　　　　　　　32 000

　贷：提取保险责任准备金　　　　　　　　　　　　　32 000

［例11-25］结算资金。

借：应付分保账款（60 000+35 200）　　　　　　　　95 200

　　银行存款　　　　　　　　　　　　　　　　　　144 800

　贷：应收分保账款　　　　　　　　　　　　　　　240 000

复习思考题

1. 保险合同中的投保人、保险人、被保险人分别指的是哪一方？

2. 在非寿险业务中，未到期责任准备金、未决赔款准备金的性质有什么不同？会计核算又有何差异？

3. 寿险与非寿险的准备金计提有何不同？为什么不同？

4. 根据《企业会计准则》，再保险合同的会计核算有哪些原则？

第十一章习题　　　　第十一章答案

第十二章 证券公司业务的核算

本章重点

1. 证券公司业务的类别。
2. 证券公司经纪业务的相关会计核算。
3. 证券公司自营业务的相关会计核算。
4. 证券公司承销业务的相关会计核算。

引导案例

2021年2月23日，中国证券业协会（简称"中证协"）发布了证券公司2020年度未审计经营数据。数据显示，证券行业2020年度实现营业收入4 484.79亿元，同比增长24.41%；实现净利润1 575.34亿元，同比增长27.98%，127家证券公司实现盈利。中证协表示，2020年，面对严峻复杂的国内外形势，资本市场持续推进疫情防控、深化改革、防范风险等各项工作，证券行业抓住机遇加快业务转型，加强能力建设，积极服务实体经济和居民财富管理，经营情况整体向好。

一是证券行业积极发挥投资银行功能，服务实体经济能力持续提升。2020年度，证券行业服务实体经济通过股票IPO、再融资分别募集5 260.31亿元、7 315.02亿元，同比增加74.69%、41.67%；通过债券融资13.54万亿元，同比增加28.02%，服务实体经济取得显著成效。二是证券行业加快财富管理业务转型，服务市场投资理财需求。2020年，证券行业实现代理买卖证券业务净收入（含交易单元席位租赁）1 161.10 亿元，同比增长 47.42%；实现代理销售金融产品净收入 134.38 亿元，同比增长 148.76%；实现投资咨询业务净收入 48.03 亿元，同比增长 26.93%；实现资产管理业务净收入 299.60 亿元，同比增长 8.88%，证券行业服务居民财富管理能力进一步提升，财富管理转型初见成效。

思考：证券公司在国民经济中发挥怎样的作用？证券公司的收入和成本主要来自哪些交易和事项？

（参考资料：https://baijiahao.baidu.com/s？id=1692487007717651421&wfr=spider&for=pc 证券日报百家号）

第一节　证券公司业务概述

一、证券公司业务概述

我国的证券公司是指专营证券业务的金融机构，即证券经营机构。我国 2006 年实施的《证券法》取消了综合类和经纪类的分类管理体制，并对证券公司的业务范围有所扩充，即在证券经纪、承销、自营等传统业务之外，允许证券公司开展证券投资咨询，与证券交易、证券投资活动有关的财务顾问，证券资产管理，保荐业务及其他证券业务。本章着重介绍证券经纪、承销、自营业务的会计核算。

二、证券公司会计概述

证券公司是特殊的金融企业，特殊的证券经营业务决定其在会计核算上有着与其他企业不同的特点。

（一）资产

证券公司账面资产的绝大部分是流动资产，只有极少数的长期资产，且流动资产中大部分资产的所有权并不属于公司，而是他人资产，即客户资产。如现金类资产中的银行存款包含公司存款和客户存款两部分。其中，客户存款是指由经纪业务所引起的客户存放在公司中用于证券交易的资金，这类资金按照规定必须与自有资产分开核算与管理，证券公司不得动用。

此外，在证券公司的总体资产中，证券类资产比重较大，长期资产中的固定资产比重较小。这是因为我国证券业正处在发展初期，资本金不足，经纪业务的范围太大，而网上经纪业务的发展又势在必行。因此，证券公司在现阶段不太可能加大对固定资产的投入。

（二）负债

证券公司的短期债务资金主要用于调剂公司的资金头寸，如质押借款、拆入资金、卖出回购金融资产款等。而代理买卖证券款、代理承销证券款、代兑付证券款及受托资金则是公司各项经营业务所形成的债务资金，这些债务资金在性质上不同于一般企业的债务资金。一般企业的债务资金主要用于公司自身的经营，属于企业资本结构管理的内容。

（三）所有者权益

证券公司大多数都是有限责任公司，其所有者权益类科目的设置与其他企业基本相同，唯独"一般风险准备"科目是证券公司区别于其他企业的显著标志。一般风险准备是在法定盈余公积的基础上，根据证券公司高风险的经营特征所设立的另一项后备基金。其目的是为了确保公司稳健经营，高度防范因经营风险所造成的资本亏空，以双重保险形式来保障公司投资人的利益不受损害。一般风险准备的用途与盈余公积基本相同，一般仅用于弥补证券公司的经营亏损。

（四）损益

证券公司的主要利润构成与一般公司极不相同，其来源主要是手续费及佣金收入、投资收益、公允价值变动损益等（见表12-1）。

表 12-1　证券公司特殊科目表

编号	会计科目名称	编号	会计科目名称
	一、资产类	2313	代理兑付证券款
1122	结算备付金		三、资产负债共同类
1311	代理买卖证券		四、所有者权益
1321	代理兑付证券	4102	一般风险准备
	二、负债类		五、损益类
2311	代理买卖证券款	6021	手续费及佣金收入
2312	代理承销证券款	6421	手续费及佣金支出

第二节　证券经纪业务的核算

一、证券经纪业务的特点

证券经纪业务是指证券公司接受客户委托，按照客户要求代理客户买卖证券并提供相关服务，证券公司收取佣金作为报酬的证券中介业务。从事证券经纪业务的证券公司，又称为证券经纪商，其作用是充当证券买方或者卖方的经纪人，按照客户的要求，迅速执行指令完成交易，代办相关手续，并提供及时、准确的信息和咨询服务。

目前，我国公开发行并上市的股票、公司债券及其他证券的交易，在证券交易所以公开的集中交易方式进行。由于集中交易方式的特殊性、交易规则的严密性和操作程序的复杂性，广大投资者不能直接进入证券交易所买卖证券，只能委托经批准并具备一定条件的证券公司代理买卖完成证券交易。

投资者委托证券公司买卖证券，有柜台委托和非柜台委托两类。柜台委托是委托人本人或者由其代理人到证券公司营业柜台办理委托手续。非柜台委托以下列方式进行：电话委托，投资者通过电话转委托或者电话自动委托方式下达委托指令；传真委托或函电委托；自助终端委托，由委托人通过证券公司营业网点设置的专用委托电脑终端，凭证券交易磁卡和交易密码进入电脑交易系统下单；网上委托，由委托人通过互联网进入证券公司电脑系统自行将委托内容输入交易系统。

二、会计科目设置

（一）"结算备付金"科目

本科目是资产类，核算企业（证券）为证券交易的资金清算与交收而存入指定清算代理机构的款项。企业（证券）向客户收取的结算手续费、向证券交易所支付的结算手续费，也通过本科目核算。企业（证券）因证券交易与清算代理机构办理资金清算的款项等，可以单独设置"证券清算款"科目。本科目可按清算代理机构，分别按"自有""客户"等进行明细核算。

结算备付金的主要账务处理如下：

（1）企业将款项存入清算代理机构，借记本科目，贷记"银行存款"等；从清算代理机构划回资金做相反的会计分录。

（2）接受客户委托，买入证券成交总额大于卖出证券成交总额的，应按买卖证券成交价的差额加上代扣代交的相关税费和应向客户收取的佣金等之和，借记"代理买卖证券款"等，贷记本科目（客户）、"银行存款"等。按企业应负担的交易费用，借记"手续费及佣金支出"科目；按应向客户收取的手续费及佣金，贷记"手续费及佣金收入"；按其差额，借记本科目（自有）、"银行存款"等。

接受客户委托，卖出证券成交总额大于买入证券成交总额的，应按买卖证券成交价的差额减去代扣代交的相关税费和应向客户收取的佣金等后的余额，借记本科目（客户）、"银行存款"等，贷记"代理买卖证券款"等。按企业应负担的交易费用，借记"手续费及佣金支出"，按应向客户收取的手续费及佣金，贷记"手续费及佣金收入"，按其差额，借记本科目（自有）、"银行存款"等。

（3）在证券交易所进行自营证券交易的，应在取得证券时根据持有证券的意图等对其进行分类，比照"交易性金融资产""持有至到期投资""可供出售金融资产"等科目的相关规定进行处理。

本科目期末借方余额，反映企业存在指定清算代理机构的款项。

（二）"代理兑付证券"科目

本科目是资产类，核算企业（证券、银行等）接受委托代理兑付到期的证券。本科目可按委托单位和证券种类进行明细核算。

代理兑付证券的主要账务处理如下：

（1）委托单位尚未拨付兑付资金而由企业垫付的，在收到客户交来的证券时，应按兑付金额，借记本科目，贷记"银行存款"等。向委托单位交回已兑付的证券并收回垫付的资金时，借记"银行存款"等，贷记本科目。

（2）收到客户交来的无记名证券时，应按兑付金额，借记本科目，贷记"库存现金""银行存款"等。向委托单位交回已兑付证券时，借记"代理兑付证券款"，贷记本科目。

本科目期末借方余额，反映企业已兑付但尚未收到委托单位兑付资金的证券金额。

（三）"代理兑付证券款"科目

本科目是负债类，核算企业（证券、银行等）接受委托代理兑付证券收到的兑付资金。本科目可按委托单位和证券种类进行明细核算。

代理兑付证券款的主要账务处理如下：

（1）企业兑付记名证券，收到委托单位的兑付资金，借记"银行存款"等，贷记本科目。收到客户交来的证券，按兑付金额，借记本科目，贷记"库存现金""银行存款"等。兑付无记名证券的，还应通过"代理兑付证券"核算。

（2）收取代理兑付证券手续费收入，向委托单位单独收取的，按应收或已收取的手续费，借记"应收手续费及佣金"等，贷记"手续费及佣金收入"。

手续费与兑付款一并汇入的，在收到款项时，应按实际收到的金额，借记"结算备付金"等，按应兑付的金额，贷记本科目；按事先取得的手续费，贷记"其他应付款——预收代理兑付证券手续费"。兑付证券业务完成后确认手续费收入，借记"其他应付款——预收代理兑付证券手续费"，贷记"手续费及佣金收入"。

本科目期末贷方余额，反映企业已收到但尚未兑付的代理兑付证券款项。

（四）"代理买卖证券款"科目

本科目是负债类，核算企业（证券）接受客户委托，代理客户买卖股票、债券和基金等有价证券而收到的款项。企业（证券）代理客户认购新股的款项、代理客户领取的现金股利和债券利息、代理客户向证券交易所支付的配股款等，也在本科目核算。

代理买卖证券款的主要账务处理如下：

（1）企业收到客户交来的款项，借记"银行存款——客户"等，贷记本科目；客户提取存款做相反的会计分录。

（2）接受客户委托，买入证券成交总额大于卖出证券成交总额的，应按买卖证券成交价的差额加上代扣代交的相关税费和应向客户收取的佣金等之和，借记本科目等，贷记"结算备付金——客户""银行存款"等科目。

接受客户委托，卖出证券成交总额大于买入证券成交总额的，应按买卖证券成交价的差额减去代扣代交的相关税费和应向客户收取的佣金等后的余额，借记"结算备付金——客户""银行存款"等，贷记本科目等。

（3）代理客户认购新股，收到客户交来的认购款项，借记"银行存款——客户"等，贷记本科目。将款项划付证券交易所，借记"结算备付金——客户"，贷记"银行存款——客户"。客户办理申购手续，按实际支付的金额，借记本科目，贷记"结算备付金——客户"科目。证券交易所完成中签认定工作，将未中签资金退给客户时，借记"结算备付金——客户"，贷记本科目。企业将未中签的款项划回，借记"银行存款——客户"，贷记"结算备付金——客户"。企业将未中签的款项退给客户，借记本科目，贷记"银行存款——客户"。

（4）代理客户办理配股业务，采用当日向证券交易所交纳配股款的，当客户提出配股要求时，借记本科目，贷记"结算备付金——客户"。采用定期向证券交易所交纳配股款的，在客户提出配股要求时，借记本科目，贷记"其他应付款——应付客户配股款"。与证券交易所清算配股款，按配股金额，借记"其他应付款——应付客户配股款"，贷记"结算备付金——客户"。

本科目期末贷方余额，反映企业接受客户存放的代理买卖证券资金。

（五）"手续费及佣金收入"科目

本科目是损益类科目，相关内容详见本书第四章。

（六）"手续费及佣金支出"科目

本科目属于损益类，核算企业（金融）发生的与其经营活动相关的各项手续费、佣金等支出。企业发生的与其经营活动相关的手续费、佣金等支出，借记本科目，贷记"银行存款""存放中央银行款项""存放同业""库存现金""应付手续费及佣金"等。期末，应将本科目余额转入"本年利润"，结转后本科目无余额。

（七）"应交税费——应交增值税"科目

"应交税费——应交增值税"是负债类科目，相关内容详见本书第三章。

根据财税〔2016〕36号文，自2016年5月1日起，证券公司的业务纳入增值税试点范围，由缴纳营业税改为缴纳增值税，税率为6%。证券公司的主要增值税应税业务涵盖贷款服务、直接收费金融服务、金融商品转让和咨询服务。贷款服务，是指将资金贷与他人使用而取得利息收入的业务活动，包括证券公司的融资融券等类贷款利息收入和债券利息收入等。直接收费金融服务，是指为货币资金融通及其他金融业务提供相关服务并且收取费用的业务活动，包括证券公司手续费和佣金等收入。金融商品转让，是指转让外汇、有价证券、非货物期货和其他金融商品所有权的业务活动，常见的是债券和外汇等买卖价差。咨询服务包括提供信息、建议、策划、顾问等服务的活动，常见的是投资顾问费等收入。

根据《财政部 国家税务总局关于全面推开营业税改征增值税试点的通知》（财税〔2016〕36号），直接收费金融服务，以提供直接收费金融服务收取的手续费、佣金等各类费用为销售额。金融商品转让，按照卖出价扣除买入价后的余额为销售额。转让金融商品出现的正负差，按盈亏相抵后的余额为销售额。若相抵后出现负差，可结转下一纳税期与下期转让金融商品销售额相抵，但年末时仍出现负差的，不得转入下一个会计年度。

三、业务核算

（一）资金专户的核算

证券公司代理客户进行证券买卖，客户将款项交存证券公司，公司应设立资金专户，将代理买卖证券款与公司自有资金严格区分使用，不得随意挪用和占用客户资金。

［例12-1］客户李某开设资金专户并交来款项10 000元。

借：银行存款	10 000
贷：代理买卖证券款	10 000

［例12-2］客户李某从其资金专户中取出5 000元。

借：代理买卖证券款	5 000
贷：银行存款	5 000

［例12-3］客户李某结清利息300元并提款销户。

借：应付利息	300
贷：银行存款	300
借：代理买卖证券款（10 000-5 000）	5 000
贷：银行存款	5 000

［例12-4］证券公司按季计提客户存款利息，张某本季存款利息为200元。

借：利息支出	200
贷：应付利息	200

［例12-5］客户资金专户统一结息时，其中已计提利息支出的有2 000元，未提的有3 000元。

借：应付利息（已提利息部分）　　　　　　　　　　　　　2 000

　　利息支出（未提利息部分）　　　　　　　　　　　　　3 000

　　　贷：代理买卖证券款　　　　　　　　　　　　　　　　　　5 000

　[例12-6]　公司为客户陈某在证券交易所开设清算资金专户，存入款项30 000元。

借：结算备付金——客户　　　　　　　　　　　　　　　30 000

　　贷：银行存款　　　　　　　　　　　　　　　　　　　　　30 000

（二）代理证券买卖

　　代理买卖证券业务是公司代理客户进行证券买卖的业务。公司代理客户买卖证券收到的代买卖证券款，必须全额存入指定的商业银行，并在"银行存款"科目中单设明细科目进行核算，不能与本公司的存款混淆（如例12-1）；公司在收到代理客户买卖证券款项的同时还应当确认为一项负债，与客户进行相关的结算。公司代理客户买卖证券的手续费收入，应当在与客户办理买卖证券款项清算时确认收入。

　　[例12-7]　公司接受客户黄某委托，通过证券交易所代理买卖证券A，与客户清算时，买入证券成交总额为10 000元，卖出证券成交总额8 000元。相关印花税54元、过户费2元、含税佣金27元、电讯费10元。公司负担的交易费用是电讯费。

借：代理买卖证券款（10 000-8 000+54+2+27）　　　　　2 083

　　手续费及佣金支出——代理买卖证券手续费支出　　　　10

　　贷：结算备付金　　（10 000-8 000+54+2+10）　　　　　2 066

　　　手续费及佣金收入——代理买卖证券手续费收入　　　25.47

　　　应交税费——应交增值税（销项税额）　　　　　　　1.53

　　[例12-8]　公司接受客户黄某委托，通过证券交易所代理买卖证券A，与客户清算时，买入证券成交总额为8 000元，卖出证券成交总额10 000元。相关印花税54元、过户费2元、含税佣金27元、电讯费10元。公司承担电讯费。

借：结算备付金——客户（10 000-8 000-54-2-10）　　　1 934

　　手续费及佣金支出——代理买卖证券手续费支出　　　　10

　　贷：代理买卖证券款（10 000-8 000-54-2-27）　　　　1 917

　　　手续费及佣金收入——代理买卖证券手续费收入　　　25.47

　　　应交税费——应交增值税（销项税额）　　　　　　　1.53

（三）代理认购新股

　　[例12-9]　代理客户陈某认购新股，收到客户认购款项60 000元。

借：银行存款　　　　　　　　　　　　　　　　　　　60 000

　　贷：代理买卖证券款　　　　　　　　　　　　　　　　　60 000

［例12-10］将款项划付清算代理机构。

借：结算备付金——客户　　　　　　　　　　　　　　60 000

　　贷：银行存款　　　　　　　　　　　　　　　　　　60 000

［例12-11］客户陈某认购款中有20 000元中签。客户办理申购手续，通过证券公司与证券交易所清算。

借：代理买卖证券款　　　　　　　　　　　　　　　　20 000

　　贷：结算备付金——客户　　　　　　　　　　　　　20 000

［例12-12］证券交易所完成中签认定工作，将未中签资金40 000元通过证券公司退给客户。公司将未中签的款项划回。

借：银行存款　　　　　　　　　　　　　　　　　　　40 000

　　贷：结算备付金——客户　　　　　　　　　　　　　40 000

［例12-13］公司将未中签的款项退给客户陈某。

借：代理买卖证券款　　　　　　　　　　　　　　　　40 000

　　贷：银行存款　　　　　　　　　　　　　　　　　　40 000

（四）代理配股派息

1. 代理客户办理配股业务

代理客户办理配股业务分为两种方式，一种是当日向证券交易所解交配股款，一种是定期向证券交易所解交配股款。

（1）当日向证券交易所解交配股款。

［例12-14］客户王某提出配股要求，金额总计50 000元。

借：代理买卖证券款　　　　　　　　　　　　　　　　50 000

　　贷：结算备付金——客户　　　　　　　　　　　　　50 000

（2）定期向证券交易所解交配股款。

［例12-15］客户王某提出配股要求，金额总计50 000元。

借：代理买卖证券款　　　　　　　　　　　　　　　　50 000

　　贷：其他应付款——应付客户配股款　　　　　　　　50 000

［例12-16］到期与证券交易所清算配股款。

借：其他应付款——应付客户配股款　　　　　　　　　50 000

　　贷：结算备付金——客户　　　　　　　　　　　　　50 000

2. 代理客户领取现金股利和利息

［例12-17］客户王某的一只股票分派现金股利，王某可得股利4 000元。

借：结算备付金——客户　　　　　　　　　　　　　　4 000

　　贷：代理买卖证券款　　　　　　　　　　　　　　　4 000

（五）代理兑付债券

收到委托方兑付资金时确认为一项负债"代理兑付债券款"，兑付债务时，确认为一项资产"代理兑付债券"，代理兑付债券业务完成后，与委托方结算时确认代兑付债券收入。代兑付证券的手续费收入，应于代兑付证券业务基本完成，与委托方结算时确认收入。

1. 接受委托代国家或企业兑付到期的无记名（实物券形式）债券

（1）收到委托单位的兑付资金。

[例 12-18] 坂头公司委托中诚证券公司兑付该公司到期的无记名债券，相关款项 5 000 000 元已汇入中诚证券公司账户。

借：银行存款   5 000 000

 贷：代理兑付证券款   5 000 000

（2）收到客户交来的实物券，按本息合计数进行兑付。

[例 12-19] 中诚证券公司收到客户交来的坂头公司债券，本息共计 5 000 000 元。

借：代理兑付证券   5 000 000

 贷：银行存款   5 000 000

（3）向委托单位交回已兑付的实物券。

[例 12-20] 中诚证券公司将客户交来的债券全数交还坂头公司。

借：代理兑付证券款   5 000 000

 贷：代理兑付证券   5 000 000

（4）收到代兑付手续费收入。

[例 12-21] 中诚公司代理坂头公司兑付债券，共取得手续费 20 000 元，款项已收到，存入银行。

借：银行存款   20 000

 贷：手续费及佣金收入   18 867.92

  应交税费——应交增值税（销项税额） 1 132.08

（5）如果委托单位尚未拨付兑付资金，并由证券公司垫付的，则上述（1）事项不存在，（2）不变，（3）事项及会计分录改变如下：

[例 12-22] 假设上例中坂头公司并未预先将兑付所需款项汇入中诚证券公司，则中诚证券公司将客户交来的债券全数交还坂头公司时，分录如下：

借：银行存款   5 000 000

 贷：代理兑付证券   5 000 000

2. 接受委托代国家或企业兑付到期的记名债券

（1）收到委托单位的兑付资金。

[例 12-23] 杏林公司委托中诚证券公司兑付该公司到期的记名债券，相关款项

5 000 000 元已汇入中诚证券公司账户。

借：银行存款 5 000 000

　　贷：代理兑付债券款 5 000 000

（2）兑付债券本息。

［例 12 - 24］中诚证券公司收到客户交来的杏林公司债券，本息共计 5 000 000 元。

借：代理兑付债券款 5 000 000

　　贷：银行存款 5 000 000

3. 公司收取的代兑付手续费收入

（1）向委托单位单独收取手续费。

［例 12-25］沿用例 12-20，应收杏林公司兑付手续费 50 000 元。

借：应收手续费及佣金 50 000

　　贷：手续费及佣金收入 47 169.81

　　　　应交税费——应交增值税（销项税额） 2 830.19

（2）手续费与兑付款一并汇入。

［例 12-26］中诚证券公司接受委托代国家兑付到期的记名债券，收到兑付资金 2 000 000 元及手续费 20 000 元。

借：银行存款 2 020 000

　　贷：代理兑付债券款 2 000 000

　　　　其他应付款——预收代理兑付证券手续费 20 000

兑付债券业务完成后，确认手续费收入，

借：其他应付款——预收代理兑付证券手续费 20 000

　　贷：手续费及佣金收入 18 867.92

　　　　应交税费——应交增值税（销项税额） 1 132.08

四、融资融券业务核算

《企业会计准则解释第 4 号》（2010）指出，融资融券业务，是指证券公司向客户出借资金供其买入证券或者出借证券供其卖出，并由客户交存相应担保物的经营活动。企业发生的融资融券业务，分为融资业务和融券业务两类。

关于融资业务，证券公司及其客户均应当按照《企业会计准则第 22 号——金融工具确认和计量》有关规定进行会计处理。证券公司融出的资金，应当确认应收债权，并确认相应利息收入；客户融入的资金，应当确认应付债务，并确认相应利息费用。

关于融券业务，证券公司融出的证券，按照《企业会计准则第 23 号——金融资产转移》有关规定，不应终止确认该证券，但应确认相应利息收入；客户融入的证券，应当按照《企业会计准则第 22 号——金融工具确认和计量》有关规定进行会计处理，并确认相应利息费用。

证券公司对客户融资融券并代客户买卖证券时，应当作为证券经纪业务进行会计处理。证券公司及其客户发生的融资融券业务，应当按照《企业会计准则第 37 号——金融工具列报》有关规定披露相关会计信息。

第三节　证券自营业务的核算

一、证券自营业务特点

证券自营业务，是证券公司使用自有资金或者合法筹集的资金以自己的名义买卖证券获取利润的证券业务。从国际上看，证券公司的自营业务按交易场所分为场外（如柜台）自营买卖和场内（交易所）自营买卖。场外自营买卖是指证券公司通过柜台交易等方式，与客户直接洽谈成交的证券交易。场内自营买卖是证券公司自己通过集中交易场所（证券交易所）买卖证券的行为。我国的证券自营业务一般是指场内自营买卖业务。

在我国，证券自营业务专指证券公司为自己买卖证券产品的行为。买卖的证券产品包括在证券交易所挂牌交易的 A 股、基金、认股权证、国债、企业债券等。

二、会计科目设置

证券公司自营业务常用的科目有"交易性金融资产""公允价值变动损益""持有至到期投资""可供出售金融资产"等。由于这些科目在前面的章节中已有介绍，这里不再赘述。

三、业务核算

（一）开设证券交易所资金清算账户

［例 12-27］石鼓证券公司将款项 50 000 000 元存入证券交易所。

借：结算备付金——自有　　　　　　　　　　　　　50 000 000
　　贷：银行存款　　　　　　　　　　　　　　　　　　　50 000 000

［例 12-28］石鼓证券公司将款项 50 000 000 元从证券交易所拨回。

借：银行存款　　　　　　　　　　　　　　　　　　50 000 000
　　贷：结算备付金——自有　　　　　　　　　　　　　　50 000 000

（二）自营买入的证券，划分为以公允价值计量且其变动计入当期损益的金融资产或金融负债

1. 取得

［例12-29］石鼓公司自营买入 A 公司股票，市价总计 100 000 元，交易费用为 1 000 元。

借：交易性金融资产	100 000
投资收益	1 000
贷：结算备付金——自有	101 000

2. 自营认购新股

网上申购指所有投资人（机构和个人）通过证券交易所网上交易系统进行的公开申购。网下申购指向机构投资人发行。

（1）通过网上认购新股。

［例12-30］石鼓证券公司网上申购 C 公司发行的新股，款项 20 000 元被证券交易所从账户中划出并冻结。

| 借：其他应收款——应收认购新股占用款 | 20 000 |
| 　贷：结算备付金——自有 | 20 000 |

上述认购新股，其中 10 000 元中签，与证券交易所清算中签款项。

| 借：交易性金融资产 | 10 000 |
| 　贷：其他应收款——应收认购新股占用款 | 10 000 |

退回未中签款项。

| 借：结算备付金——自有 | 10 000 |
| 　贷：其他应收款——应收认购新股占用款 | 10 000 |

（2）通过网下认购新股。

［例12-31］石鼓公司通过网下认购 D 公司发行的新股，申购款项 30 000 元已按规定存入指定机构的款项。

| 借：其他应收款——应收认购新股占用款 | 30 000 |
| 　贷：银行存款 | 30 000 |

其中 20 000 元中签，结算中签款项。

| 借：交易性金融资产 | 20 000 |
| 　贷：其他应收款——应收认购新股占用款 | 20 000 |

退回未中签款项 10 000 元。

| 借：银行存款 | 10 000 |
| 　贷：其他应收款——应收认购新股占用款 | 10 000 |

3. 配股派息

配股是上市公司根据公司发展的需要，依据有关规定和相应程序，旨在向原股东进一步发行新股、筹集资金的行为。按照惯例，公司配股时新股的认购权按照原有股权比例在原股东之间分配，即原股东拥有优先认购权。

（1）公司通过网上配股。

［例12-32］石鼓公司持有的 E 公司股票宣告按 10：1 在网上配股，配股价为 3 元/股。石鼓公司可配股 3 000 股，另有交易费用 200 元。已与证券交易所清算配股款。

借：交易性金融资产   9 000

    投资收益   200

    贷：结算备付金——自有   9 200

（2）公司通过网下配股。

［例12-33］承例12-32，E 公司改为通过网下配股。

借：交易性金融资产   9 000

    投资收益   200

    贷：银行存款   9 200

（3）自营持股分得股票股利。

因持有股票而分得的股票股利（或称送股），应于股权登记日根据本公司持有股数及送股比例，计算确定本公司分配的股票股利数量，在交易性金融资产账户"数量"栏进行记录。

（4）自营股票持有时间取得的现金股利。

［例12-34］2021 年 6 月 1 日，石鼓公司持有的 F 公司股票宣告发放 2020 年现金股利，每 10 股派股利 4 元。2021 年 6 月 30 日，石鼓公司共收到 F 公司的现金股利 4 000 元。

宣告日 2021 年 6 月 1 日，

借：应收股利   4 000

    贷：投资收益   4 000

派息日 2021 年 6 月 30 日，

借：结算备付金——自有   4 000

    贷：应收股利   4 000

4. 公允价值变动

年度终了，将以公允价值计量且其变动计入当期损益的金融资产的公允价值与账面价值进行比较，形成的利得或损失，应当计入当期损益。

［例12-35］石鼓公司持有的 F 公司股票账面价值为 15 000 元。2021 年 12 月 31 日，其公允价值为 15 600 元。

借：交易性金融资产   600

　　贷：公允价值变动损益　　　　　　　　　　　　　　　　　　　　　600

　　5. 卖出

　　［例12-36］承例12-35，2022 年 6 月 1 日，石鼓公司将持有的 F 公司股票以 20 000 元卖出。卖出前的账面价值为 15 600 元。卖出的交易费用 200 元。

　　借：结算备付金——公司　　　　　　　　　　　　　　　　　　19 800
　　　　公允价值变动损益　　　　　　　　　　　　　　　　　　　　600
　　　　贷：交易性金融资产　　　　　　　　　　　　　　　　　　15 600
　　　　　　投资收益　　　　　　　　　　　　　　　　　　　　4 528.30
　　　　　　应交税费——转让金融商品应交增值税　　　　　　　　271.70

（三）自营买入的证券，划分为持有至到期投资

　　［例12-37］石鼓公司 2021 年 1 月 1 日，支付价款 1 000 万元从证券交易所购入 G 公司 5 年期债券，面值 1 250 万元，票面年利率 4.72%，按年支付利息（每年利息 59 万元），本金最后一次支付。合同约定，该债券的发行方在遇到特定情况时可以将债券赎回，且不需要为提前赎回支付额外款项。石鼓公司在购买该债券时，预计发行方不会提前赎回。

　　计算实际利率 R：

　　$59×(1+R)^{-1}+59×(1+R)^{-2}+59×(1+R)^{-3}+59×(1+R)^{-4}+(59+1\ 250)×(1+R)^{-5}=1\ 000$（万元），由此得出 R＝10%

　　石鼓公司会计分录如下：

　　2021 年 1 月 1 日，购入债券。

　　借：持有至到期投资——成本　　　　　　　　　　　　　12 500 000
　　　　贷：结算备付金——自有　　　　　　　　　　　　10 000 000
　　　　　　持有至到期投资——利息调整　　　　　　　　　2 500 000

　　2021 年 12 月 31 日，确认实际利息收入，收到票面利息等。

　　借：应收利息　　　　　　　　　　　　　　　　　　　　　590 000
　　　　持有至到期投资——利息调整　　　　　　　　　　　　410 000
　　　　贷：投资收益　　　　　　　　　　　　　　　　　　966 603.77
　　　　　　应交税费——应交增值税（销项税额）　　　　　　33 396.23

　　借：结算备付金——自有　　　　　　　　　　　　　　　　590 000
　　　　贷：应收利息　　　　　　　　　　　　　　　　　　　590 000

　　2022—2025 年，每年 12 月 31 日，确认实际利息收入、收到票面利息等会计分录同上。

　　2025 年 12 月 31 日，确认实际利息收入，收到票面利息和本金。

　　借：应收利息　　　　　　　　　　　　　　　　　　　　　590 000
　　　　持有至到期投资——利息调整　　　　　　　　　　　　600 000

贷：投资收益	115 603.77
应交税费——应交增值税（销项税额）	33 396.23
借：结算备付金——自有	590 000
贷：应收利息	590 000
借：结算备付金——自有	12 500 000
贷：持有至到期投资——成本	12 500 000

（四）自营买入的证券，划分为可供出售金融资产

[例12-38] 石鼓公司于2021年7月13日从二级市场购入股票100万股，每股市价15元，手续费3万元；初始确认时，该股票划分为可供出售金融资产。

石鼓公司至2021年12月31日仍持有该股票，当时市价为每股16元。

2022年2月1日，石鼓公司将该股票售出，售价为每股13元，另支付交易费用1.3万元。假定不考虑其他因素，石鼓公司的账务处理如下：

2021年7月13日，

借：可供出售金融资产——成本	15 030 000
贷：结算备付金——自有	15 030 000

2021年12月31日，

借：可供出售金融资产——公允价值变动	970 000
贷：其他综合收益	970 000

2022年2月1日，

借：结算备付金——自有	12 987 000
其他综合收益	970 000
投资收益	1 927 358.49
应交税费——转让金融商品应交增值税	115 641.51
贷：可供出售金融资产——成本	15 030 000
——公允价值变动	970 000

第四节　证券承销业务的核算

一、证券承销业务特点

承销业务是证券公司根据协议，依法协助证券发行人销售其所发行的证券的行为。依据《证券法》的规定，"发行人向不特定对象发行的证券，法律、行政法规规定应当由证券公司承销的，发行人应当与证券公司签订承销协议"，委托证券公司承销。证券承销是证券公司（投资银行）的传统业务。

承销业务分为代销或包销两种方式。证券代销是指证券公司代发行人发售证券，在承销期结束时，将未售出的证券全部退还给发行人的承销方式。证券包销是指证券公司将发行人的证券按照协议全部购入，或者在承销期结束时将售后剩余证券全部自行购入的承销方式。包销又分为全额包销和余额包销两种方式。全额包销是指证券公司作为承销商先全额买断发行人发行的证券，再向投资者发售，由证券公司承担全部风险的承销方式。余额包销是指证券公司作为承销商按照约定的发行额和发行条件，在约定的期限内向投资者发售证券，到销售截止日，如投资者实际认购总额低于预定发行总额，未售出的证券由证券公司负责认购，并按约定的时间向发行人支付全部发行价款的承销方式。

二、会计科目设置

(一)"代理承销证券款"科目

本科目是负债类科目，核算企业（金融）接受委托，采用承购包销方式或代销方式承销证券所形成的、应付证券发行人的承销资金。

通过证券交易所上网发行的，在证券上网发行日根据承销合同确认的证券发行总额，按承销价款，在备查簿中记录承销证券的情况。与证券交易所交割清算，按实际收到的金额，借记"结算备付金"等科目，贷记本科目。承销期结束，将承销证券款项交付委托单位并收取承销手续费；按承销价款，借记本科目；按应收取的承销手续费，贷记"手续费及佣金收入"科目；按实际支付给委托单位的金额，贷记"银行存款"等科目。承销期结束有未售出证券、采用余额承购包销方式承销证券的，按合同规定由企业认购，应按承销价款，借记"交易性金融资产""可供出售金融资产"等科目，贷记本科目。承销期结束，应将未售出证券退还委托单位。企业承销无记名证券，比照承销记名证券的相关规定进行处理。

本科目期末贷方余额，反映企业承销证券应付未付给委托单位的款项。

(二)"代理承销证券"科目（可根据证券公司需要设立）

本科目属于资产类，核算公司接受委托代理发行的股票、债券等证券的价值。公司应根据不同的代理方式，进行相应的会计处理：

公司采用全额承购包销方式代理发行的证券，应按承购价，借记本科目，贷记"银行存款"等科目。证券转售给投资者时，按发行价，借记"银行存款"等科目，贷记"手续费及佣金收入——代理承销证券手续费收入"科目。计算和结转代发行证券的成本，借记"手续费及佣金支出–代理承销证券手续费收入"科目，贷记本科目。发行期结束，未售出的证券余额转为自营证券或长期投资，公司应按承购价，借记"交易性金融资产""可供出售金融资产""持有至到期投资""长期债券投资"或"长期股权投资"科目，贷记本科目。本科目期末借方余额，反映公司尚未售出的代理承销证券的价值。

三、业务核算

不同的承销方式下，证券承销收入的确认也有所不同。在全额包销方式下，将证券转售给投资者时按承销价格确认为证券承销收入；在余额包销及代销方式下，在承销业务提供的相关服务完成时确认收入。

（一）全额包销

公司以全额包销方式进行承销业务的，在按承购价格购入待发售的证券时，确认为一项资产；公司将证券转让给投资者时，按承销价格确认为证券承销收入，按已承销证券的承购价格结转承销证券的成本。承销价格减去承购价格的差额为净收入。承销期结束后，如有未售出的证券，按承购价转为公司的自营证券或长期投资。

（1）承购。

[例12-39] 银江证券公司采用全额包销方式代理承销 H 公司的股票。银江公司先将股票全部认购。股票面值每股 1 元，承购价为 1 元，共发行 1 000 000 股。已向发行单位 H 公司支付全部证券款项。

借：代理承销证券 　　　　　　　　　　　　　　　　1 000 000
　贷：银行存款 　　　　　　　　　　　　　　　　　　1 000 000

（2）将证券转售给投资者，按发行价售出。

[例12-40] 银江证券公司通过网下发行，将上述股票按承销价转售给投资者，承销价每股 1.2 元，售出 900 000 股。

借：银行存款 　　　　　　　　　　　　　　　　　　1 080 000
　贷：手续费及佣金收入 　　　　　　　　　　　　　1 069 811.32
　　　应交税费——转让金融商品应交增值税 　　　　　　10 188.68

（3）结转售出证券的实际成本。

[例12-41] 银江证券公司结转上述售出股票的成本。

借：手续费及佣金支出 　　　　　　　　　　　　　　　900 000
　贷：代理承销证券 　　　　　　　　　　　　　　　　　900 000

（4）承销期结束，未售出的证券转为自营证券或长期债券投资、长期股权投资，按承购价确认账面价值。

[例12-42] 承销期结束，银江证券公司仍有 100 000 股承销的 H 公司股票未售出，银江公司将其确认为"交易性金融资产"。

借：交易性金融资产 　　　　　　　　　　　　　　　　100 000
　贷：代理承销证券 　　　　　　　　　　　　　　　　　100 000

（二）余额包销

公司以余额包销方式进行承销业务的，在收到委托单位发售的证券时，不需要在账内同时确认为一项资产和一项负债，只需要在专设的备查账簿中登记承销证券的情况。承销期结束，将承销证券款项交付委托单位，并收取承销手续费，计入手续费与佣金收入。承销期结束有未售出的证券，按约定的承购价格转为公司的自营证券或长期投资。

（1）收到委托单位委托发行的证券。

［例12-43］银江证券公司采用余额包销方式代 I 公司发行股票。I 公司交来股票 200 000 股，每股面值 1 元。合同约定代销手续费 0.1%。

银江公司只需在备查簿中记录承销证券的情况，不必编制会计分录。

（2）在约定的期限内售出，按承销价格作分录。

［例12-44］承例12-43，承销期内，银江公司按发行价格每股 10 元，将上述股票通过网下发售，共售出 180 000 股。

借：银行存款	1 800 000
贷：代理承销证券款	1 800 000

（3）未售出部分按规定由本公司认购，按承销价转为自营证券或长期投资。

［例12-45］承例12-43，承销期结束时，银江公司仍有 20 000 股 I 公司股票未售出，决定转为"可出售金融资产"。

借：可出售金融资产	200 000
贷：代理承销证券款	200 000

同时，冲销备查簿中登记的承销证券。

（4）发行期结束，所集资金付给委托单位，并收取手续费。

［例12-46］承例12-43，承销期结束，银江公司将发售取得的资金交付给 I 公司，并从中扣取应得的手续费。

借：代理承销证券款	2 000 000
贷：银行存款	1 998 000
手续费及佣金收入——代发行证券手续费收入	1 886.79
应交税费——应交增值税（销项税额）	113.21

（三）代销

公司以代销方式进行承销证券业务的，在收到委托单位发售的证券时，不需要在账内同时确认为一项资产和一项负债，只需在专设的备查账簿中登记承销证券的情况。在发行期结束后，与发行人结算发行价款时确认代发行证券的手续费收入，并将未售出证券退还委托单位。

代销主要有网上代销和网下代销两种方式。本节以网上代销，即通过证券交易所上网发行为例说明会计处理。

（1）在证券上网发行日。

［例12-47］银江证券公司代销 J 公司的股票，共 500 000 股，承销价每股 5 元，手续费 0.5%。

银江公司根据承销合同确认证券发行总额，按承销价，在备查簿中记录承销情况，无须做分录。

（2）网上发行结束后。

[例12-48] 承例12-47，银江证券公司在网上发行结束后，与证券交易所交割清算，按网上实际发行数量400 000股，上网费用50 000元。

借：结算备付金——客户   1 950 000

  其他应收款——应收代垫委托单位上网费   50 000

   贷：代理承销证券款   2 000 000

（3）将发行证券款项交委托单位，并收取发行手续费和代垫上网费用。

[例12-49] 承例12-47，银江证券公司将发行证券款项交委托单位，并收取发行手续费和代垫上网费用。

借：代理承销证券款   2 000 000

   贷：其他应收——应收代垫委托单位上网费   50 000

    手续费及佣金收入——代发行证券手续费收入   9 433.96

    应交税费——应交增值税（销项税额）   566.04

    银行存款   1 940 000

（4）发行期结束，将未售出的代发行证券退还委托单位。

银江公司无须做分录，但应冲销备查簿中登记的承销证券。

 复习思考题

1. 证券公司的主要业务有哪些？

2. 证券公司在其经纪业务的核算中要确认哪些资产和负债？为什么？

3. 证券公司代理兑付记名与不记名证券时，会计处理有何区别？

4. 证券公司的自营业务，如果通过证券交易所网上交易，需要使用哪个资产类科目？

5. 证券公司的承销业务分为哪三种形式？这三种形式在收入的核算方面有何不同？在资产和负债的确认方面有何不同？

第十二章习题   第十二章答案

第十三章　金融企业财务报告

本章重点

1. 资产负债表的编制。
2. 利润表的编制。
3. 现金流量表的编制。

引导案例

　　财务报表列报历来是会计准则改革的重要内容。我国历经多年的会计改革，财务报表列报格式已趋同国际财务报表。特别是 2019 年 4 月 30 日财政部会计司发布的《财政部关于修订印发 2019 年度一般企业财务报表格式的通知》（财会〔2019〕6 号），宣布我国新的财务报表列报格式正式实施。

　　新修订的报表格式其特点：一是引入了综合收益的相关内容，完善了传统的报表列报方式，为我国的会计报表带来了全新的内容，提升了财务报表对企业管理层的可用性；二是资产负债表里的很多项目要通过综合分析，重新细分填列，才能够全面反映企业当下及未来的经营生产状况，才能使报表使用者更加了解企业的资产、负债、所有者权益的内涵，为下一步经营发展决策带来积极影响；三是新财务报表列报准则中，明确规定财务报表各组成部分具有同等重要的地位，也就是说，在财务报表列报改革后，会计报表附注提高到了与四张财务报表同等重要的位置。这不仅仅要求报表信息质量逐步提升，也要求财务管理人员进一步提升对会计报表附注的重视程度，通过认真组织附注信息的撰写，从企业的基本情况、经营情况、财务情况等多方面，反映报告期企业的有关信息。

此次财务报表列报模式改革对于我国企业财务管理而言十分重要，它既能够准确反映出当下企业发展的实际情况，也能让企业根据自己存在的问题进行适应性调整。此次新准则的颁布对传统财务报告的变革，使企业、企业管理层、企业的财务管理人员及其他报告使用者都提出了新的要求，并且对于企业的发展起到了十分积极的影响，新准则不仅包括了财务报表本身的项目、内容、格式及勾稽关系上的改变，同时，也包括了不同行业不同企业对财务报表个性化要求。目前，我国正处在世界经济格局剧烈动荡的时代，需要我们准确把握时代潮流，做到与时俱进，不断开拓创新，以新准则的颁布为契机，促使财务报表更加适应新时期的要求，为企业发展、社会进步服务。

思考：报表附注有什么作用？

（参考资料：邹红莲2020年5月发表在《中外企业家》上的文章《财务报表列报变革的研究》）

第一节　财务会计报告概述

一、编制财务会计报告的概念和意义

财务会计报告，是指金融企业对外提供的反映金融企业某一特定日期财务状况和某一会计期间经营成果、现金流量、所有者权益等会计信息的书面文件。它以账簿记录为主要依据，经过加工、汇总形成，是会计核算的最终产品，是传递会计信息的主要手段。通过财务会计报告传送的信息，对会计信息使用者有着重要的作用：为金融企业经营者加强企业管理，提高经济效益提供可靠资料；为投资者、债权人提供所需信息；是政府监管部门进行宏观经济管理的重要信息来源。

二、财务会计报告的构成

财务会计报告包括会计报表及其附注和其他应当在财务会计报告中披露的相关信息和资料。《企业会计准则》中规定，财务报表至少应当包括资产负债表、利润表、现金流量表、所有者权益（或股东权益）变动表和附注。

企业除了披露以上规定的会计报表外，还应披露其他相关信息。即应根据法律法规的规定和外部信息使用者的信息需求而定。如社会责任、对社区的贡献和可持续发展能力等。本章主要以商业银行、保险公司、证券公司的资产负债表、利润表、现金流量表、所有者权益变动表和财务报表附注的内容为例加以说明。

三、财务会计报告编制的要求

企业的财务报表是向投资者、债权人、政府有关部门及其他报表使用者提供会计信息的。为适应投资主体多元化对会计信息的需求，必须按一定程序和方法，并按一定的要求进行编制。数字准确、内容完整是会计信息的质量要求，报送及时是报表使用者对会计信息的时效要求。因此，编制财务会计报告要求数字准确、内容完整、报送及时。

第二节　资产负债表

一、资产负债表的概念和作用

资产负债表是反映企业在某一特定日期财务状况的报表。它是根据资产、负债和所有者权益之间的相互关系，按照一定的分类标准和一定的顺序，把企业一定日期的资产、负债和所有者权益各项目予以适当排列，并对日常工作中形成的大量数据进行高度浓缩整理后编制而成的。它表明企业在某一特定日期所拥有或控制的经济资源、所承担的现实义务和所有者对企业净资产的要求权。

资产负债表是主要财务报表之一，也是最重要的财务报表，它所提供的信息对国家、投资人、债权人及其他报表使用者有着重要的作用。通过资产负债表，有关方面可以了解金融企业以下几个方面情况：金融企业所掌握的经济资源及其构成；金融企业的负债渠道及其构成；金融企业所有者权益的构成；金融企业未来财务状况的变化趋势。

二、资产负债表的格式

资产负债表各会计要素及要素项目的不同排列方式，形成了该表的具体格式。资产负债表的格式多种多样，常见的有报告式和账户式两种。

(一) 报告式资产负债表

报告式资产负债表也称垂直式资产负债表，是将列入资产负债表的各项目垂直排列，先列示资产，然后列示负债，最后列示所有者权益，资产总额＝负债总额＋所有者权益总额，或者资产总额－负债总额＝所有者权益总额。其简化格式如表13-1所示。

表 13-1 资产负债表（报告式）

编制单位：＿＿＿＿＿＿年＿＿月＿＿日　　　　　　　　　　单位：元

项　目	金　额	
	期末余额	年初余额
资产：		
现金及存放中央银行款项		
货币资金		
给算备付金		
……		
资产合计		
负债：		
短期借款		
向中央银行借款		
同业及其他金融机构存放款项		
……		
负债合计		
所有者权益：		
实收资本		
其他权益工具		
资本公积		
盈余公积		
其他综合收益		
一般风险准备		
未分配利润		
所有者权益合计		

（二）账户式资产负债表

账户式资产负债表是将表分左右两方，资产项目列示在左方，负债和所有者权益列示在右方，左右双方总计金额平衡。从表 13-2 可以看出，账户式资产负债表的优点是资产和权益之间的平衡关系一目了然。因此，世界各国普遍采用这种格式，我国的资产负债表也采用此格式。

表 13-2 资产负债表　　　　　　　　　　会商银 01 表

编制单位：＿＿＿＿＿＿年＿＿月＿＿日　　　　　　　　　　单位：元

项目	期末余额	上年年末余额	项目	期末余额	上年年末余额
资产：			负债：		
现金及存放中央银行款项			短期借款		
货币资金			向中央银行借款		
结算备付金			同业及其他金融机构存放款项		

表13-2（续）

项目	期末余额	上年年末余额	项目	期末余额	上年年末余额
存放同业款项			拆入资金		
贵金属			交易性金融负债		
拆出资金			衍生金融负债		
衍生金融资产			卖出回购金融资产款		
应收款项			吸收存款		
合同资产			应付职工薪酬		
买入返售金融资产			应交税费		
持有待售资产			应付账款		
发放贷款和垫款			合同负债		
金融投资：			持有待售负债		
交易性金融资产			预计负债		
债权投资			长期借款		
其他债权投资			应付债券		
其他权益工具投资			其中：优先股		
长期股权投资			永续债		
投资性房地产			递延所得税负债		
固定资产			其他负债		
在建工程			负债合计		
无形资产			所有者权益（或股东权益）：		
递延所得税资产			实收资本（或股本）		
其他资产			其他权益工具		
			其中：优先股		
			永续债		
			资本公积		
			减：库存股		
			其他综合收益		
			盈余公积		
			一般风险准备		
			未分配利润		
			所有者权益（或股东权益）合计		
资产总计			负债和所有者权益（或股东权益）总计		

说明：本教材财务报表列示的格式，是已执行新金融工具准则与新收入准则的金融企业所填列的，下同。

三、资产负债表的编制方法

（一）商业银行资产负债表的编制方法

政策性银行、信托投资公司、租赁公司、财务公司、典当公司应当执行商业银行资产负债表格式和附注规定，如有特别需要，可以结合本企业的实际情况，进行必要的调整和补充。

1. 商业银行资产负债表格式（见表 13-2）

2. 商业银行资产负债表各要素的填列方法

（1）"上年年末余额"栏的填列方法。

资产负债表"上年年末余额"栏内各项数字，应根据上年末资产负债表的"期末余额"栏内所列数字填列。如果上年度资产负债表规定的各个项目名称和内容同本年度不相一致，应对上年年末资产负债表各项目的名称和数字按照本年度的规定进行调整，填入表中"上年年末余额"栏内。

（2）"期末余额"栏的填列方法。

资产负债表"期末余额"栏内各项数字，一般应根据资产、负债和所有者权益期末情况分析填列，具体填列方法如下：

① "现金及存放中央银行款项"项目，反映企业（商业银行，下同）期末持有的现金、存放中央银行款项等总额，本项目应根据"库存现金""存放中央银行款项"等科目的期末余额合计填列。

② "货币资金"项目，反映企业银行结算户存款、外埠存款、银行汇票存款、银行本票存款、信用卡存款等的合计数，本项目应根据"银行存款""其他货币资金"期末余额的合计数填列。

③ "结算备付金"项目，反映企业期末持有的代理证券相关业务的资金清算与交收而存入指定清算代理机构的款项，本项目应根据"结算备付金"期末余额填列。

④ "存放同业款项"项目，反映商业银行与同业进行资金往来而发生的存放于同业的款项。本项目应根据"存放同业"科目的期末余额填列。

⑤ "贵金属"项目，反映企业持有的黄金、白银等贵金属存货的成本，企业为上市交易而持有的贵金属也在此项目填列，本项目应根据"贵金属"科目的期末余额填列。

⑥ "拆出资金"项目，反映企业拆借给境内、境外其他金融机构的款项，本项目应根据"拆出资金"科目的期末余额减去"贷款损失准备"科目所属相关明细科目期末余额后的金额分析计算填列。

⑦ "衍生金融资产"项目，反映企业期末持有的衍生工具、套期工具、被套期项目中属于衍生金融资产的金额，本项目应根据"衍生工具""套期工具""被套期

项目"等科目的期末余额分析计算填列。

⑧"应收款项"项目，反映资产负债表日企业因销售商品和提供服务等经营活动形成的收取款项的合同权利以及收到的商业汇票（包括银行承兑汇票和商业承兑汇票）的期末账面价值，本项目应根据"应收账款""应收票据"期末余额减去"坏账准备"期末余额金额分析填列。

⑨"合同资产"项目，企业应按照《企业会计准则第 14 号——收入》（2017年修订）的相关规定根据企业履行履约义务与客户付款之间的关系，在资产负债表中列示合同资产或合同负债。同一合同下的合同资产和合同负债应当以净额列示，其中净额为借方余额的，应当扣除损失准备后在"合同资产"项目中填列；净额为贷方余额的，应当在"合同负债"项目中填列。

⑩"买入返售金融资产"项目，反映商业银行按返售协议约定先买入再按固定价格返售给卖出方的票据、证券、贷款等金融资产所融出的资金。本项目应根据"买入返售金融资产"科目的期末余额填列，买入返售金融资产计提坏账准备的，还应减去"坏账准备"科目所属相关明细科目的期末余额。

⑪"持有待售资产"项目，反映资产负债表日企业分类为持有待售类别的非流动资产及分类为持有待售类别的处置组中的流动资产和非流动资产的期末账面价值（扣除减值准备）。

⑫"发放贷款和垫款"项目，反映银行发放贷款和垫款业务形成的金融资产的期末账面价值，包括以摊余成本计量的发放贷款和垫款、分类为以公允价值计量且其变动计入其他综合收益的贷款和垫款，以及以公允价值计量且其变动计入当期损益的贷款和垫款，本项目应根据《企业会计准则第 37 号——金融工具列报》（2017年修订）第三十九条的规定在附注中披露各明细项的账面价值。

⑬"金融投资——交易性金融资产"项目，即符合《企业会计准则第 22号——金融工具确认和计量》（2017 年修订）第十六条（三）规定的金融资产分类的金融投资，包括资产负债表日企业列示在"金融投资"项下的下列资产的期末账面价值：为交易目的持有的金融资产，企业持有的指定为以公允价值计量且其变动计入当期损益的金融资产，以及因不符合分类为摊余成本计量的金融资产或以公允价值计量且其变动计入其他综合收益的金融资产的条件而分类为以公允价值计量且其变动计入当期损益的金融资产。企业同时应当在附注中分别单独反映《企业会计准则第 37 号——金融工具列报》（2017 年修订）第三十九条（四）所要求披露的以公允价值计量且其变动计入当期损益的金融资产的各明细项。

⑭"金融投资——债权投资"项目，即符合《企业会计准则第 22 号——金融工具确认和计量》（2017 年修订）第十六条（一）规定的金融资产分类的金融投资，反映资产负债表日企业列示在"金融投资"项下的以摊余成本计量的金融资产的期末账面价值（扣除损失准备）。该项目金额与其他以摊余成本计量的金融资产（例如"发放贷款和垫款"项目中的以摊余成本计量的金融资产）金额的合计，为

《企业会计准则第 37 号——金融工具列报》（2017 年修订）第三十九条（一）所要求列报的"以摊余成本计量的金融资产"的金额。

⑮"金融投资——其他债权投资"项目，即符合《企业会计准则第 22 号——金融工具确认和计量》（2017 年修订）第十六条（二）规定的金融资产分类的金融投资，反映资产负债表日企业列示在"金融投资"项下的按照《企业会计准则第 22 号——金融工具确认和计量》（2017 年修订）第十八条分类为以公允价值计量且其变动计入其他综合收益的金融资产的期末账面价值。该项目金额与其他分类为以公允价值计量且其变动计入其他综合收益的金融资产（如"发放贷款和垫款"项目中的分类为以公允价值计量且其变动计入其他综合收益的金融资产）金额的合计，为《企业会计准则第 37 号——金融工具列报》（2017 年修订）第三十九条（三）所要求列报的"以公允价值计量且其变动计入其他综合收益的金融资产"的金额。

⑯"金融投资——其他权益工具投资"项目，即企业按照《企业会计准则第 22 号——金融工具确认和计量》（2017 年修订）第十九条第二款指定计量的金融投资，反映资产负债表日企业指定为以公允价值计量且其变动计入其他综合收益的非交易性权益工具投资的期末账面价值。此处"权益工具投资"中的权益工具，是指从该工具发行方角度满足《企业会计准则第 37 号——金融工具列报》（2017 年修订）中权益工具定义的工具。

⑰企业应当按照《企业会计准则第 22 号——金融工具确认和计量》（2017 年修订）的相关规定确认利息收入和利息费用。基于实际利率法计提的金融工具的利息应包含在相应金融工具的账面余额中，并反映在相关"拆出资金""金融投资：债权投资""金融投资：其他债权投资""发放贷款和垫款""应付债券""长期借款"等项目中，而不应单独列示"应收利息"项目或"应付利息"项目。"应收利息"科目和"应付利息"科目应仅反映相关金融工具已到期可收取或应支付但于资产负债表日尚未收到或尚未支付的利息，通常由于金额相对较小，应在"其他资产"或"其他负债"项目中列示。

⑱"长期股权投资"项目，反映投资方对被投资单位实施控制、重大影响的权益性投资，以及对其合营企业的权益性投资，本项目应根据"长期股权投资"科目的期末余额，减去"长期股权投资减值准备"科目期末余额后的金额填列。

⑲"投资性房地产"项目，反映企业持有的投资性房地产。采用成本模式计量投资性房地产的，本项目应根据"投资性房地产"科目的期末余额，减去"投资性房地产累计折旧（摊销）"和"投资性房地产减值准备"科目期末余额后金额填列；采用公允价值计量投资性房地产的，本项目应根据"投资性房地产"科目的期末余额填列。

⑳"固定资产"项目，反映企业持有固定资产的账面价值扣减累计折旧、减值准备后的账面余额和尚未清理完毕的固定资产清理净损益，本项目应根据"固定资产"科目的期末余额，减去"累计折旧"和"固定资产减值准备"科目期末余额后

的金额，以及"固定资产清理"科目的期末余额填列。

㉑"在建工程"项目，反映企业尚未达到预定可使用状态的在建工程的成本扣减减值准备后的账面价值，本项目应根据"在建工程"科目的期末余额，减去"在建工程减值准备"科目期末余额后的金额，以及"工程物资"科目的期末余额，减去"工程物资减值准备"科目期末余额后的金额填列。

㉒"无形资产"项目，反映企业持有无形资产的成本，包括专利权、非专利技术、商标权、著作权、土地使用权等，扣减累计摊销、无形资产减值准备后的账面余额，本项目应根据"无形资产"科目的期末余额，减去"累计摊销"和"无形资产减值准备"科目期末余额后的金额填列。

㉓"递延所得税资产"项目，反映企业确认的可抵扣暂性差异产生的递延所得税资产。本项目应根据"递延所得税资产"科目的期末余额填列。

㉔"其他资产"项目，反映企业除以上资产以外的其他资产，主要包括应收股利、存出保证金、其他应收款及其他未列示的资产。本项目应根据相关科目的期末余额分析填列。已计提减值准备的，还应扣减相应的减值准备。企业按照《企业会计准则第14号——收入》（2017年修订）相关规定确认为资产的合同取得成本、合同履约成本与应收退货成本，应当扣除相关减值准备后在本项目中填列。

㉕"短期借款"项目，反映企业借入的期限在1年期以下（含1年）的各种借款，本项目应根据"短期借款"科目的期末余额填列。

㉖"向中央银行借款"项目，反映商业银行从中央银行借入的款项，本项目应根据"向中央银行借款"科目的期末余额填列。农信社"央行拨付专项票据资金"也在该项目中反映。

㉗"同业及其他金融机构存放款项"项目，反映商业银行与同业进行资金往来而发生的同业存放于本银行的款项以及吸收的境内、境外金融机构的存款。本项目应根据"同业存放"科目的期末余额填列。

㉘"拆入资金"项目，反映企业从境内、境外金融机构拆入的款项。本项目应根据"拆入资金"科目的期末余额填列。

㉙"交易性金融负债"项目，反映企业承担的交易性金融负债的公允价值吸收存款。即企业按照《企业会计准则第22号——金融工具确认和计量》（2017年修订）第二十一条规定分类的金融负债，反映资产负债表日企业承担的分类为以公允价值计量且其变动计入当期损益的金融负债（含企业指定为以公允价值计量且其变动计入当期损益的金融负债）的期末账面价值。

㉚"衍生金融负债"项目，反映企业衍生工具、套期项目、被套期项目中属于衍生金融负债的金额，本项目应根据"衍生工具""套期项目""被套期项目"等科目的期末贷方余额分析计算填列。

㉛"卖出回购金融资产款"项目，反映企业按照回购协议先卖出再按固定价格买入的票据、证券、贷款等金融资产所融入的资金。本项目应根据"卖出回购金融

资产款"科目的期末余额填列。

㉜ "吸收存款"项目，反映企业吸收的除同业存放款项以外的其他各种存款，包括单位存款（企业、事业单位、机关、社会团体等）、个人存款、信用卡存款、特种存款、转贷款资金和财政性存款等，企业收到的存入保证金也在本项目填列。本项目应根据"吸收存款"科目所属的"本金""利息调整"等明细科目期末余额分析计算填列。

㉝ "应付职工薪酬"项目，反映企业根据有关规定应付给职工的工资、职工福利、社会保险费、住房公积金、工会经费、职工教育经费、非货币性福利、辞退福利等各种薪酬。本项目应根据"应付职工薪酬"科目的期末余额填列。

㉞ "应交税费"项目，反映企业按照税法等规定计算应交纳的各种税费。包括：增值税、消费税、所得税、资源税、土地增值税、城市维护建设税、房产税、土地使用税、车船使用税、教育费附加、矿产资源补偿费等。企业代扣代缴的个人所得税等也通过本项目反映。本项目应根据"应交税费"科目的期末贷方余额填列；如"应交税费"科目期末为借方余额，应以"-"号填列。

㉟ "应付款项"项目，反映资产负债表日以摊余成本计量的、企业因购买商品和接受服务等经营活动形成的支付款项的合同义务，以及开出、承兑的商业汇票（包括银行承兑汇票和商业承兑汇票）的账面价值（摊余成本）。本项目应根据"应付账款""应付票据"科目期末余额计算分析填列。

㊱ "合同负债"项目，反映企业按照《企业会计准则第 14 号——收入》(2017) 的相关规定，根据本企业履行履约义务与客户付款之间的关系在资产负债表中列示的合同负债。本项目应根据"合同负债"的相关明细科目的期末余额分析填列。

㊲ "持有待售负债"项目，反映资产负债表日处置组中与划分为持有待售类别的资产直接相关的负债的期末账面价值，本项目应根据"持有待售负债"科目的期末余额填列。

㊳ "预计负债"项目，反映企业确认的对外提供担保、未决诉讼、产品质量保证、重组义务、亏损性合同等预计负债。企业按照《企业会计准则第 14 号——收入》(2017 年修订) 相关规定确认为预计负债的应付退货款，应当在"预计负债"项目中填列。企业按照《企业会计准则第 22 号——金融工具确认和计量》(2017 年修订) 相关规定对贷款承诺、财务担保合同等项目计提的损失准备，也应当在"预计负债"项目中填列。

㊴ "长期借款"项目，反映企业借入的期限在 1 年期以上的各种借款，本项目应根据"长期借款"科目的期末余额，扣除"长期借款"科目所属的明细科目中将在资产负债表日起一年内到期且企业不能自主地将清偿义务展期的长期借款后的金额计算填列。

㊵ "应付债券"项目，反映企业为筹集（长期）资金而发行债券的本金和利

息。企业应根据实际情况在"应付债券"项目下增设"其中：优先股"和"永续债"两个项目，分别反映资产负债表日企业发行在外的分类为金融负债的优先股和永续工具的期末账面价值。本项目应根据"应付债券"科目的期末余额分析填列。

㊶"递延所得税负债"项目，反映企业根据所得税准则确认的应纳税暂时性差异产生的所得税负债。本项目应根据"递延所得税负债"科目的期末余额填列。

㊷"其他负债"项目，反映除以上负债以外的其他负债，本项目应根据有关科目的期末余额填列。

㊸"实收资本"或"股本"项目，反映企业各投资者实际投入的资本（或股本）总额。本项目应根据"实收资本"（或"股本"）科目的期末余额填列。

㊹"其他权益工具"项目，反映资产负债表日企业发行在外的除普通股以外分类为权益工具的金融工具的账面价值。本项目应根据实际情况在"其他权益工具"项目下设"其中：优先股"和"永续债"两个项目，分别反映资产负债表日企业发行在外的分类为权益工具的优先股和永续工具的账面价值。

㊺"资本公积"项目，反映企业收到投资者出资额超出其在注册资本或股本中所占份额的部分，本项目应根据"资本公积"科目的期末余额填列。

㊻"库存股"项目，反映企业收购、转让或注销的本公司股份金额，本项目是"资本公积"的抵减项目，应根据"库存股"科目的期末余额填列。

㊼"其他综合收益"项目，反映企业根据会计准则规定未在当期损益中确认的各项利得和损失的余额。本项目应根据"其他综合收益"科目的期末余额填列。

㊽"盈余公积"项目，反映企业从净利润中提取的盈余公积。本项目应根据"盈余公积"科目的期末金额填列。

㊾"一般风险准备"项目，反映企业按规定从净利润中提取的一般风险准备。本项目应根据"一般风险准备"科目的期末余额填列。

㊿"未分配利润"项目，反映企业尚未分配的利润。本项目应根据"本年利润"科目和"利润分配"科目的余额分析计算填列。未弥补的亏损在本项目内以"－"号填列。

（二）保险公司资产负债表的编制方法

担保公司应当执行保险公司资产负债表格式和附注规定，如有特别需要，可以结合本企业的实际情况，进行必要调整和补充。

1. 保险公司资产负债表格式（见表13-3）

2. 保险公司资产负债表各要素的填列方法

除下列项目以外的其他项目，比照商业银行资产负债表的填报方法处理：

（1）"货币资金"项目，反映保险公司期末持有的现金、银行存款、其他货币资金等总额，应根据"库存现金""银行存款""其他货币资金"等科目的期末余额合计填列。保险公司持有的原始存款期限在三个月以内的定期存款，也在本项目反映。

(2)"应收保费""应收代位追偿款""应收分保账款""应收分保未到期责任准备金""保户质押贷款"等资产项目,反映保险公司期末持有的相应资产的实际价值,应根据"应收保费""应收代位追偿款""应收分保账款""应收分保未到期责任准备金""贷款"等科目期末借方余额,减去"坏账准备""贷款损失准备"等科目所属相关明细科目期末余额后的金额填列。

表 13-3　资产负债表　　　　　　　　　　　会保 01 表

编制单位：　　　　　　　　＿＿＿＿年＿＿月＿＿日　　　　　　　　单位：元

项目	期末余额	上年年末余额	项目	期末余额	上年年末余额
资产：			负债：		
货币资金			短期借款		
结算备付金			拆入资金		
贵金属			交易性金融负债		
拆出资金			衍生金融负债		
衍生金融资产			卖出回购金融资产款		
应收款项			预收保费		
合同资产			应付手续费及佣金		
应收保费			应付分保账款		
应收代位追偿款			应付职工薪酬		
应收分保账款			应交税费		
应收分保未到期责任准备金			应付账款		
应收分保未决赔款准备金			合同负债		
应收分保寿险责任准备金			持有待售负债		
应收分保长期健康险责任准备金			应付赔付款		
保户质押贷款			应付保单红利		
买入返售金融资产			保户储金及投资款		
持有待售资产			未到期责任准备金		
金融投资：			未决赔款准备金		
交易性金融资产			寿险责任准备金		
债权投资			长期健康险责任准备金		
其他债权投资			预计负债		
其他权益工具投资			长期借款		
长期股权投资			应付债券		
存出资本保证金			其中：优先股		
投资性房地产			永续债		
固定资产			独立账户负债		

表13-3（续）

项目	期末余额	上年年末余额	项目	期末余额	上年年末余额
在建工程			递延所得税负债		
无形资产			其他负债		
独立账户资产			负债合计		
递延所得税资产					
其他资产			所有者权益(或股东权益):		
			实收资本（或股本）		
			其他权益工具		
			其中：优先股		
			永续债		
			资本公积		
			减：库存股		
			其他综合收益		
			盈余公积		
			一般风险准备		
			未分配利润		
			所有者权益（或股东权益）合计		
资产总计			负债和所有者权益（或股东权益）总计		

（3）"应收分保未决赔款准备金""应收分保寿险责任准备金""应收分保长期健康险责任准备金"项目，反映保险公司从事再保险业务应向再保险接受人摊回的相应准备金扣减累计减值准备后的账面价值，应根据"应收分保保险责任准备金"科目所属相关明细科目期末借方余额，减去"坏账准备"科目所属相关明细科目期末余额后的金额分析填列。

（4）"存出资本保证金""独立账户资产"等资产项目，反映保险公司期末持有的相应资产的价值，应根据"存出资本保证金""独立账户资产"等科目期末借方余额填列。

（5）"应付赔付款""应付保单红利"等项目，反映保险公司应支付尚未支付的赔付款和投保人的红利，本项目应根据"应付赔付款""应付保单红利"科目余额分析填列。

（6）"预收保费""应付手续费及佣金""应付分保账款""保户储金及投资款""未到期责任准备金""独立账户负债"等项目，反映保险公司从事再保险业务应向再保险分出人或再保险接受人支付但尚未支付的款项等，应根据"预收保费""应付账款""应付分保账款""保户储金""未到期责任准备金""独立账户负债"等科目期末贷方余额填列。

(.7)"未决赔款准备金""寿险责任准备金""长期健康险责任准备金"等负债项目，反映保险公司提取的未决赔款准备金、寿险责任准备金、长期健康险责任准备金期末余额，应根据"保险责任准备金"科目所属相关明细科目期末贷方余额分析填列。

（三）证券公司资产负债表的编制方法

资产管理公司、基金公司、期货公司应当执行证券公司资产负债表格式和附注规定，如有特别需要，可以结合本企业的实际情况，进行必要调整和补充。

1. 证券公司资产负债表格式（见表13-4）

表 13-4　资产负债表　　　　　　　　　　　　　　会证 01 表

编制单位：　　　　　　　　　　　_____年___月___日　　　　　　　　　单位：元

项目	期末余额	上年年末余额	项目	期末余额	上年年末余额
资产：			负债：		
货币资金			短期借款		
其中：客户资金存款			应付短期融资款		
结算备付金			拆入资金		
其中：客户备付金			交易性金融负债		
贵金属			衍生金融负债		
拆出资金			卖出回购金融资产款		
融出资金			代理买卖证券款		
衍生金融资产			代理承销证券款		
存出保证金			应付职工薪酬		
应收款项			应交税费		
合同资产			应付账款		
买入返售金融资产			合同负债		
持有待售资产			持有待售负债		
金融投资：			预计负债		
交易性金融资产			长期借款		
债权投资			应付债券		
其他债权投资			其中：优先股		
其他权益工具投资			永续债		
长期股权投资			递延所得税负债		
投资性房地产			其他负债		
固定资产			负债合计		
在建工程					

表13-4（续）

项目	期末余额	上年年末余额	项目	期末余额	上年年末余额
无形资产			所有者权益(或股东权益)：		
递延所得税资产			实收资本（或股本）		
其他资产			其他权益工具		
			其中：优先股		
			永续债		
			资本公积		
			减：库存股		
			其他综合收益		
			盈余公积		
			一般风险准备		
			未分配利润		
			所有者权益（或股东权益）合计		
资产总计			负债和所有者权益（或股东权益）总计		

2. 证券公司资产负债表各要素的填列方法

除下列项目以外的其他项目，比照商业银行资产负债表的列报方法处理：

（1）"货币资金"项目，反映证券公司期末持有的现金、银行存款和其他货币资金总额，应根据"库存现金""银行存款""其他货币资金"等科目的期末余额合计填列。证券经纪业务取得的客户资金存款应在本项目下单独反映。

（2）"结算备付金"项目，反映证券公司期末持有的为证券交易的资金清算与交收而存入指定清算代理机构的款项金额，应根据"结算备付金"科目的期末余额填列。证券经纪业务取得的客户备付金应在本项目下单独反映。

（3）"融出资金"项目，反映公司融资融券业务中的融资部分，以及买入相关监管部门规定的约定购回等买入返售之外的向客户提供融资的业务。本项目应根据"融出资金"科目的期末余额填列。

（4）"代理买卖证券款""代理承销证券款"项目，反映证券公司接受客户有效的代理买卖证券资金、承销证券后应付未付给委托单位的款项，应根据"代理买卖证券款""代理承销证券款"科目的期末贷方余额填列。

第三节 利润表

一、利润表的概念和作用

利润表是反映企业在一定会计期间的经营成果的会计报表。它把一定时期的营业收入与同一会计期间相关的营业费用进行配比，以计算出企业一定时期的税后净利润。利润表所提供的盈利或亏损资料，往往是衡量管理成就的主要依据，对于投资者、债权人以及税务机关等有关方面都具有重要作用。通过利润表可以了解：

（1）企业利润（或亏损）的形成情况，据以分析、考核企业经营目标和利润计划的执行情况，分析企业利润增减变动的原因；

（2）企业依法纳税情况；

（3）评价对企业投资的价值和回报，判断企业的资本是否保全；

（4）预测企业未来期间的经营状况和盈利水平。

二、金融企业利润的含义及构成

（一）利润的含义

利润是指企业在一定期间实现的用货币表现的经营成果，包括收入减去费用后的净额（营业利润）、直接计入当期利润的利得和损失等。利润属于所有者权益范畴，是衡量经营管理水平的重要综合指标。它反映了金融企业在一定会计期间的经营业绩和获利能力，反映了金融企业的投入产出效率和经济效益，有助于金融企业投资者和债权人据此进行盈利预测，评价金融企业经营绩效，做出正确的决策。

（二）金融企业利润的构成

金融企业利润取决于收入和费用、直接计入当期利润的利得和损失金额的计算。

1. 商业银行净利润的计算步骤

净利润＝利润总额－所得税费用

利润总额＝营业利润＋营业外收支净额

营业利润＝营业总收入－营业总支出

其中：营业总收入＝利息收入＋手续费及佣金收入＋投资收益（损失则减去）＋净敞口套期收益（损失则减去）＋其他收益＋公允价值变动收益（损失则减去）＋汇兑收益（损失则减去）＋其他业务收入＋资产处置收益（损失则减去）

营业总支出＝利息支出＋手续费及佣金支出＋税金及附加＋业务及管理费＋信用减值损失＋其他资产减值损失＋其他业务成本

2. 保险公司净利润的计算步骤

净利润＝利润总额－所得税费用

利润总额＝营业利润＋营业外收支净额

营业利润＝营业总收入－营业总支出

其中：营业总收入＝利息收入＋已赚保费＋保险业务收入－分出保费＋提取未到期责任准备金＋手续费及佣金收入＋投资收益（损失则减去）＋净敞口套期收益（损失则减去）＋其他收益＋公允价值变动收益（损失则减去）＋汇兑收益（损失则减去）＋其他业务收入＋资产处置收益（损失则减去）

营业总支出＝利息支出＋手续费及佣金支出＋退保金＋赔付支出－摊回赔付支出＋提取保险责任准备金－摊回保险责任准备金＋保单红利支出＋分保费用＋税金及附加＋业务及管理费－摊回分保费用＋信用减值损失＋其他资产减值损失＋其他业务成本

3. 证券公司净利润的计算步骤

净利润＝利润总额－所得税费用

利润总额＝营业利润＋营业外收支净额

营业利润＝营业总收入－营业总支出

其中：营业总收入＝利息收入＋手续费及佣金收入＋投资收益（损失则减去）＋净敞口套期收益（损失则减去）＋其他收益＋公允价值变动收益（损失则减去）＋汇兑收益（损失则减去）＋其他业务收入＋资产处置收益（损失则减去）

营业总支出＝利息支出＋手续费及佣金支出＋税金及附加＋业务及管理费＋信用减值损失＋其他资产减值损失＋其他业务成本

金融企业利润形成与分配的会计核算，因与一般工业企业核算类似，故不在本教材专门讲解。

三、利润表的格式

利润表的格式有单步式和多步式两种。

（一）单步式利润表

单步式利润表是将一定会计期间的所有收入加在一起，然后再把所有费用、支出加在一起，两者相减，一次性计算出当期净损益。其基本结构如表13-5所示。

单步式利润表具有步骤简化、结构简单、易于理解和编制简便的特点。但它难以满足报表使用者的需要，因为根据这种报表所提供的资料，反映不出企业利润的构成内容，而是把企业所有的收入和费用等内容掺和在一起，不分层次和步骤，既无法判断企业营业性收益与非营业性收益对实现利润的影响，也无法判断主营业务收益与附营业务收益对实现利润的影响，也不便于对未来盈利能力进行预测。因此，在我国，单步式利润表主要用于那些业务比较单纯的服务咨询行业。

表 13-5 利润表（单步式）

编制单位：＿＿＿＿＿＿　　　　　　＿＿＿＿年＿＿月　　　　　　　　　单位：元

项　目	本 年 金 额	上 年 金 额
一、收入		
××收入		
××收入		
××收入		
××收入		
收入合计		
二、费用		
××成本		
××税金		
××费用		
费用合计		
三、净利润		

（二）多步式利润表

多步式的利润表是按照利润的构成内容分层次、分步骤地逐步、逐项计算编制
而成的报表。

多步式利润表具体格式，如表 13-6 所示。

表 13-6 利润表（多步式）　　　　　　会商银 02 表

编制单位：＿＿＿＿＿＿　　　　　　＿＿＿＿年＿＿月　　　　　　　　　单位：元

项　目	本期金额	上期金额
一、营业总收入		
利息收入		
手续费及佣金收入		
投资收益（损失以"-"号填列）		
其中：对联营企业和合营企业的投资收益		
以摊余成本计量的金融资产终止确认产生的 　　　　收益（损失以"-"号填列）		
净敞口套期收益（损失以"-"号填列）		
其他收益		
公允价值变动收益（损失以"-"号填列）		
汇兑收益（损失以"-"号填列）		

表13-6（续）

项　　目	本期金额	上期金额
其他业务收入		
资产处置收益（损失以"－"号填列）		
二、营业总支出		
利息支出		
手续费及佣金支出		
税金及附加		
业务及管理费		
信用减值损失		
其他资产减值损失		
其他业务成本		
三、营业利润（亏损以"－"号填列）		
加：营业外收入		
减：营业外支出		
四、利润总额（亏损以"－"号填列）		
减：所得税费用		
五、净利润（亏损以"－"号填列）		
（一）持续经营净利润（净亏损以"－"号填列）		
（二）终止经营净利润（净亏损以"－"号填列）		
六、其他综合收益的税后净额		
（一）不能重分类进损益的其他综合收益		
1. 重新计量设定受益计划变动额		
2. 权益法下不能转损益的其他综合收益		
3. 其他权益工具投资公允价值变动		
4. 企业自身信用风险公允价值变动		
……		
（二）将重分类进损益的其他综合收益		
1. 权益法下可转损益的其他综合收益		
2. 其他债权投资公允价值变动		
3. 金融资产重分类计入其他综合收益的金额		
4. 其他债权投资信用损失准备		
5. 现金流量套期储备		
6. 外币财务报表折算差额		
……		
七、综合收益总额		

表13-6(续)

项　　目	本期金额	上期金额
八、每股收益：		
（一）基本每股收益		
（二）稀释每股收益		

说明：①银行可在营业总收入下列示"利息净收入"项目，并在"利息净收入"项目下分列"利息收入"项目与"利息支出"项目。

②"手续费及佣金收入"与"手续费及佣金支出"项目。银行可在营业总收入下列示"手续费及佣金净收入"项目，并在"手续费及佣金净收入"项目下分列"手续费及佣金收入"项目和"手续费及佣金支出"项目。

多步式利润表根据经营活动的主次和经营活动对企业利润的贡献情况排列编制。它能够科学地揭示企业利润及构成内容的形成过程，从而便于对企业生产经营情况进行分析，有利于不同企业之间进行比较，有利于预测企业今后的盈利能力。因此，世界大多数国家采用多步式利润表。按国际惯例，我国现行《企业会计准则》也采用了多步式利润表格式。

四、利润表的编制方法

（一）商业银行利润表的编制方法

1. 商业银行利润表格式（见表13-6）

2. 商业银行利润表各要素的填列方法

利润表中的大部分项目都可以根据账户的发生额分析填列。具体填列方法如下：

（1）"上期金额"栏的填列方法。利润表中"上期金额"栏内各项数字，应根据上年度利润表"本期金额"栏内所列示的数字填列。如上年度利润表规定的各个项目的名称和内容同本年度不一致，应对上年度利润表各项目的名称和数字按照本年度的规定进行调整，填入本表的"上期金额"栏内。

（2）本期金额栏的填列方法。利润表中"本期金额"栏内各项数字，其具体填列方法如下：

①"利息收入"项目，反映企业按照《企业会计准则第22号——金融工具确认和计量》（2017年修订）相关规定对分类为以摊余成本计量的金融资产和分类为以公允价值计量且其变动计入其他综合收益的金融资产按照实际利率法计算的利息收入，即企业发放各类贷款、与其他金融机构之间发生资金往来业务、买入返售金融资产等实现的利息收入。本项目应根据"利息收入"科目本期发生额分析填列。

②"手续费及佣金收入"项目，反映企业确认的手续费及佣金收入，包括办理结算业务、咨询业务、担保业务、代保管等代理业务，以及办理受托贷款及投资业务等取得的手续费及佣金，如结算手续费收入、佣金收入、业务代办手续费收入、

基金托管收入、咨询服务收入、担保收入、受托贷款手续费收入、代保管收入、代理保险业务等代理业务以及其他相关服务实现的手续费及佣金收入等。本项目应根据"手续费及佣金收入"科目本期发生额分析填列。

③"投资收益"项目，反映企业以各种方式对外投资取得的收益。本项目应根据"投资收益"科目的发生额分析填列。如为投资损失，本项目以"－"号填列。其中，对联营企业和合营企业的投资收益和以摊余成本计量的金融资产终止确认产生的收益应单独列示。

④"以摊余成本计量的金融资产终止确认产生的收益"项目，反映企业因转让等情形导致终止确认以摊余成本计量的金融资产而产生的损益。如为损失，以"－"号填列。本项目在"投资收益"项目中单独列示。

⑤"净敞口套期收益"项目，反映企业净敞口套期下被套期项目累计公允价值变动转入当期损益的金额或现金流量套期储备转入当期损益的金额。本项目应根据"净敞口套期损益"科目的发生额分析填列。如为套期损失，以"－"号填列。

⑥"其他收益"项目，反映企业计入其他收益的政府补助，以及其他与日常活动相关且计入其他收益的项目。本项目应根据"其他收益"科目的发生额分析填列。企业作为个人所得税的扣缴义务人，根据《中华人民共和国所得税法》收到的扣缴税款手续费，应作为其他与日常活动相关的收益在本项目中填列。

⑦"公允价值变动收益"项目，反映企业应当计入当期损益的资产或负债公允价值的变动收益。本项目应根据"公允价值变动收益"科目的发生额分析填列，如为净损失，本项目以"－"号填列。

⑧"汇兑收益"项目，反映企业外币货币性项目因汇率变动形成的净收益，本项目应根据"汇兑损益"科目的发生额分析填列。如为净损失，以"－"号填列。

⑨"其他业务收入"项目，反映企业确认的除主营业务活动以外的其他经营活动实现的收入，包括出租固定资产、出租无形资产、出租包装物和商品、销售材料、用材料进行非货币性交换（非货币性资产交换具有商业实质且公允价值能够可靠计量）或债务重组等实现的收入。本项目应根据"其他业务收入"科目的发生额分析填列。

⑩"资产处置收益"项目，反映企业出售分类为持有待售的非流动资产（金融工具、长期股权投资和投资性房地产除外）或处置组（子公司和业务除外）时确认的处置利得或损失，以及处置未划分为持有待售的固定资产、在建工程、生产性生物资产及无形资产而产生的处置利得或损失。债务重组中因处置非流动资产产生的利得或损失和非货币性资产交换中换出非流动资产产生的利得或损失在本项目中反映。商业银行、证券公司等金融企业处置抵押、质押资产的利得或损失，依据被处置资产的类别在本项目或"投资收益"等相关项目中反映。如为处置损失，以"－"号填列。

⑪"利息支出"项目，反映企业吸收各种存款、与其他金融机构之间发生资金往来业务、卖出回购金融资产等产生的利息支出。本项目应根据"利息支出"科目

本期发生额分析填列。

⑫ "手续费及佣金支出"项目，反映企业确认的与其经营活动相关的各种项手续费、佣金等支出。本项目应根据"手续费及佣金支出"科目本期发生额分析填列。

⑬ "税金及附加"项目，反映企业经营业务应负担的消费税、城市建设维护税、资源税、教育费附加及房产税、土地使用税、车船使用税、印花税等相关税费。本项目应根据"税金及附加"科目本期发生额分析填列。

⑭ "业务及管理费"项目，反映企业在业务经营和管理过程中所发生的电子设备运转费、安全防范费、物业管理费等费用，本项目应根据"业务及管理费"科目的发生额分析填列。

⑮ "信用减值损失"项目，反映企业按照《企业会计准则第 22 号——金融工具确认和计量》（2017 年修订）相关规定计提金融工具信用损失准备所确认的信用损失。本项目应根据"信用减值损失"科目的发生额分析填列。

⑯ "其他资产减值损失"项目，反映企业除"信用减值损失"外，按照相关会计准则的规定计提其他资产的减值准备所确认减值损失。本项目如为恢复后转回的金额，以"-"号填列。

⑰ "其他业务成本"项目，反映除"税金及附加""业务及管理费""信用减值损失""其他资产减值损失"和"资产减值损失"之外的其他业务成本。本项目应根据"其他业务成本"科目本期发生额分析填列。

⑱ "营业外收入"项目，反映企业发生的除营业利润以外的收益，主要包括债务重组利得、与企业日常活动无关的政府补助、盘盈利得、捐赠利得（企业接受股东或股东的子公司直接或间接的捐赠，经济实质属于股东对企业的资本性投入的除外）等。本项目应根据"营业外收入"科目本期发生额分析填列。

⑲ "营业外支出"项目，反映企业发生的除营业利润以外的支出，主要包括债务重组损失、公益性捐赠支出、非常损失、盘亏损失、非流动资产毁损报废损失等。本项目应根据"营业外支出"科目的发生额分析填列。

⑳ "所得税费用"项目，反映企业确认的应从当期利润总额中扣除的所得税费用。本项目应根据"所得税费用"科目的发生额填列。

㉑ "净利润"项目下的"（一）持续经营净利润"和"（二）终止经营净利润"项目，分别反映净利润中与持续经营相关的净利润和与终止经营相关的净利润；如为净亏损，以"-"号填列。该两个项目应按照《企业会计准则第 42 号——持有待售的非流动资产、处置组和终止经营》（2017 年修订）的相关规定分别列报。

㉒ "其他综合收益的税后净额"项目，反映企业根据企业会计准则规定未在当期损益中确认的各项利得和损失扣除所得税影响后的净额。

㉓ "综合收益总额"项目，反映企业净利润与其他综合收益的合计金额。

㉔ "基本每股收益""稀释每股收益"项目，反映企业按照每股收益准则的规定计算的金额，本项目仅由普通股或潜在普通股已公开交易的企业，以及正处于公

开发行普通股或潜在普通股过程中的企业填报。

（3）以后不能重分类进损益的其他综合收益包括：重新计量设定受益计划净负债或净资产导致的变动、按照权益法核算的在被投资单位以后会计期间不能重分类进损益的其他综合收益中所享有的份额等。

（4）以后将重分类进损益的其他综合收益包括：按照权益法核算的在被投资单位以后会计期间在满足规定条件时将重分类进损益的其他综合收益中所享有的份额、可供出售金融资产公允价值变动形成的利得或损失、持有至到期投资重分类为可供出售金融资产形成的利得或损失、现金流量套期工具产生的利得或损失中属于有效套期的部分、外币财务报表折算差额等。

（5）其他债权投资公允价值变动：反映企业按照《企业会计准则第22号——金融工具确认和计量》（2017年修订）第十八条分类为以公允价值计量且其变动计入其他综合收益的金融资产发生的公允价值变动。企业将一项以公允价值计量且其变动计入其他综合收益的金融资产（其他债权投资）重分类为以摊余成本计量的金融资产（债权投资），或重分类为以公允价值计量且其变动计入当期损益的金融资产（交易性金融资产），之前计入其他综合收益的累计利得或损失从其他综合收益中转出的金额作为该项目的减项。该项目应根据"其他综合收益"科目下的相关明细科目的发生额分析填列。

（6）金融资产重分类计入其他综合收益的金额：反映企业将一项以摊余成本计量的金融资产（债权投资）重分类为以公允价值计量且其变动计入其他综合收益的金融资产（其他债权投资）时，计入其他综合收益的原账面价值与公允价值之间的差额。该项目根据"其他综合收益"科目下的相关明细科目的发生额分析填列。

（7）其他债权投资信用损失准备：反映企业按照《企业会计准则第22号——金融工具确认和计量》（2017年修订）第十八条分类为以公允价值计量且其变动计入其他综合收益的金融资产的损失准备。该项目应根据"其他综合收益"科目下的"信用减值准备"明细科目的发生额分析填列。

（二）保险公司利润表的编制方法

1. 保险公司利润表格式（见表13-7）

表 13-7　利润表

编制单位：　　　　　　　　　　_____年___月

会保02表

单位：元

项　　　目	本期金额	上期金额
一、营业总收入		
利息收入		
已赚保费		
保险业务收入		
其中：分保费收入		

表13-7(续)

项　　目	本期金额	上期金额
减：分出保费		
提取未到期责任准备金		
手续费及佣金收入		
投资收益（损失以"－"号填列）		
其中：对联营企业和合营企业的投资收益		
以摊余成本计量的金融资产终止确认产生的收益（损失以"－"号填列）		
净敞口套期收益（损失以"－"号填列）		
其他收益		
公允价值变动收益（损失以"－"号填列）		
汇兑收益（损失以"－"号填列）		
其他业务收入		
资产处置收益（损失以"－"号填列）		
二、营业总支出		
利息支出		
手续费及佣金支出		
退保金		
赔付支出		
减：摊回赔付支出		
提取保险责任准备金		
减：摊回保险责任准备金		
保单红利支出		
分保费用		
税金及附加		
业务及管理费		
减：摊回分保费用		
信用减值损失		
其他资产减值损失		
其他业务成本		
三、营业利润（亏损以"－"号填列）		
加：营业外收入		
减：营业外支出		
四、利润总额（亏损以"－"号填列）		
减：所得税费用		
五、净利润（亏损以"－"号填列）		
（一）持续经营净利润（净亏损以"－"号填列）		
（二）终止经营净利润（净亏损以"－"号填列）		

表13-7（续）

项　　　目	本期金额	上期金额
六、其他综合收益的税后净额		
（一）不能重分类进损益的其他综合收益		
1. 重新计量设定受益计划变动额		
2. 权益法下不能转损益的其他综合收益		
3. 其他权益工具投资公允价值变动		
4. 企业自身信用风险公允价值变动		
……		
（二）将重分类进损益的其他综合收益		
1. 权益法下可转损益的其他综合收益		
2. 其他债权投资公允价值变动		
3. 金融资产重分类计入其他综合收益的金额		
4. 其他债权投资信用损失准备		
5. 现金流量套期储备		
6. 外币财务报表折算差额		
……		
七、综合收益总额		
八、每股收益：		
（一）基本每股收益		
（二）稀释每股收益		

2. 保险公司利润表各要素的填列方法

除下列项目以外的其他项目，比照商业银行利润表的列报方法处理：

（1）"已赚保费"项目，反映"保险业务收入"项目金额减去"分出保费""提取未到期责任准备金"项目金额后的余额。

（2）"保险业务收入"项目，反映企业从事保险业务确认的原保费收入和分保费收入，应根据"保费收入"科目的发生额分析填列。其中，"分保费收入"应单独列示。

（3）"分出保费"项目，反映企业从事再保险业务分出的保费，应根据"分出保费"科目的发生额分析填列。

（4）"提取未到期责任准备金"项目，反映企业提取的非寿险原保险合同未到期责任准备金和再保险合同分保未到期责任准备金。应根据"提取未到期责任准备金"科目的发生额分析填列。

（5）"退保金"项目，反映企业寿险原保险合同提前解除时按照约定退还投保人的保单现金价值，应根据"退保金"科目的发生额分析填列。

（6）"赔付支出"项目，反映企业因保险业务发生的赔付支出，包括原保险合同赔付支出和再保险合同赔付支出，应根据"赔付支出"科目的发生额分析填列。

(.7)"提取保险责任准备金"项目，反映企业提取的保险责任准备金，包括未决赔款准备金、寿险责任准备金、长期健康险责任准备金，应根据"提取保险责任准备金"科目的发生额分析填列。

(8)"保单红利支出"项目，反映企业按原保险合同约定支付给投保人的红利，应根据"保单红利支出"科目的发生额分析填列。

(9)"分保费用"项目，反映企业从事再保险业务支付的分担费用，应根据"分保费用"科目的发生额分析填列。

(10)"摊回赔付支出""摊回保险责任准备金""摊回分保费用"等项目，反映企业从事再保险分出业务向再保险接受人摊回的赔付支出、保险责任准备金、分保费用，应根据"摊回赔付支出""摊回保险责任准备金""摊回分保费用"等科目的发生额分析填列。

(三)证券公司利润表的编制方法

1. 证券公司利润表格式（见表13-8）

表 13-8　利润表　　　　　　　　　　　会证02表

编制单位：　　　　　　　　　____年__月　　　　　　　　单位：元

项　目	本期金额	上期金额
一、营业总收入		
利息收入		
手续费及佣金收入		
其中：经纪业务手续费收入		
投资银行业务手续费收入		
资产管理业务手续费收入		
投资收益（损失以"－"号填列）		
其中：对联营企业和合营企业的投资收益		
以摊余成本计量的金融资产终止确认产生的收益（损失以"－"号填列）		
净敞口套期收益（损失以"－"号填列）		
其他收益		
公允价值变动收益（损失以"－"号填列）		
汇兑收益（损失以"－"号填列）		
其他业务收入		
资产处置收益（损失以"－"号填列）		
二、营业总支出		
利息支出		
手续费及佣金支出		

表13-8（续）

项　　目	本期金额	上期金额
其中：经纪业务手续费支出		
投资银行业务手续费支出		
资产管理业务手续费支出		
税金及附加		
业务及管理费		
信用减值损失		
其他资产减值损失		
其他业务成本		
三、营业利润（亏损以"-"号填列）		
加：营业外收入		
减：营业外支出		
四、利润总额（亏损以"-"号填列）		
减：所得税费用		
五、净利润（亏损以"-"号填列）		
（一）持续经营净利润（净亏损以"-"号填列）		
（二）终止经营净利润（净亏损以"-"号填列）		
六、其他综合收益的税后净额		
（一）不能重分类进损益的其他综合收益		
1. 重新计量设定受益计划变动额		
2. 权益法下不能转损益的其他综合收益		
3. 其他权益工具投资公允价值变动		
4. 企业自身信用风险公允价值变动		
……		
（二）将重分类进损益的其他综合收益		
1. 权益法下可转损益的其他综合收益		
2. 其他债权投资公允价值变动		
3. 金融资产重分类计入其他综合收益的金额		
4. 其他债权投资信用损失准备		
5. 现金流量套期储备		
6. 外币财务报表折算差额		
……		
七、综合收益总额		
八、每股收益：		
（一）基本每股收益		

表13-8(续)

项　　目	本期金额	上期金额
（二）稀释每股收益		

说明：①证券公司可在营业总收入下列示"利息净收入"项目，并在"利息净收入"项目下分列"利息收入"项目与"利息支出"项目。

②"手续费及佣金收入"与"手续费及佣金支出"项目。证券公司可在营业总收入下列示"手续费及佣金净收入"项目，并在"手续费及佣金净收入"项目下分列"经纪业务手续费净收入""投资银行业务手续费净收入"和"资产管理业务手续费净收入"等项目。

2. 证券公司利润表各要素的填列方法

除下列项目以外的其他项目，比照商业银行利润表的列报方法处理：

（1）"手续费及佣金收入"项目，反映公司确认的代理承销、兑付和买卖证券等业务实现的手续费及佣金收入。本项目应根据"手续费及佣金收入"科目的发生额分析计算填列。其中，"经济业务手续费收入""投资银行业务手续费收入""资产管理业务手续费收入"在本项目下单独填列。

（2）"手续费及佣金支出"项目，反映公司发生的各项手续费、风险结算金、承销业务直接相关的各项费用。本项目应根据"手续费及佣金支出"科目的发生额分析计算填列。其中，"经济业务手续费支出""投资银行业务手续费支出""资产管理业务手续费支出"在本项目下单独填列。

第四节　现金流量表

一、现金流量表的概念和作用

现金流量表是以现金为基础编制的财务状况变动表。是综合反映企业在一定会计期间内现金及现金等价物流入和流出的会计报表，表明企业获得现金和现金等价物的能力。金融企业编制现金流量表的主要目的，是为会计报表使用者提供一定会计期间内现金及现金等价物流入和流出的信息，以便其了解和评价金融企业获取现金和现金等价物的能力，并据以预测金融企业未来现金流量。

现金流量表的作用主要有：弥补资产负债表、利润表信息量的不足；有助于分析企业收益质量及影响现金净流量的因素；有助于评价企业支付能力、偿债能力和周转能力；有助于预测企业未来现金流量。

二、现金流量表编制的基础

现金流量表以现金及现金等价物为基础编制，划分经营活动、投资活动和筹资活动，按照收付实现制原则编制，将权责发生制下的盈利信息调整为收付实现制下的现金流量信息。本章提及现金时，除非同时提及现金等价物，均包括现金和现金等价物。

（一）现金

现金，是指企业库存现金以及可以随时用于支付的存款。不能随时用于支付的存款不属于现金。现金主要包括：

（1）库存现金。库存现金是指企业持有可随时用于支付的现金，与"库存现金"科目的核算内容一致。

（2）银行存款。银行存款是指企业存入金融机构、可能随时用于支取的存款，与"银行存款"科目核算内容基本一致，但不包括不能随时用于支付的银行存款。例如，不能随时支取的定期存款等不应作为现金；提前通知金融机构便可支取的定期存款则应包括在现金范围内。

（3）其他货币资金。其他货币资金是指存放在金融机构的外埠存款、银行汇票存款、银行本票存款、信用卡存款、信用证保证金存款和存出投资款等，与"其他货币资金"科目核算内容一致。

对金融企业而言，现金流量表的现金包括库存现金及存入本行营业部门的银行存款、存放中央银行款项、存放同业款项。但必须注意以下几个问题：

（1）存放中央银行款项和存放同业款项不全属于现金。属于现金的存款必须是"可随时用于支付的存款"，商业银行向人民银行缴存的存款准备金、外币清算、业务保证金等，是不能随时用于支付的，故不能包括在现金中。金融企业存放于其他金融企业的款项，如果是有期限规定的，或者是作为质押等有附加条件限制的，也不能随时用于支付，同样不能包括在现金之中。

（2）拆放同业款项由于期限的长短不同及可能存在的附加条件，也是属于不能随时用于支付的款项，不能列入现金之中。

（3）联行存放款项和存放联行款项不属于现金。联行往来是金融企业一个比较特殊的项目，由于其往来双方同属一个银行系统，即同属一个总行的各个分支机构间的账务往来，类似于工商企业的内部往来。当金融企业总行在编制汇总或合并的现金流量表时，这部分往账与来账款项将被抵销。因此，联行往来不归属现金，应在现金流量表中单独列示，以便于报表使用者对此了解和分析。

（二）现金等价物

现金等价物，是指企业持有的期限短、流动性强、易于转换为已知金额现金、价值变动风险很小的投资。其中，"期限短"一般是指从购买日起 3 个月内到期。例如可在证券市场上流通的 3 个月内到期的短期债券等。

现金等价物虽然不是现金，但其支付能力与现金的差别不大，可视为现金。例如，企业不保证支付能力，手持必要的现金，为了不使现金闲置，可以购买短期债券，在需要现金时，随时可以变现。

现金等价物的定义本身，包含了判断一项投资是否属于现金等价物的四个条件：①期限短；②流动性强；③易于转换为已知金额的现金；④价值变动风险很小。其中，期限短、流动性强，强调了变现能力，而易于转换为已知金额的现金、价值变动风险很小，则强调了支付能力的大小。现金等价物通常包括 3 个月内到期的短期债券投资。权益性投资变现的金额通常不确定，因而不属于现金等价物。

三、现金流量及其分类

（一）现金流量

现金流量是指金融企业现金及现金等价物的流入、流出的数量，也就是在一定时期内，金融企业实际收入的现金和实际付出的现金。现金净流量是指现金流入与流出的差额。现金净流量可能是正数也可能是负数，如果是正数，则为净流入，如果是负数则为净流出。现金净流量反映了金融企业各类活动形成的现金流量的最终结果，即金融企业在一定时期内，现金流入大于现金流出，还是现金流出大于现金流入。一般说来，流入大于流出反映了金融企业现金流量的良好趋势。现金净流量也是现金流量表所要反映的一个重要指标。

（二）现金流量的分类

根据企业业务活动的性质和现金流量的来源，《现金流量表准则》将企业一定期间产生的现金流量分为三类：经营活动现金流量、投资活动现金流量和筹资活动现金流量。

（1）经营活动。经营活动是指企业投资活动和筹资活动以外的所有交易和事项。各类企业由于行业特点不同，对经营活动的认定存在一定差异。对于商业银行而言，经营活动主要包括对外发放的贷款和收回的贷款本金、吸收的存款和支付的存款本金、同业存款及存放同业款项、向其他金融企业拆借的资金、利息收入和利息支出、收回的已于前期核销的贷款、经营证券业务的企业买卖证券所收到或支出的现金、融资租赁所收到的现金等。

（2）投资活动。投资活动是指企业长期资产的购建和不包括在现金等价物范围内的投资及其处置活动。金融企业的投资活动主要是指金融企业的长期资产。金融企业的长期资产是指固定资产、无形资产、在建工程、其他资产等持有期限在一年或一个营业周期以上的资产。由于已经将包括在现金等价物范围内的投资视同现金，所以将之排除在外。投资活动主要包括：取得和收回投资、购建和处置固定资产、无形资产和其他长期资产等。

（3）筹资活动。筹资活动是指导致企业资本及债务规模和构成发生变化的活动。这里所说的资本，既包括实收资本（股本），也包括资本溢价（股本溢价）；这里所说的债务，是指对外举债，包括向银行借款、发行债券以及偿还债务等。通常情况下，应付账款、应付票据等属于经营活动，不属于筹资活动。金融企业发生与资本有关的现金流入和流出项目，一般包括吸收投资、发行股票、分配利润等；债务是指企业对外举债所借入的款项，如发行债券等。

对于企业日常活动之特殊的、不经常发生的特殊项目，如自然灾害损失、保险赔款、捐赠等，应当归并到相关类别中，并单独反映。比如，对于自然灾害损失和保险赔款，如果能够确指，属于流动资产损失，应当列入经营活动产生的现金流量；属于固定资产损失，应当列入投资活动产生的现金流量。如果不能确指，则可以列入经营产生的现金流量。捐赠收入和支出，可以列入经营活动。如果特殊项目的现金流量金额不大，则可以列入现金流量类别下的"其他"项目，不单列项目。

四、现金流量表的结构和内容

金融企业现金流量表的结构和内容如表 13-9 所示。

现金流量表由主表和补充资料两部分组成。其中主表按照现金流量的分类，分为经营活动、投资活动和筹资活动三部分，从现金流入和流出两个方面列报有关现金收付项目和现金流量净额，这种列表方法称为直接法。补充资料则是从另一个角度，即以净利润为起点，通过调整不涉及现金的收入、费用、营业外收支等有关项目的增减变动，据以计算出经营活动产生的现金流量，是经营活动现金流量的又一种列表方法，与直接法相区别，称为间接法。

表 13-9　现金流量表　　　　　　会商银 03 表

编制单位：　　　　　　　　　　＿＿＿＿年＿＿月　　　　　　　　　　单位：元

项　　　目	本期金额	上期金额
一、经营活动产生的现金流量：		
销售商品、提供劳务收到的现金		
客户存款和同业存放款项净增加额		
向中央银行借款净增加额		
向其他金融机构拆入资金净增加额		
收取利息、手续费及佣金的现金		
拆入资金净增加额		
回购业务资金净增加额		
收到其他与经营活动有关的现金		
经营活动现金流入小计		
客户贷款及垫款净增加额		
存放中央银行和同业款项净增加额		
为交易目的而持有的金融资产净增加额		
拆出资金增加额		

表13-9(续)

项　　目	本期金额	上期金额
返信业务资金净增加额		
支付利息手续费及佣金的现金		
支付给职工以及为职工支付的现金		
支付的各项税费		
支付其他与经营活动有关的现金		
经营活动现金流出小计		
经营活动产生的现金流量净额		
二、投资活动产生的现金流量：		
收回投资收到的现金		
取得投资收益收到的现金		
处置固定资产和其他长期资产收回的现金净额		
收到其他与投资活动有关的现金		
投资活动现金流入小计		
投资支付的现金		
购建固定资产、无形资产和其他长期资产支付的现金		
支付其他与投资活动有关的现金		
投资活动现金流出小计		
投资活动产生的现金流量净额		
三、筹资活动产生的现金流量：		
吸收投资收到的现金		
取得借款收到的现金		
发行债券收到的现金		
收到其他与筹资活动有关的现金		
筹资活动现金流入小计		
偿还债务支付的现金		
分配股利、利润或偿付利息支付的现金		
支付其他与筹资活动有关的现金		
筹资活动现金流出小计		
筹资活动产生的现金流量净额		
四、汇率变动对现金及现金等价物的影响		
五、现金及现金等价物净增加额		
加：期初现金及现金等价物余额		
六、期末现金及现金等价物余额		

五、现金流量表的填列方法

（一）商业银行现金流量表的编制方法

1. 商业银行现金流量表格式（见表 13-9）

2. 商业银行现金流量表各要素的填列方法

（1）经营活动产生的现金流量。企业应当采用直接法列示经营活动产生的现金流量。经营活动是指企业投资活动和筹资活动以外的所有交易和事项。直接法是指通过现金收入和现金支出的主要类别列示经营活动的现金流量。金融企业经营活动产生的现金流量至少应当单独列示反映下列信息的项目：

①客户存款和同业存放款项净增加额。本项目反映商业银行本期吸收的境内外金融机构以及非同业存放款项以外的各种存款的净增加额。本项目可以根据"吸收存款""同业存放"等科目的记录分析填列。商业银行可以根据需要增加项目，例如，本项目可以分解成"吸收活期存款净增加额""吸收活期存款以外的其他存款""支付活期存款以外的其他存款""同业存放净增加额"等项目。

②向中央银行借款净增加额。本项目反映商业银行本期向中央银行借入款项的净增加额。本项目可以根据"向中央银行借款"科目的记录分析填列。

③向其他金融机构拆入资金净增加额。本项目反映商业银行本期从境内外金融机构拆入款项所取得的现金，减去拆借给境内外金融机构款项而支付的现金后的净额。本项目可以根据"拆入资金"和"拆出资金"等科目的记录分析填列。本项目如为负数，应在经营活动现金流出类中单独列示。

④收取利息、手续费及佣金的现金。本项目反映商业银行本期收到的利息、手续费及佣金，减去支付的利息、手续费及佣金的净额。本项目可以根据"利息收入""利息支出""手续费及佣金收入""应收利息"等科目的记录分析填列。

⑤"拆入资金净增加额"项目。该项目反映企业本期从境内外金融机构拆入款项所取得的现金，减去拆借给境内外金融机构款项所支付现金后的净额。若为负数，则填入"拆出资金净增加额项目"。

⑥"回购业务资金净增加额"项目。该项目反映企业本期按回购协议卖出票据、证券、贷款等金融资产所融入的现金，减去按返售协议约定先买人再按固定价格返售给卖出方的票据、证券、贷款等金融资产所融出现金后的净额。若为负数，则填入"返售业务资金净增加额"项目。

⑦收到其他与经营活动有关的现金。本项目反映商业银行除上述项目以外，与经营活动有关的其他现金流入。其他现金流入如金额较大，应单列项目反映。

⑧客户贷款及垫款净增加额。本项目反映商业银行本期发放的各种客户贷款以及办理商业票据贴现、转贴现融出及融入资金等业务的款项的净增加额。本项目可以根据"贷款""贴现资产""贴现负债"等科目的记录分析填列。商业银行可以根据需要增加项目，例如，本项目可以分解成"收回中长期贷款""发放中期贷款"

"发放短期贷款净增加额""垫款净增加额"等项目。

⑨存放中央银行和同业款项净增加额。本项目反映商业银行本期存放于中央银行以及境内外金融机构的款项的净增加额。本项目可以根据"存放中央银行款项""存放同业"等科目的记录分析填列。

⑩"为交易目的而持有的金融资产净增加额"项目。本项目反映企业因买卖为交易目的而持有的金融资产所支付与收到的经营活动净现金流。

⑪支付手续费及佣金的现金。本项目反映商业银行本期支付的利息、手续费及佣金。本项目可以根据"手续费及佣金支出"等科目的记录分析填列。

⑫支付给职工以及为职工支付的现金。本项目反映企业本期实际支付给职工的现金以及为职工支付的现金，包括企业为获得职工提供的服务，本期实际给予各种形式的报酬以及其他相关支出，如支付给职工的工资、奖金、各种津贴和补贴等以及为职工支付的其他费用，不包括支付给在建工程人员的工资。支付在建工程人员的工资，在"购建固定资产、无形资产和其他长期资产所支付的现金"项目中反映。

企业为职工支付的医疗、保险、失业、工伤、生育等社会保险基金、补充养老保险、住房公积金，企业为职工缴纳的商业保险金，因解除与职工劳动关系给予的补偿，现金结算的股份支付以及企业支付给职工或为职工支付的其他福利费用等，应根据职工的工作性质和服务对象，分别在"购建固定资产、无形资产和其他长期资产所支付的现金"和"支付给职工以及为职工支付的现金"项目中反映。

本项目可以根据"库存现金""银行存款""应付职工薪酬"等科目的记录分析填列。

⑬支付的各项税费。本项目反映企业按规定支付的各项税费，包括本期发生并支付的税费以及本期支付以前各期发生的税费和预交的税金，如支付的教育费附加、印花税、房产税、土地增值税、车船使用税、所得税等。本项目可以根据"应交税费""库存现金""银行存款"等科目分析填列。

⑭支付的其他与经营活动有关的现金。本项目反映企业除上述各项目外，支付的其他与经营活动有关的现金，如罚款支出、支付的差旅费、业务招待费、保险费、经营租赁支付的现金等。其他与经营活动有关的现金，如果金额较大，应单列项目反映。本项目可以根据有关科目的记录分析填列。

（2）投资活动产生的现金流量。

①收回投资收到的现金。本项目反映企业出售、转让或到期收回现金等价物以外的交易性金融资产、持有至到期投资、可供出售金融资产、长期股权投资、投资性房地产而收到的现金。不包括债权性投资收回的利息、收回的非现金资产以及处置子公司及其他营业单位收到的现金净额。债权性投资收回的本金，在本项目反映，债权性投资收回的利息，不在本项目中反映，而在"取得投资收益所收到的现金"项目中反映。处置子公司及其他营业单位收到的现金净额单设项目反映。本项目可以根据"交易性金融资产""持有至到期投资""可供出售金融资产""长期股权投资""投资性房地产""库存现金""银行存款"等科目的记录分析填列。

②取得投资收益收到的现金。本项目反映企业因股权性投资而分得的现金股利，从子公司、联营企业或合营企业分回利润而收到的现金，因债权性投资而取得的现金利息收入。股票股利不在本项目中反映，包括在现金等价物范围内的债券性投资，其利息收入在本项目中反映。本项目可以根据"应收股利""应收利息""投资收益""库存现金""银行存款"等科目的记录分析填列。

③"处置固定资产、无形资产和其他长期资产收回的现金净额"项目，反映企业出售固定资产、无形资产和其他长期资产所取得的现金，减去为处置这些资产而支付的有关费用后的净额。处置固定资产、无形资产和其他长期资产所收到现金，与处置活动支付的现金，两者在时间上比较接近，以净额反映更能准确反映处置活动对现金流量的影响。自然灾害等原因所造成的固定资产等长期资产报废、毁损而收到的保险赔偿收入，在本项目中反映出来。如处置固定资产、无形资产和其他长期资产所收回的现金净额为负数，则应作为投资活动产生的现金流量，在"支付其他与投资活动有关的现金"项目中反映。本项目可以根据"固定资产清理""库存现金""银行存款"等科目的记录分析填列。

④收到其他与投资活动有关的现金。本项目反映企业除上述各项目外，收到的其他与投资活动有关的现金。其他与投资活动有关的现金，如果价值较大的，应单列项目反映。本项目可以根据有关科目的记录分析填列。

⑤投资支付的现金。本项目反映企业进行权益性投资和债权性投资所支付的现金，包括企业取得的除现金等价物以外的交易性金融资产、持有至到期投资、可供出售金融资产而支付的现金以及支付的佣金、手续费等交易费用。企业购买优惠证券的价款中含有债券利息的以及溢价或折价购入的，均按实际支付的金额反映。

企业购买股票和债券时，实际支付的价款中包含的已宣告但尚未领取的现金股利或已到付息期但尚未领取的债券利息，应在"支付的其他与投资活动有关的现金"项目中反映；收回购买股票和债券时支付的已宣告但尚未领取的现金股利或已到付息期但尚未领取的债券利息，应在"收到的其他与投资活动有关的现金"项目中反映。

⑥购建固定资产、无形资产和其他长期资产支付的现金。本项目反映企业购买、建造固定资产、取得无形资产和其他长期资产所支付的现金及增值税款、支付的应由在建工程和无形资产负担的职工薪酬现金支出。不包括为购建固定资产而发生的借款利息资本化的部分以及融资租入固定资产支付的租赁费。资本化的借款利息和融资租赁租入的固定资产支付的租赁费，在筹资活动产生的现金流量中单独反映。

⑦支付其他与投资活动有关的现金。本项目反映企业除上述各项目外，支付的其他与投资活动有关的现金。其他与投资活动有关的现金，如果价值较大的，应单列项目反映。本项目可以根据有关科目的记录分析填列。

（3）筹资活动产生的现金流量。

①吸收投资收到的现金。本项目反映企业以发行股票、债券等方式筹集资金实际收到的款项净额（发行收入减去支付的佣金等发行费用后的净额）。以发行股票

等方式筹集资金而由企业直接支付的审计、咨询等费用，不在本项目中反映，而在"支付的其他与筹资活动有关的现金"项目中反映；由金融企业直接支付的手续费、宣传费、咨询费、印刷费等费用，从发行股票、债券取得的现金收入中扣除，以净额列示。本项目可以根据"实收资本（或股本）""资本公积""库存现金""银行存款"等科目的记录分析填列。

②发行债券收到的现金。本项目反映商业银行发行债券收到的现金，本项目可以根据"应付债券"等科目的记录分析填列。

③收到的其他与筹资活动有关的现金。本项目反映企业除上述各项目外，收到的其他与筹资活动有关的现金。其他与筹资活动有关的现金，如果价值较大，应单列项目反映。本项目可根据有关科目的记录分析填列。

④偿还债务所支付的现金。本项目反映企业以现金偿还债务的本金，包括：归还向中央银行的借款本金、偿付到期的债券本金等。企业偿还的借款利息、债券利息，在"分配股利、利润或偿付利息所支付的现金"项目中反映，不在本项目中反映。本项目可以根据"向中央银行借款""交易性金融负债""应付债券""库存现金""银行存款"等科目的记录分析填列。

⑤分配股利、利润或偿付利息支付的现金。本项目反映企业实际支付的现金股利、支付给其他投资单位的利润或用现金支付的借款利息、债券利息。不同用途的借款，其利息的开支渠道不一样，如在建工程、财务费用等，均在本项目中反映。本项目可以根据"应付股利""应付利息""利润分配""财务费用""在建工程""制造费用""研发支出""库存现金""银行存款"等科目的记录分析填列。

⑥支付的其他与筹资活动有关的现金。本项目反映企业除上述各项目外，支付的其他与筹资活动有关的现金，如以发行股票、债券等方式筹集资金而由企业直接支付的审计、咨询等费用，融资租赁所支付的现金，以分期付款方式构建固定资产以后各项支付的现金等。其他与筹资活动有关的现金，如果价值较大的，应单列项目反映。本项目可以根据有关科目的记录分析填列。

（4）汇率变动对现金的影响。编制现金流量表时，应当将企业外币现金流量以及境外子公司的现金流量折算成记账本位币。《现金流量表准则》规定，外币现金流量以及境外子公司的现金流量，应当采用现金流量发生日的即期汇率或按照系统合理的方法确定的、与现金流量发生日即期汇率近似的汇率折算。汇率变动对现金的影响额应当作为调节项目，在现金流量表中单独列报。

汇率变动对现金的影响，指企业外币现金流量及境外子公司的现金流量折算成记账本位币时，所采用的是现金流量发生日的汇率或按照系统合理的方法确定的、与现金流量发生日即期汇率近似的汇率，而现金流量表"现金及现金等价物净增加额"项目中外币现金净增加额是按资产负债表日的即期汇率折算。这两者的差额即为汇率变动对现金的影响。

（二）保险公司现金流量表的编制方法

1. 保险公司现金流量表格式（见表13-10）

表13-10　现金流量表　　　　　　　　　　　　　会保03表

编制单位：　　　　　　　　　　_____年____月　　　　　　　　　　单位：元

项　　目	本年金额	上年金额
一、经营活动产生的现金流量：		
销售商品、提供劳务收到的现金		
向其他金融机构拆入资金净增加额		
收到原保险合同保费取得的现金		
收到再保险业务现金净额		
保户储金及投资款净增加额		
收取利息、手续费及佣金的现金		
拆入资金净增加额		
回购业务资金净增加额		
收到其他与经营活动有关的现金		
经营活动现金流入小计		
支付原保险合同赔付款项的现金		
为交易目的而持有的金融资产净增加额		
拆出资金净增加额		
返售业务资金净增加额		
支付利息手续费及佣金的现金		
支付保单红利的现金		
支付给职工以及为职工支付的现金		
支付的各项税费		
支付其他与经营活动有关的现金		
经营活动现金流出小计		
经营活动产生的现金流量净额		
二、投资活动产生的现金流量：		
收回投资收到的现金		
取得投资收益收到的现金		
与处置固定资产、无形资产和其他长期资产收回的现金净额		
收到其他与投资活动有关的现金		
投资活动现金流入小计		
投资支付的现金		
返售业务资金净增加额		
质押贷款净增加额		
购建固定资产、无形资产和其他长期资产支付的现金		

表13-10（续）

项　目	本年金额	上年金额
支付其他与投资活动有关的现金		
投资活动现金流出小计		
投资活动产生的现金流量净额		
三、筹资活动产生的现金流量：		
吸收投资收到的现金		
取得借款收到的现金		
发行债券收到的现金		
回购业务资金净增加额		
收到其他与筹资活动有关的现金		
筹资活动现金流入小计		
偿还债务支付的现金		
分配股利、利润或偿付利息支付的现金		
支付其他与筹资活动有关的现金		
筹资活动现金流出小计		
筹资活动产生的现金流量净额		
四、汇率变动对现金及现金等价物的影响		
五、现金及现金等价物净增加额		
加：期初现金及现金等价物余额		
六、期末现金及现金等价物余额		

2. 保险公司现金流量表各要素的填列方法

保险公司现金流量表的编制，除下列项目外，应比照商业银行现金流量表编制处理：

（1）收到原保险合同保费取得的现金。本项目反映保险公司本期收到的原保险合同保费取得的现金。包括本期收到的原保险保费收入、本期收到的前期应收原保险保费、本期预收的原保险保费和本期代其他企业收取的原保险保费，扣除本期保险合同提前解除以现金支付的退保费。本项目应根据"库存现金""银行存款""应收账款""预收账款""保费收入"等科目的记录分析填列。

（2）收到再保险业务现金净额。本项目反映保险公司本期从事再保险业务实际收支的现金净额。本项目可以根据"银行存款""应收分保账款""应付分保账款"等科目的记录分析填列。

（3）保户储金净增加额。本项目反映保险公司向投保人收取的以储金利息作为保费收入的储金，以及以投资收益作为保费收入的投资保障型保险业务的投资本金，减去保险公司向投保人返还的储金和投资本金后的净额。本项目可以根据"现金""银行存款""保户储金""应收保户储金"等科目的记录分析填列。

（4）支付原保险合同赔付款项的现金。本项目反映保险公司向投保人收取的以储金利息作为保费收入的储金以及以投资收益作为保费收入的投资保障型保险业务的投资本金，减去保险公司向投保人返还的储金和投资本金后的净额。本项目可以根据"库存现金""银行存款""保户储金""应收保户储金"等科目的记录分析填列。

（5）质押贷款净增加额。本项目反映保险公司本期发放保户质押贷款的现金净额。本项目可以根据"贷款""银行存款"等科目的记录分析填列。

（6）支付保单红利的现金。本项目反映保险公司按原保险合同支付给投保人的红利。本项目根据"保单红利支出"科目的发生额分析填列。

保险公司可以单独设置"处置损余物资收到的现金净额"和"代位追偿收到的现金"等项目，或者在"收到的其他与经营活动有关的现金"项目中反映。

（三）证券公司现金流量表的编制方法

1. 证券公司现金流量表格式（见表13-11）

表13-11　现金流量表

会证03表

编制单位：　　　　　　　　　　　_____年___月　　　　　　　　　　单位：元

项　　　　目	本期金额	上期金额
一、经营活动产生的现金流量：		
销售商品、提供劳务收到的现金		
向其他金融机构拆入资金净增加额		
收取利息、手续费及佣金的现金		
拆入资金净增加额		
回购业务资金净增加额		
代理买卖证券收到的现金净额		
收到其他与经营活动有关的现金		
经营活动现金流入小计		
为交易目的持有的金融资产净增加额		
拆出资金净增加额		
返售业务资金净增加额		
支付利息、手续费及佣金的现金		
支付给职工以及为职工支付的现金		
支付的各项税费		
支付其他与经营活动有关的现金		
经营活动现金流出小计		
经营活动产生的现金流量净额		
二、投资活动产生的现金流量：		
收回投资收到的现金		
取得投资收益收到的现金		
处置固定资产、无形资产和其他长期资产收回的现金净额		

表13-11(续)

项　　目	本期金额	上期金额
收到其他与投资活动有关的现金		
投资活动现金流入小计		
投资支付的现金		
购建固定资产、无形资产和其他长期资产支付的现金		
支付其他与投资活动有关的现金		
投资活动现金流出小计		
投资活动产生的现金流量净额		
三、筹资活动产生的现金流量：		
吸收投资收到的现金		
取得借款收到的现金		
发行债券收到的现金		
收到其他与筹资活动有关的现金		
筹资活动现金流入小计		
偿还债务支付的现金		
分配股利、利润或偿付利息支付的现金		
支付其他与筹资活动有关的现金		
筹资活动现金流出小计		
筹资活动产生的现金流量净额		
四、汇率变动对现金及现金等价物的影响		
五、现金及现金等价物净增加额		
加：期初现金及现金等价物余额		
六、期末现金及现金等价物余额		

2. 证券公司现金流量表各要素的填列方法

证券公司现金流量表的编制，除下列项目外，应比照商业银行现金流量表编制处理：

代理买卖证券收到的现金净额。本项目反映证券公司代理客户买卖证券收到的客户保证金净增加额。本项目应依据"代理买卖证券""结算备付金""银行存款"科目的记录分析填列。

第五节　所有者权益变动表

一、所有者权益变动表的概念和作用

所有者权益变动表是反映构成所有者权益的各组成部分当期的增减变动情况的报表。综合收益和与所有者（或股东，下同）的资本交易导致的所有者权益的变动，应当分别列示。其中，与所有者的资本交易，是指企业与所有者以其所有者身

份进行的、导致企业所有者权益变动的交易。所有者权益变动表应当全面反映一定时期所有者权益变动的情况，不仅包括所有者权益总量的增减变动，还包括所有者权益增减变动的重要结构性信息，特别是要反映直接计入所有者权益的利得和损失，让报表使用者准确理解所有者权益增减变动的根源。

所有者权益变动表全面反映了企业所有者权益在年度的变化情况，便于会计信息使用者深入分析企业所有者权益的增减变动情况，并进而对企业的资本保值增值情况作出正确判断，从而提供对决策有用的信息。

二、所有者权益变动表的内容和结构

政策性银行、信托投资公司、租赁公司、财务公司、典当公司应当执行商业银行所有者权益变动表格式和附注规定；担保公司应当执行保险公司所有者权益变动表格式和附注规定；资产管理公司、基金公司、期货公司应当执行证券公司所有者权益变动表格式和附注规定，如有特别需要，可以结合本企业的实际情况，进行必要调整和补充。

（一）所有者权益变动表的内容

在所有者权益变动表中，企业至少应当单独列示反映下列信息项目：

（1）综合收益总额。综合收益，是指企业在某一期间与所有者之外的其他方面进行交易或发生其他事项所引起的净资产变动。综合收益的构成包括两部分：净利润和其他综合收益的税后净额。其中，前者是企业已实现并已确认的收益，后者是企业未实现但根据会计准则的规定已确认的收益。在合并所有者权益变动表中还应单独列示归属于母公司所有者的综合收益总额和归属于少数股东的综合收益总额。

（2）会计政策变更和前期差错更正的累积影响金额。

（3）所有者投入资本和向所有者分配利润等。

（4）按照规定提取的盈余公积。

（5）所有者权益个组成部分的期初和期末余额及其调整情况。

（二）所有者权益变动表的结构

为了清楚地表明构成所有者权益的各组成部分当期的增减变动情况，所有者权益变动表应当以矩阵的形式列示。一方面，列示导致所有者权益变动的交易或事项，改变了以往仅仅按照所有者权益的各组成部分反映所有者权益变动的情况，而是从所有者权益变动的来源对一定时期所有者权益变动情况进行全面反映；另一方面，按照所有者权益各组成部分（包括实收资本、其他权益工具、资本公积、其他综合收益、盈余公积、一般风险准备金、未分配利润和库存股）及其总额列示交易或事项对所有者权益的影响。

此外，企业还需要提供比较所有者权益变动表，因此所有者权益变动表还就各项目再分为"本年金额"和"上年金额"两栏分别填列。商业银行所有者权益变动表的具体结构如表13-12所示。

会商银04表

单位：元

表13-12 所有者权益变动表

_____年度

编制单位：

项目	本年金额										上年金额									
	实收资本（或股本）	其他权益工具			资本公积	减：库存股	其他综合收益	盈余公积	一般风险准备	未分配利润	所有者权益合计	实收资本（或股本）	其他权益工具			资本公积	减：库存股	其他综合收益	盈余公积	一般风险准备	未分配利润	所有者权益合计
		优先股	永续债	其他									优先股	永续债	其他							
一、上年年末余额	—	—	—	—								—	—	—	—							
加：会计政策变更	—	—	—	—		—		—		—		—	—	—	—		—		—		—	
前期差错更正																						
其他																						
二、本年年初余额																						
三、本年增减变动金额（减少以"-"号填列）	—	—	—	—		—		—		—		—	—	—	—		—		—		—	
（一）综合收益总额	—	—	—	—		—		—		—		—	—	—	—		—		—		—	
（二）所有者投入和减少资本	—	—	—	—		—		—		—		—	—	—	—		—		—		—	
1.所有者投入的普通股	—	—	—	—		—		—		—		—	—	—	—		—		—		—	
2.其他权益工具持有者投入资本	—							—		—		—							—		—	
3.股份支付计入所有者权益的金额																						
4.其他																						
（三）利润分配	—	—	—	—		—						—	—	—	—		—					
1.提取盈余公积	—	—	—	—		—						—	—	—	—		—					
2.提取一般风险准备	—	—	—	—		—		—				—	—	—	—		—		—			

表13-12（续）

项目	本年金额											上年金额										
	实收资本（或股本）	其他权益工具			资本公积	减：库存股	其他综合收益	盈余公积	一般风险准备	未分配利润	所有者权益合计	实收资本（或股本）	其他权益工具			资本公积	减：库存股	其他综合收益	盈余公积	一般风险准备	未分配利润	所有者权益合计
		优先股	永续债	其他									优先股	永续债	其他							
3.对所有者（或股东）的分配	—	—	—	—	—	—	—	—	—				—	—	—	—	—	—	—	—		
4.其他																						
（四）所有者权益内部结转		—	—	—	—	—	—	—	—	—			—	—	—	—	—	—	—	—		
1.资本公积转增资本（或股本）	—	—	—	—		—	—	—	—	—			—	—	—		—	—	—	—		
2.盈余公积转增资本（或股本）	—	—	—	—	—	—	—		—	—			—	—	—	—	—	—		—		
3.盈余公积弥补亏损	—	—	—	—	—	—	—		—	—			—	—	—	—	—	—		—		
4.设定受益计划变动额结转留存收益		—	—	—	—	—		—	—				—	—	—	—	—		—	—		
5.其他综合收益结转留存收益		—	—	—	—	—		—	—				—	—	—	—	—		—	—		
6.其他																						
四、本年年末余额																						

三、所有者权益变动表的填列方法

金融企业所有者权益变动表的填列方法与其他一般企业基本类似，本节以商业银行为例介绍所有者权益变动表的填列方法：

（1）"上年年末余额"项目，反映商业银行上年资产负债表中实收资本（或股本）、其他权益工具、资本公积、库存股、其他综合收益、盈余公积、一般风险准备金、未分配利润的年末余额。

（2）"会计政策变更"和"前期差错更正"项目，应根据"盈余公积""利润分配""以前年度损益调整"等科目的发生额分析填列，并在"上年年末余额"的基础上调整得出"本年年初余额"项目。

（3）"本年增减变动额"项目分别反映如下内容：

① "综合收益总额"项目，反映商业银行当年的综合收益总额，应根据当年利润表中"其他综合收益的税后净额"和"净利润"项目填列，并对应列在"其他综合收益"和"未分配利润"栏。

② "所有者投入的普通股"项目，反映商业银行当年所有者投入的普通股金额。应根据"实收资本""资本公积"等科目的发生额分析填列，并对应列在"实收资本"和"资本公积"栏。

③ "其他权益工具持有者投入资金"项目，反映企业发行的除普通股外分类为权益工具的持有者投入资本的金额。应根据"实收资本""资本公积"等科目的发生额分析填列。

④ "股份支付计入所有者权益的金额"项目，反映商业银行处于等待期中的权益结算的股份支付当年计入资本公积的金额，应根据"资本公积"科目所属的"其他资本公积"二级科目的发生额分析填列，并对应列在"资本公积"栏。

⑤ "利润分配"下各项目，反映当年对所有者（或股东）分配的利润（或股利）金额和按照规定提取的盈余公积金额，并对应列在"未分配利润"和"盈余公积"栏。其中：

"提取盈余公积"项目，反映商业银行按照规定提取的盈余公积，应根据"盈余公积""利润分配"科目的发生额分析填列。

"提取一般风险准备"项目，反映商业银行按照规定提取的一般风险准备金，应根据"一般风险准备""利润分配"科目的发生额分析填列。

"对所有者（或股东）的分配"项目，反映对所有者（或股东）分配的利润（或股利）金额，应根据"利润分配"科目的发生额分析填列。

⑥ "所有者权益内部结转"下各项目，反映不影响当年所有者权益总额的所有者权益各组成部分之间当年的增减变动，包括资本公积转增资本（或股本）、盈余公积转增资本（或股本）、盈余公积弥补亏损等。其中：

"资本公积转增资本（或股本）"项目，反映商业银行以资本公积转增资本或股本的金额，应根据"实收资本""资本公积"等科目的发生额分析填列。

"盈余公积转增资本（或股本）"项目，反映商业银行以盈余公积转增资本或股本的金额，应根据"实收资本""盈余公积"等科目的发生额分析填列。

"盈余公积弥补亏损"项目，反映商业银行以盈余公积弥补亏损的金额，应根据"盈余公积""利润分配"等科目的发生额分析填列。

⑦"设定受益计划变动额结转留存收益"项目，反映企业因重新计量设定受益计划净负债或净资产所产生的变动计入其他综合收益，结转至留存收益的金额。

⑧"其他综合收益结转留存收益"项目，主要反映：第一，企业指定为以公允价值计量且其变动计入其他综合收益的非交易性权益工具投资终止确认时，之前计入其他综合收益的累计利得或损失从其他综合收益中转入留存收益的金额；第二，企业指定为以公允价值计量且其变动计入当期损益的金融负债终止确认时，之前由企业自身信用风险变动引起而计入其他综合收益的累计利得或损失从其他综合收益中转入留存收益的金额等。

（4）上年金额栏的列报方法。

商业银行应当根据上年度所有者权益变动表"本年金额"栏内所列数字填列本年度"上年金额"栏内各项数字。如果上年度所有者权益变动表规定的项目的名称和内容同本年度不一致，应对上年度所有者权益变动表相关项目的名称和金额按本年度的规定进行调整，填入所有者权益变动表"上年金额"栏内。

（5）本年金额栏的列报方法。

所有者权益变动表"本年金额"栏内各项数字一般应根据"实收资本（或股本）""其他权益工具""资本公积""库存股""其他综合收益""盈余公积""一般风险准备""利润分配""库存股""以前年度损益调整"等科目的发生额分析填列。

商业银行的净利润及其分配情况作为所有者权益变动的组成部分，不需要单独设置利润分配表列示。

值得注意的是，保险公司和证券公司所有者权益变动表，比照商业银行格式，在此不做专门阐述。

第六节　会计报表附注

一、会计报表附注的概念和作用

附注是财务报表不可或缺的组成部分，是对在资产负债表、利润表、现金流量表和所有者权益变动表等报表中列示项目的文字描述或明细资料以及对未能在这些报表中列示项目的说明等。

在会计报表中，无论是主表还是附表，由于受固定格式和规定内容的限制，只能对外提供定量的财务会计信息，从而影响会计报表使用者对会计报表内容的理解。因此，企业除了编制和提供会计报表外，还应编制和对外提供会计报表附注。通过附注，使报表使用者能够了解企业所采用的是什么样的会计政策，这样会计报表使用者看到的不同时期、不同企业的会计报表存在差异，除了外界环境和企业经营管理的原因之外，很大程度上是因为企业采用了不同的会计政策的缘故；除此之外，附注还详细地说明了影响企业财务状况和经营成果的特殊事项，这些特殊事项对未来可能产生较大影响，这些事项所带来的财务结果是正常交易情况下所不可能产生的，需要特别说明，否则会对会计报表使用者产生不利影响；企业的重大事项也需在报表附注中加以说明，这样可以帮助报表使用者了解哪些是应当引起注意的重要信息，从而满足他们的需要；另外，财务报表附注还能够补充说明财务报表本身无法表达的情况，可以弥补财务报表本身表达方式的不足。

因为会计报表附注具有上述重大作用，所以越来越受到各国的重视，纷纷要求企业详尽编写，其内容发展越来越多，其重要性甚至有超过会计报表的趋势。

二、会计报表附注披露的基本要求

（1）附注披露的信息应是定量、定性信息的结合，从而能从量和质两个角度对企业经营事项完整地进行反映，也才能满足信息使用者的决策需求。

（2）附注应当按照一定的结构进行系统合理的排列和分类，有顺序地披露信息。由于附注的内容繁多，因此更应按逻辑顺序排列，分类披露，条理清晰，具有一定的组织结构，以便于报表使用者理解和掌握，也更好地实现财务报表的可比性。

（3）附注相关信息应当与资产负债表、利润表、现金流量表和所有者权益变动表等报表中列示的项目相互参照，以有助于报表使用者联系相关联的信息，并由此从整体上更好地理解财务报表。

三、会计报表附注的一般内容

附注是财务报表的重要组成部分。附注应当按照如下顺序披露有关内容：企业的基本情况；财务报表的编制基础；遵循《企业会计准则》的声明；重要会计政策和会计估计；会计政策和会计估计变更以及差错更正的说明；重要报表项目的说明；其他需要说明的重要事项。

四、金融企业会计报表附注的具体内容

（一）商业银行会计报表附注的具体内容

1. 商业银行的基本情况

（1）企业注册地、组织形式和总部地址；

（2）企业的业务性质和主要经营活动，如企业所处的行业、所提供的主要产品或服务、客户的性质、销售策略、监管环境的性质等；

（3）母公司以及集团最终母公司的名称；

（4）财务报告的批准报出者和财务报告批准报出日。

2. 财务报表的编制基础

（1）会计年度；

（2）记账本位币；

（3）会计计量所运用的计量基础；

（4）现金及现金等价物的构成。

3. 遵循《企业会计准则》的声明

应当明确说明编制的财务报表符合《企业会计准则》体系的要求，真实、公允地反映了企业的财务状况、经营成果和现金流量等有关信息。如果企业编制的财务报表只是部分地遵循了《企业会计准则》，附注中不得做出这种表述。

4. 重要会计政策和会计估计

根据《企业会计准则第 30 号——财务报表列报准则》的规定，企业应当披露采用的重要会计政策和会计估计，不重要的会计政策和会计估计可以不披露。判断会计政策和会计估计是否重要，应当考虑与会计政策或会计估计相关项目的性质和金额。商业银行除了披露一般企业需要披露的如会计政策的确定依据、会计估计中所采用的关键假设和不确定因素的确定依据外，还应根据商业银行的特殊性，作如下内容的披露：贷款的种类和范畴；计提贷款损失准备的范围和方法；各种公允价值的确定；各项收入和费用支出确认所采用的会计政策；提取一般风险准备金所采用的会计政策和依据；合并会计报表的编制方法等。

5. 会计政策和会计估计变更以及差错更正的说明

企业应当按照《企业会计准则第 28 号——会计政策、会计估计变更和差错更正》及其应用指南的规定，披露会计政策和会计估计变更以及差错更正的有关情况。

（1）会计政策变更的性质、内容和原因；

（2）当期和各个列报前期财务报表中受影响的项目名称和调整金额；

（3）无法进行追溯调整的，说明该事实和原因以及开始应用变更后的会计政策的时点、具体应用情况；

（4）会计估计变更的内容和原因；

（5）会计估计变更对当期和未来期间的影响数；

（6）会计估计变更的影响数不能确定的，披露这一事实和原因；

（7）前期差错的性质；

（8）各个列报前期财务报表中受影响的项目名称和更正金额；

（9）无法进行追溯重述的，说明该事实和原因以及对前期差错开始进行更正的时点、具体更正情况。

6. 报表重要项目的说明

企业应当以文字和数字描述相结合，尽可能以列表形式披露报表重要项目的构成或当期增减变动情况，并且报表重要项目的明细金额合计，应当与报表项目金额相衔接。在披露顺序上，一般应当按照资产负债表、利润表、现金流量表、所有者权益变动表的顺序及其项目列示的顺序。商业银行报表重要项目的说明主要包括以下内容：

（1）现金及存放中央银行款项的构成及期初、期末账面余额等信息。

（2）拆出资金的期初、期末账面余额等信息。

（3）以公允价值计量且其变动计入当期损益的金融资产。

（4）衍生金融工具的构成及期初、期末账面价值等信息。

（5）买入返售金融资产的构成及期初、期末账面余额等信息。

（6）发放贷款及垫款情况。包括贷款及垫款的各种分布情况、逾期贷款的情况及期初、期末账面余额、贷款损失准备的计提与转出情况等。

（7）金融投资应当按不同项目反映期末及年初余额。

（8）固定资产应当按不同类别，分别反映原值、累计折旧、减值准备账面价值的年初及年末信息。

（9）其他资产（存出保证金、应收股利、其他应收款、抵债资产）期初、期末账面价值等信息。

（10）企业应当分别借入中央银行款项、国家外汇存款等披露期末账面余额和年初账面余额。

（11）企业应当分别同业、其他金融机构存放款项披露期末账面余额和年初账面余额。

（12）企业应当分别银行拆入、非银行金融机构拆入披露期末账面余额和年初账面余额。

（13）以公允价值计量且其变动计入当期损益的金融负债。

（14）卖出回购金融资产款的构成及其期初、期末账面余额等信息。

（15）吸收存款的构成及其期初、期末账面余额。

（16）应付债券的发行情况及其期初、期末账面余额。

（17）其他负债（存入保证金、应付股利、其他应付款）期初、期末账面余额。

（18）其他收益工具应分别优先股和永续债明细，反映年初及年末余额。

（19）其他综合收益应分别不同项目明细，反映年初、年末及增减变动金额。

（20）披露一般风险准备的期末、年初余额及计提比例。

（21）利息收入与利息支出的构成及其本期、上期发生额等信息。

（22）手续费及佣金收入与支出的构成及其本期、上期发生额等信息。

（23）投资收益的构成及其本期、上期发生额等信息。

（24）公允价值变动收益的构成及其本期、上期发生额等信息。

（25）业务及管理费的构成及其本期、上期发生额等信息。

（26）分部报告。以业务分部（或地区分部）为主要报告形式，在主要报告形式的基础上，对于次要报告形式，企业还应披露对外交易收入、分部资产总额。

另外，在主要报告形式的基础上，对于次要报告形式，企业还应披露对外交易收入、分部资产总额。

（27）担保物。按照《企业会计准则第 37 号——金融工具列报》第 21 条和第 22 条的相关规定进行披露。

（28）金融资产转移（含资产证券化）。按照《企业会计准则第 37 号——金融工具列报》第 20 条的相关规定进行披露。

7. 或有和承诺事项的说明

（1）预计负债的种类、形成原因以及经济利益流出不确定性的说明；

（2）各类预计负债的期初、期末余额和本期变动情况；

（3）与预计负债有关的预期补偿金额和本期已确认的预期补偿金额；

（4）或有负债的种类及其形成原因，包括已贴现商业承兑汇票、未决诉讼、未决仲裁、对外提供担保等形成的或有负债；

（5）经济利益流出不确定性的说明；

（6）或有负债预计产生的财务影响以及获得补偿的可能性；无法预计的，应当说明原因；

（7）信贷承诺的披露；

（8）存在经营租赁承诺、资本支出承诺、证券承销及债券承兑承诺的，还应披露有关情况。

8. 资产负债表日后事项的说明

（1）每项重要的资产负债表日后非调整事项的性质、内容及其对财务状况和经营成果的影响，无法做出估计的，应当说明原因；

（2）资产负债表日后，企业利润分配方案中拟分配的以及经审议批准宣告发放的股利或利润。

9. 关联方关系及其交易

（1）母公司和子公司的名称。母公司不是该企业最终控制方的，还应当披露最终控制方名称。母公司和最终控制方均不对外提供财务报表的，还应当披露母公司之上与其最相近的对外提供财务报表的母公司名称。

（2）母公司和子公司的业务性质、注册地、注册资本（或实收资本、股本）及其变化。

（3）母公司对该企业或者该企业对子公司的持股比例和表决权比例。

（4）关联方交易的金额。

（5）未结算项目的金额、条款和条件以及有关提供或取得担保的信息。

（6）未结算应收项目的坏账准备金额。

（7）定价政策。

10. 风险管理

按照《企业会计准则第 37 号——金融工具列报》第 25~45 条的相关规定进行披露。

（二）保险公司会计报表附注的具体内容

1. 保险公司的基本情况（略）

2. 财务报表的编制基础（略）

3. 遵循《企业会计准则》的声明（略）

4. 重要会计政策和会计估计（略）

5. 会计政策和会计估计变更以及差错更正的说明（略）

以上 1~5 项，应当比照商业银行相应项目进行披露。

6. 报表重要项目说明

（1）应收保费账龄结构的披露。

（2）应收代位追偿款账龄结构及金额重大代位追偿款产生的原因和未确认理由的披露。

（3）定期存款的披露。按存款期限长短分别披露期末账面余额和年初账面余额。

（4）其他资产按不同项目分别披露期末账面余额和年初账面余额。

（5）保户储金（或保户投资款）按到期期限不同分别披露期末账面余额和年初账面余额。

（6）保险合同准备金按不同项目分别披露其增减变动情况及期末账面余额和年初账面余额；另外原保险合同未决赔偿款准备金也要按已发生已报案和已发生未报案分别披露期末账面余额和年初账面余额。

（7）其他负债按不同项目分别披露期末账面余额和年初账面余额。

（8）企业应当分别原保险合同和再保险合同披露提取未到期责任准备金的本期发生额和上期发生额。

（9）赔付支出按保险合同和内容分别披露本期发生额和上期发生额。

（10）提取保险责任准备金。

（11）摊回保险公司责任准备金的披露。

（12）分部报告。

（13）投资连结产品。投资连结产品基本情况，包括名称、设立时间、账户特征、投资组合规定、投资风险等；独立账户单位数及每一独立账户单位净资产；独立账户的投资组合情况；风险保费、独立账户管理费计提情况；投资连结产品采用的主要会计政策；独立账户资产的估值原则。

除以上项目以外的其他项目，应当比照商业银行进行披露。

7. 或有事项

或有事项比照商业银行进行披露。

8. 资产负债表日后事项

资产负债表日后事项比照商业银行进行披露。

9. 关联方关系及其交易

关联方关系及其交易比照商业银行进行披露。

10. 风险管理

（1）保险风险。

① 风险管理目标和减轻风险的政策：

A. 管理资产负债的技术，包括保持偿付能力的方法等；

B. 选择和接受可承保保险风险的政策，包括确定可接受风险的范围和水平等；

C. 评估和监控保险风险的方法，包括内部风险计量模型、敏感性分析等；

D. 限制和转移保险风险的方法，包括共同保险、再保险等。

② 保险风险类型：

A. 保险风险的内容；

B. 减轻保险风险的因素及程度，包括再保险等；

C. 可能引起现金流量发生变动的因素。

③ 保险风险集中度：

A. 保险风险集中的险种；

B. 保险风险集中的地域。

④ 不考虑分出业务的索赔进展信息的披露格式。

⑤ 与保险合同有关的重大假设：

A. 重大假设，包括死亡率、发病率、退保率、投资收益率等；

B. 对假设具有重大影响的数据的来源；

C. 假设变动的影响及敏感性分析；

D. 影响假设不确定性的事项和程度；

E. 不同假设之间的关系；

F. 描述过去经验和当前情况；

G. 假设与可观察到的市场价格或其他公开信息的符合程度。

（2）除保险风险以外的其他风险，应当比照商业银行进行披露。

（三）证券公司会计报表附注的具体内容

证券公司应当按照规定披露附注信息，主要包括下列内容：

1. 证券公司的基本情况（略）

2. 财务报表的编制基础（略）

3. 遵循《企业会计准则》的声明（略）

4. 重要会计政策的会计估计（略）

5. 会计政策和会计估计变更以及差错更正的说明（略）

以上 1～5 项，应当比照商业银行相应项目进行披露。

6. 报表重要项目的说明

（1）货币资金的披露。

（2）买入返售金融资产的披露。

（3）存出保证金的披露。

（4）企业应当披露代理承销证券的方式（全额包销、余额包销、代销）、承销证券的种类等情况。

（5）企业应当披露代理兑付债券的方式、种类、记名证券或无记名证券等情况。

（6）交易席位费的披露。

（7）其他资产的披露。

（8）卖出回购金融资产款的披露。卖出回购金融资产款除比照商业银行进行披露外，还应按交易对手披露。

（9）代理买卖证券款的披露。

（10）代理承销证券款的披露。

（11）代理兑付证券款的披露。

（12）其他负债的披露。

（13）受托客户资产管理业务的披露。

（14）手续费及佣金净收入的披露。

（15）受托客户资产管理手续费及佣金收入的披露。

（16）分部报告。

（17）除以上项目以外的其他项目，应当比照商业银行进行披露。

7. 或有事项

或有事项比照商业银行进行披露。

8. 资产负债表日后事项

资产负债表日后事项比照商业银行进行披露。

9. 关联方关系及其交易

关联方关系及其交易比照商业银行进行披露。

10. 风险管理

（1）风险管理政策和组织架构。①风险管理政策主要包括对各种风险的来源、正式风险治理组织和科学的监督流程及其定期复核制度以及在严格职责分离、监督和控制基础上各相关业务部门、高级管理人员和风险管理职能部门之间的沟通和协作等。②风险治理组织架构，主要包括各风险管理委员会和相关职能部门的设立和运转情况。

（2）信用风险。信用风险除比照商业银行披露必要的信用风险信息外，还应按行业、地区和交易对手的信用评级等级分别披露信用风险信息。

（3）流动风险。流动风险除比照商业银行披露必要的流动风险信息外，还应披露进行流动性风险管理拟采取的主要措施。

（4）市场风险。市场风险比照商业银行披露市场风险信息。

复习思考题

1. 财务报表具体包括哪些内容？
2. 简要说明资产负债表的作用。
3. 商业银行的资产负债表主要包括哪些内容？这些内容是如何构成的？
4. 简要说明利润表的作用。
5. 商业银行的利润表的主要内容是什么？其结构有哪两种方式？
6. 所有者权益变动表的作用是什么？
7. 金融企业的所有者权益变动表主要包括哪些内容？
8. 概述所有者权益变动表的主要内容。
9. 会计报表附注有什么作用？商业银行的会计报表附注主要包括哪些内容？

第十三章习题

第十三章答案

参考文献

中华人民共和国财政部. 企业会计准则（2021年版）［M］. 上海：立信会计出版社.

中华人民共和国财政部，2021. 企业会计准则应用指南（2021年版）［M］. 上海：立信会计出版社.

高金平，2017. 特殊行业和特定业务的税务与会计［M］. 北京：中国财政经济出版社.